"十四五"职业教育国家规划教材

微课版

新编应用写作

新世纪高等职业教育教材编审委员会 组编

主　编　王粤钦　陈　娟
副主编　姜　苹　安　萍
　　　　郁　影　吴玉军

第八版

大连理工大学出版社

图书在版编目(CIP)数据

新编应用写作 / 王粤钦，陈娟主编. -- 8 版. -- 大连：大连理工大学出版社，2022.1(2024.1重印)
ISBN 978-7-5685-3733-9

Ⅰ．①新… Ⅱ．①王…②陈… Ⅲ．①汉语－应用文－写作－高等职业教育－教材 Ⅳ．①H152.3

中国版本图书馆 CIP 数据核字(2022)第 020068 号

大连理工大学出版社出版
地址：大连市软件园路 80 号　邮政编码：116023
发行：0411-84708842　邮购：0411-84708943　传真：0411-84701466
E-mail：dutp@dutp.cn　URL：https://www.dutp.cn
大连天骄彩色印刷有限公司印刷　大连理工大学出版社发行

幅面尺寸：185mm×260mm　印张：15.75　字数：364 千字
2002 年 8 月第 1 版　　　　　　　　　　2022 年 1 月第 8 版
2024 年 1 月第 7 次印刷

责任编辑：姚春玲　　　　　　　　　责任校对：程砚芳
封面设计：张　莹

ISBN 978-7-5685-3733-9　　　　　　　　定　价：49.80 元

本书如有印装质量问题，请与我社发行部联系更换。

前 言

《新编应用写作》（第八版）是"十四五"职业教育国家规划教材、"十三五"职业教育国家规划教材，也是新世纪高等职业教育教材编审委员会组编的公共基础课系列规划教材之一。

随着高等职业教育的蓬勃发展，应用写作学科有了长足的发展。作为传递信息、交流思想、促进工作的重要手段，应用写作的学习日益受到人们的重视。为适应高等职业教育培养目标的需要，编委会多次组织一线教师进行《新编应用写作》教材的编写和修订。第八版教材是在发扬前几版教材风格的基础上，在经过多年教学实践与广泛征求本教材使用单位的意见后，所进行的一次比较全面、系统的修订。

党的二十大报告指出，"培养德智体美劳全面发展的社会主义建设者和接班人"。应用文写作是一门集综合性、实用性、工具性于一体的基础技能课程，可应用于大学生就业、创业和人生规划的写作中，应用文写作在每个人的职业生涯中都具有非常重要的作用。本版教材从"实用为主、够用为度"的原则出发，将理论淡化，而关注培养与提高学生的写作技能。因而本版教材既坚持了原教材以应用写作理论为指导，以技能训练为核心，以提高学生写作能力为目的的编写宗旨，又根据高职教育发展的趋势，对教材进行了积极的调整，使之能更好地适应高职培养目标的需要。

修订后的教材具有以下特点：

1. 以社会活动为导向，构建"模块＋学习情境"体例。根据社会活动的不同属类，归纳模块。每个模块都由学习任务＋思政任务、情境导入、基础知识、能力训练构成，以理论学习为基础，以能力训练为主线，强化实践教学，将应用文写作与具有普适性的职业轨迹相结合，实现了情境的真实性，激发了学生的学习热情，突出能力培养目标。

2. 例文选择注重可借鉴性;例文评析坚持对照式批注。所选例文均取材于实践,贴近现实,既满足应用写作对格式规范化的要求,又突出其社会活动特征的典型性、真实性,对学生有可借鉴作用。例文评析进一步强化对照式批注的直观性,能引导学生提高写作水平。

3. 用中求学,学以致用,强化训练。为促进学生提高写作能力,教材本着"用中求学,学以致用"的原则,除"能力训练"环节集中进行写作训练外,各种形式多样的训练贯穿于其他三个环节当中,形成"学中做""做中学"的"教学做一体化"行动体系,旨在提高学生的写作能力。

4. 践行社会主义核心价值观,凸显思政教育本色。教材选用新时代先进人物的事例与例文,积极引导学生树立正确的国家观、民族观、历史观、文化观,树立民族自信,热爱祖国。

《新编应用写作》(第八版)参考学时为50～70学时,教师可根据不同专业的教学实际,斟酌选择不同文种,讲授时有所侧重。

本教材由沈阳师范大学王粤钦、武汉信息传播职业技术学院陈娟任主编;由东北农业大学姜苹、沈阳师范大学安萍、郁影、西安思源学院吴玉军任副主编;宣城职业技术学院张彦芸、辽宁省成套建设工程招标有限公司丛博、付云鹏参与了教材的编写。具体编写分工如下:王粤钦编写模块二、六,陈娟编写模块一、七,姜苹、安萍编写模块三,丛博、付云鹏编写模块四,郁影、张彦芸编写模块五,吴玉军、张彦芸编写模块八、九。

在编写本教材的过程中,我们参考、引用和改编了国内外出版物中的相关资料以及网络资源,在此对这些资料的作者表示深深的谢意!请相关著作权人看到本教材后与出版社联系,出版社将按照相关法律的规定支付稿酬。

尽管我们在教材的编写过程中,致力于探索高等职业教育工学结合的人才培养模式并依此来设计教材内容,但是限于编者的水平和能力,本教材也许仍有不成熟的地方,恳请同行及读者批评指正。

编　者

所有意见和建议请发往:dutpgz@163.com
欢迎访问职教数字化服务平台:https://www.dutp.cn/sve/
联系电话:0411-84706671　84707492

目 录

模块一　应用文写作概论 …………………………………………………… 1
学习情境一　应用文概述 ………………………………………………… 2
学习情境二　应用文的主旨 ……………………………………………… 3
学习情境三　应用文的材料 ……………………………………………… 5
学习情境四　应用文的结构 ……………………………………………… 7
学习情境五　应用文的语言 ……………………………………………… 10
学习情境六　应用文的表达方式 ………………………………………… 13

模块二　公　文 ………………………………………………………………… 19
学习情境一　公文概述 …………………………………………………… 20
学习情境二　命令(令)、议案、决定 …………………………………… 36
学习情境三　公告、通告 ………………………………………………… 41
学习情境四　通知、通报 ………………………………………………… 43
学习情境五　报告、请示 ………………………………………………… 48
学习情境六　批复、意见 ………………………………………………… 53
学习情境七　函、纪要 …………………………………………………… 59

模块三　事务文书 ……………………………………………………………… 73
学习情境一　计　划 ……………………………………………………… 74
学习情境二　总　结 ……………………………………………………… 82
学习情境三　演讲稿 ……………………………………………………… 88
学习情境四　简　报 ……………………………………………………… 94
学习情境五　规章制度 …………………………………………………… 100
学习情境六　述职报告 …………………………………………………… 109

模块四　经济文书 ……………………………………………………………… 120
学习情境一　商品说明书 ………………………………………………… 121
学习情境二　广　告 ……………………………………………………… 125
学习情境三　合　同 ……………………………………………………… 132
学习情境四　市场调查报告 ……………………………………………… 140

模块五　学业文书 · 149
学习情境一　毕业论文 · 150
学习情境二　毕业设计 · 166

模块六　诉讼文书 · 179
学习情境一　起诉状 · 180
学习情境二　上诉状 · 188
学习情境三　答辩状 · 191
学习情境四　申诉状 · 194

模块七　社交礼仪文书 · 201
学习情境一　礼仪信函 · 202
学习情境二　求职类信函 · 205
学习情境三　礼仪致辞 · 211

模块八　文稿演示 · 219
学习情境一　文稿演示的概述 · 220
学习情境二　文稿演示的筹划 · 220
学习情境三　演示文稿的提炼 · 221
学习情境四　文稿演示的制作 · 224
学习情境五　文稿演示的演讲 · 225

模块九　网络文体 · 234
学习情境一　电子邮件 · 235
学习情境二　微　博 · 239
学习情境三　微　信 · 240

参考文献 · 244

模块一 应用文写作概论

学习任务

1. 了解应用文的概念及特点。
2. 掌握应用文的写作要素。
3. 提高学生对学习应用文重要性的认识,从而认真学好应用文写作。

思政任务

1. 通过本模块的学习,使学生在应用文写作、学习的过程中受到潜移默化的思想政治教育。加强理论学习,坚定理想信念。
2. 提高学生对应用文书的写作能力,使学生未来的职业工作具有较强的实用性,有助于学生职业能力的提升。立志做有理想、敢担当、能吃苦、肯奋斗的新时代好青年。

情境导入

"沈阳疫情"冲上热搜?辽宁省卫生健康委员会道歉

今天(2021年10月17日),有多家媒体援引辽宁省卫生健康委员会官方网站消息,发布"10月16日辽宁省新增1例新冠肺炎确诊病例,为沈阳市报告"。

该消息引发广泛关注,微博上,"沈阳疫情"的话题冲上了热搜第一。大批网友将该消息解读为沈阳又出现了1例本土确诊病例,造成了一定的恐慌。

然而经核实,是由于工作失误,对辽宁省新增的1例新冠肺炎确诊病例,未注明"境外输入"而造成的。

发现情况后,辽宁省卫生健康委员会官方网站发布已做出更正的声明并道歉。

(资料来源:中国新闻网)

上述事件可以看出,在应用文体的写作中如果遗漏几个字,内容便可大相径庭。由此可见,尽管我国社会经济在高速发展,社会文化发生了许多重大变化,不断涌现新的理念、新的文化,但在应用写作中还必须依然秉承写作的严谨性与材料的真实性。

基础知识

学习情境一　应用文概述

一、应用文的概念

应用文是国家机关和其他社会组织及个人处理公务和日常事务、传播信息时使用的格式规范、行文简约的实用性文体,也是开展公务活动和处理个人私事时不可缺少的工具。

应用文这种文体,作为交际的工具和手段,是古已有之的。在我国,从有文字开始,就有了最早的应用文。《尚书》是现存最早的史书,其中大量的"典、谟、训、诰"就是我们今天所能见到的较早的应用文。至于秦汉的疏表奏议、唐朝的册制敕帖、明清的诏诰等,都是有迹可查的应用文。

旧时应用文讲究虚伪的礼节,套用僵死的格式,烦琐不堪。但是我国古代的应用文求实致用、字斟句酌、富有章法和文采等优秀传统还是很值得借鉴的。

在现代社会里,人们活动的范围更加广泛,信息交流和事务处理更加频繁,应用文越来越显示出它的重要作用。

二、应用文的特点

应用文具有明确的目的、对象、使用范围及特定的格式和简洁平实的语言,有着与其他文体不同的特点。

(一)实用性

应用文写作的目的十分明确,就是直接用来处理实际事务,解决工作、学习和生活中的实际问题。大到国家政策法规,小到私人信件往来,应用文存在于社会的每一个角落。这些都说明,应用文已成为社会不可缺少的一种工具。

(二)真实性

不管是公务文书还是私人文书都应以事实为依据。应用文的真实性,要求我们客观地反映事实情况,对涉及的资料、数据等都要保证准确无误,在遣词用语上要恰当准确,避免发生异议,引起争议和纠纷。

(三)规范性

在长期使用过程中,应用文逐渐形成了惯用的文体形式和结构形式,约定俗成,便形成规范,即惯用格式。它使得应用文便于掌握,也便于沟通、理解和执行,以更好地发挥其社会功用。

(四)简约性

从实用方面考虑,应用文要求用最少的文字、最短的篇幅,将要表达的内容表述得准确明白。这种简约性,可以节约阅读时间,提高工作效率。

模块一　应用文写作概论

(五)严格的时效性

应用文讲究"以用为上",写文办事都要有一个时限要求。因而它要求写得及时、发得及时、办理得及时,否则应用文就失去了应有的作用。

三、应用文的种类

应用文的种类繁多,随着社会的发展不断推陈出新。由于划分标准不同,分类也有所不同。为了方便学习,本教材选择了当今社会使用频率较高的一些应用文体,将其编为应用文写作概论、公文、事务文书、经济文书、学业文书、诉讼文书、社交礼仪文书、文稿演示、网络文体,共九大模块。

1. 应用文写作概论:应用文概述、应用文的主旨、应用文的材料、应用文的结构、应用文的语言、应用文的表达方式。
2. 公文:公文概述、命令(令)、议案、决定、公告、通告、通知、通报、报告、请示、批复、意见、函、纪要等。
3. 事务文书:计划、总结、演讲稿、简报、规章制度、述职报告等。
4. 经济文书:商品说明书、广告、合同、市场调查报告等。
5. 学业文书:毕业论文、毕业设计等。
6. 诉讼文书:起诉状、上诉状、答辩状、申诉状等。
7. 社交礼仪文书:礼仪信函、求职类信函、礼仪致辞等。
8. 文稿演示:文稿演示概述、文稿演示的筹划、文稿演示的提炼、文稿演示的制作、文稿演示的演讲。
9. 网络文体:电子邮件、微博、短信、微信等。

学习情境二　应用文的主旨

一、主旨的概念

应用文的主旨,是行文者在说明问题、反映情况、表达主张时,通过文章全部内容所表达出来的一种态度和意图,也叫主题、观点或中心思想。如请示中的"请示事项"、批复中的"批复意见"、调查报告中的"建议"、商品广告文案中的"促销意图和策略"、起诉状中的"诉讼请求"等。

主旨是应用文诸要素中最具决定意义的要素,应用文要根据写作目的来确定文体和主旨。

二、确立主旨的原则

(一)正确

主旨正确是写作应用文的基本要求。应用文的主旨既要符合党的方针、政策和法律、法规,又要符合客观实际,表达正确的意图和主张,否则就会带来极大的负面影响,引起不良后果。

(二)鲜明

主旨鲜明是要求应用文的观点明确、态度鲜明。应用文作者首先应该对要表达的问题有深刻清楚的认识;其次语言要简洁、平实、准确,使人易于理解和接受,切不可模棱两可,似是而非,产生歧义。

(三)集中

主旨集中是指应用文的主旨要单一,重点要突出。应坚持一文一事的原则,围绕一个主旨,集中表达一个问题,这样才能把问题分析透彻、讲解清楚。不要在一文中表述多个意图,也不要在文中使用与主旨无关的材料。

(四)深刻

深刻是指应用文的主旨能够揭示事物本质,反映事物内部规律。一篇应用文的主旨是否深刻,是作者对材料的理解、对事物的认识程度的反映。因此要善于抓住事物的主要矛盾,发掘具有本质性和倾向性的问题,提炼出规律性的认识和行之有效的工作措施。

三、确立主旨的方法

(一)揭示事物本质

揭示事物本质就是要透过表面看本质,准确地把握事物的内部联系,发现有规律性的东西。在应用文写作过程中,可以从这个角度写,也可以从那个角度写,主旨很难确定。在这种情况下,就要对客观存在的大量现象进行思考、分析和提炼,去伪存真,最终获得深刻的主题。

(二)反映时代精神

应用文体的实用性要求它为现实服务。因此作者要正确、全面地理解党的路线、方针、政策,思想观念要不断更新,把握时代脉搏,这样才能及时、准确地反映时代精神,传递最新的有价值的信息。

四、表现主旨的方法

(一)标题明旨

应用文特别是公文的标题,主旨应十分明确。比如《关于禁止乱砍滥伐生态林的通知》,在标题中"禁止"一词就十分明确地表明了态度。

(二)开宗明义

用文章首句来直接表述主旨。如《××省人民政府办公厅关于今年1—8月全省物价情况通报》的正文写道:

今年,我省物价在较高水平上保持了相对平衡,物价指数上涨幅度逐月下降,但物价涨幅仍然较大。据统计,1—8月,全省零售物价总指数比去年同期上升24.3%,其中,城镇上升23.7%,农村上升24.8%。与去年物价水平上涨20%比较,今年1—8月高出3~4个百分点。有些地方今年8月蔬菜价格甚至比去年高出30%~40%,这说明我们的工作仍存在问题。现将各地物价指数上升情况随文附发,请对照检查一下……

这份通报中的首句就提出主旨:物价在较高水平上保持了相对平衡,物价指数上涨幅度逐月下降,但物价涨幅仍然较大。

(三)文末点题

用文章的结束语来表述主旨。如国家公祭日演讲稿"铭记历史 开创未来"一文中,先控诉了侵华日军在南京的法西斯暴行,然后表达了对过去历史的祭奠,最后指出:

历史无法重来,未来可以开创。只要海内外所有中华儿女,更加紧密地团结起来,凝集起和平发展的共识,就一定会实现中华民族伟大复兴的中国梦,使我国屹立于世界强国之林。只有发展才能强大,只有强大才能御敌于国门之外,才能更好地保卫人民的生命安全,才能更好地为世界和平发展做出最大贡献。

(四)段首显旨

段首显旨是指用文中段落的小标题或段首的首括句来表述主旨,如经验总结、调查报告主体部分的小标题或序号后面的首括句,便是每一段的主旨。

学习情境三 应用文的材料

一、材料的概念

应用文的材料是指作者为了某一写作目的,收集或积累的能够表现文章主旨的事件、事例、数据、道理及资料等。

材料是形成观点的基础,观点需要材料来证明。材料的好坏、多寡、真伪,直接影响到应用文的作用和价值。因此,从生活中广泛地占有材料,是从事应用文写作的首要任务。

二、取材

要选材,首先必须占有丰富、翔实的材料,因而要多下功夫收集材料。收集材料的方法通常有以下几种。

(一)观察生活

要主动体验生活,从生活中取得第一手材料。例如撰写通报、广告、表扬信等,主要靠这种方法取得材料。

(二)调查采访

调查采访常用的有三种方式:开调查会、个别采访、问卷调查。例如撰写调查报告、总结等,主要靠这种方法取得材料。

(三)积累材料

在应用文写作中,借助于广泛的阅读,可积累大量的材料。积累的方法如下:

1. 撰写笔记

对重要的资料、数字和有关情况,采用撰写笔记的方式,积少成多,建立资料库。

2. 资料卡片

对有重要价值的资料,制成资料卡片,便于查找。

3. 剪贴资料

把一些报纸、杂志上的资料,剪下来贴到自己的资料本上,积少成多,集腋成裘。

4. 网络查阅

在现代社会,由于计算机的普及、知识信息的网络化,通过计算机网络广泛收集资料已成为积累材料的最常用、最重要的手段。

三、选材

取得的材料并不一定都能写进文章,只有那些最能体现文章主旨和内涵的材料才能写进文章,其他的都应该舍弃,这就是选材。材料的选择和使用是为主旨服务的,因此选材时要做到以下几个方面。

(一)真实

应用文的生命在于真实。例如通报、述职报告、调查报告、经验总结等必须是真人真事。选择材料时,应当对所选材料的真伪加以分辨,对材料中的时间、地点、人物、事件的过程及具体的数据加以核实。有失真实,如果是作者有意为之,就是思想作风问题,必须坚决纠正;如果是粗心大意,就要注意加强责任感,避免误差。

(二)典型

选择材料,一定要选择能深刻反映事物的本质和规律,具有广泛的代表性和强大的说服力的典型材料,舍弃那些平淡无奇的材料。

《错位经营,让沈阳商业圈更完美》一文中指出沈阳的一些大型商业网点采取错位经营的方式,使自己有了立足之地,进而发展壮大。首先写到家乐福抢得先机,在超市的浪潮中淘得第一桶金;再写五爱市场、南塔鞋城,不打环境战,只打价格战,使其长久保持活力;最后是国美电器于无声处听惊雷,在电器行业中渐成老大。以上几个材料都是在沈阳商业圈中极富代表性、极有说服力的,因而文章令人信服。

(三)新颖

新颖的材料就是能反映时代精神的、给人以新鲜感的材料,或是别人很少使用甚至没有使用过的材料。因为新材料往往反映新事物、新情况、新思想和新的科技成果,更符合时代的特点,更容易引起人们的注意,给人以启示。

调查报告《家庭轿车"钱"途在哪里?》一文中作者将其观点归纳为:①经济型轿车最受欢迎;②国产车比进口车更具吸引力;③厂商只有靠技术与管理创新才有出路。可见该文抓住了消费者的心态,在众人关注汽车消费市场的时刻,提出了新鲜而独到的见解,指出了众人心中所想却未被人道破的市场前景。尤其是文中特别指出的"拥有一部环保型家庭轿车必将成为21世纪的时尚"的看法,确实为汽车行业业内人士指明了方向。很显然,这些材料给人以耳目一新之感。

四、剪裁

剪裁,就是根据观点的需要,对选择的材料确定先后、主次、详略顺序,进行加工处理,合理安排。对材料剪裁应做到以下几个方面。

(一)要服从主旨的需要

材料是为主旨服务的。在处理材料时,首先要服从主旨的需要,分清主要材料和次要材料;然后再根据文种的需要,决定其前后顺序、详略轻重。

(二)要合理安排材料的顺序

对已选定的材料,要有条理地组织安排顺序。有的开门见山,先提出观点,接着用材料来说明观点;也有的先用材料阐述观点,然后水到渠成地得出结论。

(三)要点与面结合

既要有整体的情况说明,又要有典型事例的介绍,才能全面具体地反映情况,抓住重点,突出中心。

(四)要详略得当

根据主旨的需要,确定哪里需要多下笔墨,哪里只需轻描淡写,这个非常关键。这就要求我们不能"眉毛胡子一起抓",而要有所选择,主要材料要详写,使它起到突出主旨的作用。

学习情境四　应用文的结构

一、结构的概念

结构就是文章内部的组合构造,是对观点与材料、内容与形式进行组织安排的具体形式。

只有将应用文各要素有机地组合,才能形成一篇中心突出、结构严谨、层次分明、条理清楚的应用文。如果不能按照清晰的思路把材料有条理地组织起来,材料就只能是散沙碎石。

二、结构的原则

(一)要服从主旨的需要

主旨是文章的灵魂,结构要为表现主旨服务。离开了主旨,结构安排就没有了依据和准绳。因此,应从表现主旨出发,既要注意每篇文章整体上的篇章结构,又要注意正文的逻辑结构。

(二)要体现文体的特点

应用文的种类不同,结构各异。应用文的正文一般都有开头、主体、结尾等部分,但在具体安排结构时,还要根据不同的文体特点安排不同的结构层次形式。

例如:行政公文的正文都有固定的格式,是《党政机关公文处理工作条例》规定的;述职报告、工作报告、计划、总结等陈述性文体,内容比较复杂,常采用总分式或综合式的结构;规章制度、经济合同和协议书等文体,侧重说明依据、规则及措施,常使用条款式和表格式组织结构;调查报告、学术论文等说理性的文体则要运用论据对论点进行论证,其结构一般按提出问题—分析问题—解决问题的次序组织结构,等等。

三、结构的要求

(一)完整匀称

应用文的正文一般分为开头、主体和结尾三部分,要求布局合理,完整和谐,详略得当。开头、结尾要精练,高度概括;主体部分要详尽具体,要不惜笔墨,表述得全面、透彻。例如《回顾过去,阔步迈向新世纪》一文,开头、主体、结尾剪裁十分恰当。开头总结"十三五"期间工作成绩,简明扼要地指出"十三五"期间较好地完成了计划。主体部分具体阐述完成计划的具体体现,内容详细而且充实,全面而具体地表述了工作成绩,共有五个方面:①国民经济平稳增长;②经济结构不断变化;③基础设施建设步伐加快;④各项改革逐步深入;⑤人民生活不断改善。结尾总结经验,提出希望,戛然而止。文章显得紧凑、和谐,十分匀称。

(二)清晰

应用文的结构要清晰,内容应一目了然,便于理解和执行。例如本教材第三模块"计划"的例文《2021年度工作思路》,开头简要概述上学年的工作成绩,提出制定本学年工作要点的依据和目的;主体阐述指导思想、重点工作的任务、目标和措施。清楚明了,易于贯彻执行。

(三)严谨

文章结构如同缝制衣物,讲究缝合自然,首尾贯通,上下文之间要脉络清晰、结构紧凑,承接自然,而不能生拼硬凑。

四、结构的内容

结构的内容主要有段落和层次、过渡和照应、开头和结尾。

(一)段落和层次

段落指自然段,是组成文章最基本的单位,它具有明显的换行标志,在形式上是文章最基本的组织单位。

层次指的是文章表达客观事物的意义单位和表现次序,反映了作者的思维过程。在应用文中,层次的表示方法主要有:用小标题、数量词(如"一、二、三","第一、第二、第三")、表顺序的词或词组(如"首先""其次""最后","会议认为""会议指出""会议决定")等表示。

安排结构层次的常见顺序有:

1. 时间顺序

时间顺序是指各层次之间的先后顺序关系,是以时间的自然推移来安排的。先发生的先写,后发生的后写。在应用文写作中,这种结构安排多用于事情、情况的说明、介绍。如起诉状中的案件事实的陈述。

2. 逻辑顺序

逻辑顺序分为并列式和递进式。并列式就是说明主旨的各个层次的内容是一种平等、并列的关系,规章制度、说明书等文体一般都是按照并列关系成文。递进式一般指内容层层推进、环环相扣,决定、通报和调查报告等文体常采用这一形式。

3. 总分顺序

总分顺序一般按总—分—总、分—总、总—分的关系安排层次。通知、计划、总结、报告等文体通常采用这种形式。

4. 综合式

综合式也叫纵横式,是由于有的应用文内容复杂,便综合运用几种顺序来安排层次结构。例如先以时间为序划分大的层次,再以问题为序划分小的层次,或反之。

(二)过渡和照应

1. 过渡

过渡是指上下文之间的衔接和转换,具有承上启下的作用,能将上下段落、前后层次连接起来构成一体。

应用文常用关联词语、词组、句子或段落过渡、衔接。常用的关联词语有"综上所述""……如下""总之""为此""特此"等。

应用文常见的过渡有:

(1)内容开合处。文章内容由总到分或由分到总时需要过渡。例如《国务院关于农村金融体制改革的决定》一文,先总述农村金融体制改革的意义,然后分述具体措施,中间部分用了一句话进行过渡:"根据中央十四届五中全会的精神,现就农村金融体制改革做如下规定……"过渡自然。

(2)意思转换处。文章的内容由一层意思转入另一层意思,这两个相邻层次段落之间需要过渡。

(3)表达变动处。文章由叙述转入议论或由议论转入叙述,需要过渡。如"首都北京的每一个市民,更应该把保护野生动物,维护首都的生态环境作为己任,为此我们倡议:1……2……3……"前者议论,后者说明,通过"我们倡议"衔接,全文浑然一体。

2. 照应

照应是指文章的前后相互关照、呼应。照应一般有以下几种方式。

(1)首尾照应,即开头与结尾相呼应。应用文常通过一些前后搭配的习惯用语来照应。

(2)内容前后照应,即文章前后的内容相互呼应。应用文在行文中要围绕主旨,各层次之间的内容要相互呼应,保持一致。

(3)文题照应,是指在行文中照应标题,对主旨加以揭示。

(三)开头和结尾

1. 开头

应用文的开头多开门见山,平实直接。一般有以下几种。

(1)目的、根据式。这样的开头一般都是用"根据……""为了……"的形式,如规章制度、计划等。例如《关于对超标准排放污染物的排污单位实施限期治理的决定》的开头:"为了进一步贯彻落实……实现……标准,根据《中华人民共和国环境保护法》和《国务院关于环境保护问题的决定》的规定,特做如下决定……"

(2)概述式。交代主要内容、基本情况或主要问题。调查报告、总结等一般常用这种方式开头。

(3)提问式。先提问题,然后引起下文。例如消息《从泰森的拳赛说起》的开头:"为什么泰森击倒对手,却要被判罚?为什么对手放弃比赛,泰森酬金却要被冻结?"一连两个提问句式开头,引人入胜。

(4)结论式。把观点主张先说出来,然后具体阐述。这种方式多用于学术论文中。

2. 结尾

应用文的结尾有以下几种常见的形式。

(1)总结式:归纳全文,篇末点题。总结、经济预测报告等篇幅较长的文章多用这种形式结尾。

(2)号召式:归纳全文,提出希望,发出号召。一些公文、总结和讲话稿多用此法。

(3)公文式:以习惯用语和固定格式构成的结尾。如公文、经济合同、诉讼文书、礼仪信函等的结尾都有较固定的格式。

学习情境五　应用文的语言

一、语言的特点

应用文属于事务语体。在长期写作中,应用文的语言已形成特定的模式,词语和句式相对比较固定。在不同的文体中有不同的习惯用语。句式一般都用肯定句、陈述句,而不用感叹句。为了使语言准确、严密,多通过句子中的词语进行修饰限定等。

二、语言的要求

应用文语言总的要求是准确、简明、规范、平实。

(一)准确

准确就是要求所用词语能恰如其分地表现客观事物。

1.在应用文写作中,经常涉及一些数字、概念,在运用时不能含混不清,一定要准确、恰当,切忌使用"可能""差不多""大概"等字眼。

2.要注意区分词语在意义上和用法上的差别。一件事情不允许做,可用"不能""不准""严禁"等词,但表意程度上有很大差别。

3.词语色彩分褒义、贬义、中性,在应用文写作中,尽量多用中性词,使写作对象保持其原本的真实状态,不要过多地掺杂作者的感情。

(二)简明

简明,就是用尽可能少的文字,反映尽可能多的信息,言简意赅。要做到简明,就要做到:

1.认识问题,抓住实质。

2.陈述事实,抓住事物关键。

3.提出意见和办法,抓住要点。

4.善于概括,删繁就简。

(三)规范

应用文不宜使用文学语言,也不宜使用口语、方言。具体要求是:

1.使用规范化的书面语言

首先,不要使用口语。如:在公文中使用"拟""商榷""业经"等书面语,而不用"打算"

"商量""早已经过"等口语。其次,不使用生造的晦涩难懂的词语和不规范的方言和简称。如:"散步"不能用"遛弯儿","中国银行"不能简称"中行"。

2. 选用含义明确而限定准确的词语

撰写公文要避免使用词义不确切的词语,"最近×××表现不好",其中"最近"一词时间指代不明;而"表现不好"缺乏明确而具体的衡量标准。公文在表述事物的状态时,宜用含义单一且确定的数量词、名词、动词和代词,尽量不用或少用副词与形容词。如:说明一项工作任务已"基本完成",不如说"已完成80%"更为确定;表述事件发生的时间,应确切地写出"×日×时×分",而不要写"太阳已经落山"或"时近黄昏"。如果因为事物性质复杂,无确切的词语表示,就要增加修饰、限定的词语,使概念明确。

3. 使用应用文专用词语

长期以来,人们在文书中沿用一些使用频率较高的专用词语,约定俗成,有助于文章表述得简练。

(四)平实

平实是应用文语言的本色。平实就是语言朴素,语意实在。

要做到平实,就要多讲实事,少说空话;直接表述,直言其事;不用或少用形容和描写,不做过多的语言修饰。但是平实并不是不生动,平淡乏味。如毛泽东的演讲稿《反对党八股》写得通晓明白,其中"墙上芦苇头重脚轻根底浅,山间竹笋嘴尖皮厚腹中空"一句,既平实直白,又生动形象,令人过目不忘。

三、常用的专用词语

(一)称谓词

在应用文中,涉及机关或个人时,一般应直呼机关的全称或规范化的简称,以及对方的职务或"××同志""××先生"。在表述指代关系的称谓时,一般常用专用词语。

1. 第一人称

"本""我",后面加上所代表的单位简称,例如部、委、办、厅、局、厂、所等。

2. 第二人称

"贵""你",后面加上所代表的单位简称。一般用于平行文或涉外公文。

3. 第三人称

"该",可用于指代人、单位或事物。例如"该厂""该部""该同志""该产品"等。

(二)引叙词

引叙词是用以引出应用文撰写的根据、理由或应用文的具体内容的词。应用文的引叙词多用于文章的开头,引出法律、法规以及政策、指示等做依据,或引出事实做根据;用于文章中间的,起前后过渡、衔接的作用。常用的有根据、按照、遵照、为了,接……前接(近接)……获悉、据悉……收悉、惊悉、欣闻……现……如下、为……特……、……查等。

(三)经办词

经办词是用来说明工作处理过程的已然时态,表明处理时间及经过情况。在使用时,要注意这类词语在表述次数和时态方面的差异。常用的有业经、前经、均经、即经、复经等。

(四)综述过渡词

综述过渡词是用来承接上文转入下文时使用的关联、过渡词语,用于陈述理由及事实之后引出作者的意见和方案等。常用的有为此、据此、故此、鉴此、综上所述、总而言之、总之等。

(五)期请词

期请词是用于向受文者表示请求与希望的词。常用的有希、敬希、请、望、即请、拟请、敬请、烦请、恳请、希望、要求等。

(六)商洽词

商洽词又称询问词,用于征询对方的意见和反映,具有探询语气。这类词语一般在公文的上行文、平行文中使用,在使用时要注意确有实际的针对性,即在确需征求对方意见时使用。常用的有是否可行、妥否、当否、是否妥当、是否可以、是否同意、意见如何等。

(七)目的词

目的词即直接交代行文目的的词语。人们撰写应用文尤其是公文都有明确而具体的目的,须有针对性地使用简洁的词语加以表述,以便受文者正确理解并加速办理。

1.用于上行文、平行文的目的词,还须加上期请词,如请批复、函复、批示、告知、批转、转发等。

2.用于下行文,如查照办理、遵照办理、参照执行等。

3.用于知照性文件,如周知、知照、备案、审阅等。

(八)表态词

表态词又称回复用语,即针对对方的请示、问函,表示明确意见时使用的词语。在使用时应对公文中的下行文和平行文严加区别。常用的有应、应当、照办、同意、不同意、可行、不可行、准予备案、特此批准、请即试行、按照执行、迅即办理等。

(九)结尾词

结尾词即置于正文最后,表示正文结束的词语。

1.用以结束上文的词语,如特此报告、特此通知、特此批复、特此函告、此致、谨此、此复等。

2.再次明确行文的具体目的与要求的词语,如……为要、……为盼、……为荷等。

3.表示敬意、谢意、希望的词语,如此致……敬礼、致以谢意、顺祝……、专此敬贺、敬请光临等。

(十)大量使用介词结构

应用文大量使用介词结构,并形成较为稳定的表达句式,能使词语表达的意义更加明确、严密。

1.表示目的、原因:为、为了、为使、因、由于等。

2.表示对象、范围:对、对于、关于、至于、将、除(除了)等。

3.表示根据、方式:根据、依据、按照、遵照、通过、经过、本着等。

4.表示时间、起止:自、于、在、从、自从等。

学习情境六　应用文的表达方式

在应用文体中,说明、叙述、议论是常用的表达方式。

一、说明

说明是用简明的文字解说事物的形态、性质、特征、构造、成因、关系及功能。应用文以说明作为最基本的一种表达方式,使用广泛。

(一)使用说明的要求

1. 抓住特点

任何事物都具有其特性,一个事物的特征是区别于其他事物的标志。说明只有抓住特征,才能使人们对被说明的事物有确切的了解。

2. 客观科学

说明要有科学的态度,运用科学的方法,实事求是地反映客观实际及其本质规律,不应以个人的好恶而随意褒贬。

3. 准确简明

准确是说明的生命,决不允许弄虚作假、无中生有、任意夸大或缩小。

(二)常用的说明方法

1. 概括说明

概括说明就是对事物或事理的内容、特征予以概括,做出简明扼要的介绍,使人获得一个基本的了解。

2. 解释说明

解释说明就是由因及果或由果溯因,围绕事物的因果关系,说明物因事理。

3. 数字说明

数字说明就是运用数字说明事理、现象的特点,用事物的"量"反映其外观结构或变化过程,让人获得具体而准确的印象。

其他的还有诠释说明、分类说明、举例说明、引用说明、比较说明、定义说明和图表说明等。

二、叙述

叙述的主要特点就是叙说和交代。客观事物的来龙去脉、前因后果、活动过程等,主要依靠叙述进行交代和介绍。

一般情况下,应用文多采用直接叙述的方式。例如:中华人民共和国公民不分民族、种族、职业、家庭出身、宗教信仰和教育程度,都有义务依照本法的规定服兵役(《中华人民共和国兵役法》)。这段文字采用直接叙述,表述清楚明白,语言朴素、清晰。再如通报,常用叙述的表达方式来叙述典型事例。

应用文常用叙述的人称主要是第一人称和第三人称两种,常用的叙述方法主要是顺叙、倒叙、插叙、平叙和补叙,叙述应做到:

(一)真实可靠

应用文中的叙述要绝对真实,包括人物、事件(细节)、时间、地点等,不可想象和联想,不能夸大和缩小。

(二)交代清楚

叙述的六要素——时间、地点、人物、事件、原因、结果,要交代清楚。有的要素可以省略,但必须为文章提供清楚的基础和依据。

(三)线索清晰

应用文在叙述过程中要理清线索,尽量平铺直叙,按时间的自然推移、事件的发展顺序来写,不拐弯抹角,迂回铺陈。

三、议论

议论,是作者对客观事物进行分析、评论,借以表明自己的观点和态度的一种表达方式。应用文中的议论简约、平实,一般采用直接议论的方式,就事论事,表明观点。

(一)议论的种类

1. 述评性议论

述评性议论即通过对人或事物的叙述和评价来阐明观点、说明问题。常见的方法有:先叙后议、先议后叙、夹叙夹议。

2. 证明性议论

证明性议论即正面地提出论点并用一定的逻辑方法加以证明和阐述。

(二)使用议论的要求

应用文中的议论大多使用立论。议论应做到:

1. 庄重

庄重即对任何事物的评价要持实事求是的态度,以理服人。

2. 简洁

简洁即要直截了当地阐明观点,不拐弯抹角,不回避矛盾。

能力训练

一、知识题

运用应用文专用词语填空。

1. _____生_____我校××系××专业××级学员……
2. _____悉_____公司成立,谨表贺忱。
3. _____贯彻落实《××省教委……意见》(×教发〔2021〕65号)文件精神,经我委研究决定……
4. 为了吸取教训,××省人民政府决定将这起特大安全事故向全省_____。各级人民政府和各有关部门要_____,切实抓好安全生产工作,_____,省人民政府提出_____要求……

5.××省人民政府：_____省2021年××月××日《关于……的请示》_____。
6.××大学校长办公室：_____因我院学生宿舍紧张,特向_____校联系30名男生住宿_____。_____悉,_____校学生宿舍尚宽余,_____希望予以大力支持与帮助。_____函复。
7._____《中华人民共和国宪法》赋予中国人民解放军的使命,_____《中华人民共和国澳门特别行政区基本法》的有关规定,中华人民共和国中央人民政府……
8.国务院_____文化和旅游部《关于……管理意见》,现转发给予_____,请_____。

二、阅读题

(一)下面是摘自《打好开局战 开启新征程》一文中的四段话,请为第二、三、四段加首括句,概括段落大意。

2021年是中国共产党建党100周年,是"十四五"开局、全面建设社会主义现代化国家新征程开启之年,也是国防和军队现代化新"三步走"起步之年。全军要强化责任担当、弘扬实干精神,抓好常态化疫情防控,扎实做好各项工作,确保实现"十四五"良好开局,以优异成绩迎接建党100周年。

(　　)。进入新发展阶段,必须深入贯彻新发展理念、积极融入新发展格局,用党的创新理论武装头脑、指导实践、推动工作。以新时代中国特色社会主义思想作为重要的学习规划,坚持理论学习与实践相结合。保持战略定力,以战略思维、辩证思维、创新思维、法治思维、底线思维为助力,树立新发展思维,准确把握新发展阶段出现的新思想、新规律,树立靶向意识,确保"射出的箭"不脱靶,不偏移。保持政治定力,坚定不移地走好自己的路,持续增强"四个意识"、坚定"四个自信"、做到"两个维护"。

(　　)。加强自我约束,时刻保持清醒的头脑,用党章党规对标自己的行为,在一往无前的奋斗姿态中真抓实干、担当作为,坚持问需于民、问计于民,不断在工作中总结经验做法。党员干部要发扬钉钉子精神,务实求变,务实求新,务实求进,务实求效。要敢于攻坚克难、改革创新、锐意进取、坚定必胜信心,一鼓作气、一抓到底,让各项举措在落地落实中有机衔接、融会贯通,确保新时代、新征程这艘巨轮沿着正确航向前行。

(　　)。时刻牢记党的宗旨,把人民群众对美好生活的向往作为一切工作的出发点和落脚点,践行从群众中来到群众中去的群众路线,坚持全心全意为人民服务,任何时候都把群众利益放在第一位,同群众同甘共苦,保持最密切的联系,做到件件有着落、事事有回音,不断推进民生福祉达到新水平。

(二)请按时间顺序,重新调整下面材料的排列顺序。

1.一次区域性的肺癌专项普查发现,这一带居民肺癌发病率极低。

2.研究表明,观音草对肺部和呼吸道具有极强的镇咳消炎作用,可完全彻底消除炎症,并具有显著的养肺润肺效果。当地居民服用观音草的习惯有先期切断肺癌诱因的作用,确保了肺部和呼吸系统的健康。

3.贵阳中医药学院周汉华教授对此进行了反复的论证后惊奇发现,肺癌发病率低与该地区居民经常使用观音草治疗咳嗽、感冒、肺炎等疾病有密切关系。

4.在医学发达的今天,尽管有许多止咳名药,贵州黄果树一带的少数民族地区,却一直沿用观音草这一民族草药来治疗咳嗽、支气管炎、肺炎等疾病。

5.安顺制药厂率先投入科研经费,运用现代科学手段,对观音草这一民族草药进行了深入的开发和临床研究,成功研制出止咳新药——咳速停糖浆。

6.周汉华教授对观音草的研究成果引起了众多药品厂家的关注。

7.这一调查结果引起了有关专家的极大关注。

正确的顺序为:(　　)、(　　)、(　　)、(　　)、(　　)、(　　)、(　　)

(三)下面是应用文的两个结尾段,试分析其各属于哪种结尾方法。

1.所当乘胜者势也,不可失者时也。在新时代的伟大征程上,让我们乘势而上,顺势而下,以新时代党员干部应有的担当和作为为中国特色社会主义事业添砖加瓦,在"十四五"规划开局之年乘风破浪,奋力开创高质量发展的新局面,以优异成绩庆祝建党100周年。(　　)

2.一百年的历史充分证明,中国共产党是中国工人阶级的先锋队,同时是中国人民和中华民族的先锋队,是伟大、光荣、正确的马克思主义政党。在新的征程上,中国共产党一定能够团结带领全国各族人民夺取全面建设社会主义现代化国家的伟大胜利,实现中华民族伟大复兴的中国梦。(　　)

(四)阅读下面这段文字,分析其在语言表述方式上有什么问题。

个人总结

又是雪花飞扬的时节,又是冰灯流光溢彩的时候,在这美丽的日子里,收藏起尘封的日历,我们迎来年末的丰收。我们带着丰收的喜悦,憧憬美好的未来,认真总结一下自己的过去。

……

三、技能题

(一)下面是一篇病文,请评改其在主旨、语言方面存在的问题。

××市××区高级中学简介

我两年前毕业于××市××区高级中学,那是我们区14万人口的唯一一所高中。

它位于市区内繁华地带,相邻的有市场、职业高中等,总建筑面积两万多平方米,教职工200多人,学生1500多名。学校的教职员工都兢兢业业地工作,教学质量显著提高。我们当时的校长和班主任老师曾被评为市先进工作者,我们学校也多次荣获省绿化先进单位、花园式学校等荣誉,这些都是在学校各级领导的带领下全体师生共同努力、共同奋斗的结果。

当然我们学校也存在许多问题,需要及时解决,否则会影响教职工的工作情绪。如存在一些攀比、分配不公,学校的后勤出现很多问题,师生都有意见。再有学生纪律需要整顿等种种现象。

要用习近平新时代中国特色社会主义思想铸魂育人,学校的全体师生员工以雄厚的实力,非凡的自信和开拓创新的魄力向前迈进,以崭新的姿态迈向辉煌灿烂的未来。

(二)下面的材料是《关于加强水利依法行政工作的实施意见》部分内容,请阅读后按要求进行评改。

1. 改写开头部分的发文缘由。

2. 主体部分的具体意见的材料顺序已打乱,请按逻辑顺序重新组织安排,要把意见条理分明、由主到次地表述清楚。

该意见是根据《国务院关于全面推进依法行政的决定》和《辽宁省人民政府关于推进依法行政的决定》及结合我省水利工作的实际制定的。制定该意见的目的是提高全省水利系统依法行政水平,推进依法治水的进程,促进水利事业的改革与发展,巩固和发展水利的基础设施和基础产业的地位。实施意见如下:

一、加强执法队伍建设。……

二、加强水利法规体系建设,为依法行政提供法律依据。……

三、建立健全监督机制,加强依法行政的监督。……

四、全面建立并推行行政执法责任制。……

五、统一思想,转变观念,增强法律意识,提高对依法行政的认识。……

六、建立法制学习培训制度,提高执法人员执法水平。……

七、加强对依法行政工作的指导。……

八、大力加强机构建设。……

1. 开头部分:

2. 主体部分组织安排材料的正确顺序是:(　)、(　)、(　)、(　)、(　)、(　)、(　)、(　)。

(三)下面几段话是一篇请示的开头部分,请分析其在材料的选择和剪裁、语言表达等方面有什么问题,并改写。

目前我县团干部队伍的现状与形势和任务的要求极不适应。据查,全县专职团干部中36岁以上的40名,其中41岁以上的28名,大大超过了有关规定。从文化水平来看,大专文化的仅占6%。而且近年来,团干部更新较快,每年平均30%左右。在新老交替过程中青黄不接的现象也较为突出。

为了改变这种状况,我们曾办过两期团干部培训班,很受欢迎。现在根据我们的师资能力,打算于今年10—11月再办一期团干部培训班。目的就是为了适应飞速发展的新形势之需要,加强团干部队伍的政治素质,完成培养有理想、有道德、有文化、守纪律的一代共产主义新人的使命,关键是建设一支符合四化要求的团干部队伍。办这个班就是这个目的。

(四)下面是一则《关于召开全省水利系统防汛抗旱工作会议的通知》的正文的草稿,请结合应用文语体要求,评析并修改。

经过厅里领导的商量,估计今年又是一个干旱之年,为了未雨绸缪,及时解决全省水利系统在这一过程中可能出现的问题,当然也为了确保粮食能有个喜人的大丰收,保证人民生活水平稳中有升,厅里决定,在春耕之前就此问题召开一次会议,初步确定会议在2021年3月10日上午8点左右开始。

地点:省水利厅18楼1811号。

参加人员:各单位负责人。

各方面费用水利厅全部给解决了。如果清楚了,就说到这吧。

四、写作题

请针对下文中的事件,采用叙述、议论、说明三种表达方式写三篇短文,题目自拟。

事件回放:

"你自己没钱,就给我好好打工好吧!""出来打工就给我唯唯诺诺的好吧?""顾客就是上帝,老娘就是你的上帝!""你现在在这打工,你就是我的儿子!""骂你你都得给我笑脸!"近日,一段安徽合肥女大学生辱骂外卖骑手的视频引发关注。

据了解,此单外卖是因该女大学生手机号码有误导致无法正常配送。再次配送时,骑手觉得她态度太过强硬,便说了句"送了两次,一句谢谢也不会说",结果却引来辱骂。因为觉得这个事情对自己造成了很大侮辱,目前外卖骑手已辞职。

模块二　公　文

学习任务

1. 了解公文的概念、特点、种类及作用。
2. 掌握公文的行文格式。
3. 学会撰写常用公文。

思政任务

1. 通过本模块的学习，使学生认识到公文写作格式的规范与严谨，养成认真负责的工作作风。
2. 提高学生的自觉意识，严格法律意识和道德规范。用习近平新时代中国特色社会主义思想武装头脑。始终保持政治上的清醒和坚定，自觉践行社会主义核心价值观。

情境导入

公文出错事非小

继南京此前一则文件误将"湖南省张家界市"写成"湖北省张家界市"后，类似错误又发生在了吉林长白山的政务公众号上。7月30日，"长白山发布"微信公众号发布的一条管控公告，包括标题在内，共计出现7处"四川省重庆市江津区"的错误表述。事发后，长白山保护开发区管理委员会发布致歉信，并将错误公文撤回。

著名景区张家界位于湖南省，这本是中国地理基本常识，而南京某文件却把"张家界"写到"湖北"境内；我国设立重庆直辖市迄今已有20余年，然而吉林长白山的公告却错将重庆市重新"划归"四川省。接连出现明显差错的公文，引发网友不满。政务公众号犯这种常识性错误，实属不该。

公文是各级党政机关实施领导、履行职能、处理公务的有效手段和重要工具,其背后是政府公信力,体现着治理能力与水平。公文写作和发布应该是严肃、严谨的事。起草公文、把关审核、签发,每一道环节都应该认真仔细,相关人员必须具备应有的素质能力。一个小小的笔误就可能"一失足成千古恨"。这两起事件暴露了相关工作人员不认真、不严谨、作风漂浮、责任心缺失的问题,影响了党政机关的形象,绝非小事。

[资料来源:中央纪委国家监委网站(有删节)]

从上面的材料可看出,由于公文是党政机关实施领导、履行职能、处理公务的具有特定效力的文书,具有法定的权威性,因而在写作中要慎重,以免产生不良影响。本模块主要就是对公文的概念、特点、作用及写法进行较为详尽的介绍。

基础知识

学习情境一　公文概述

一、公文的概念及种类

(一)概念

党政机关公文是党政机关实施领导、履行职能、处理公务的具有特定效力和规范体式的文书,是传达贯彻党和国家方针政策,公布法规和规章,指导、布置和商洽工作,请示和答复问题,报告、通报和交流情况等的重要工具。

(二)种类

2012年4月6日,中共中央办公厅、国务院办公厅联合印发了《党政机关公文处理工作条例》,同时废止了1996年中共中央办公厅印发的《中国共产党机关公文处理条例》和2000年国务院印发的《国家行政机关公文处理办法》。

《党政机关公文处理工作条例》中规定公文种类为15种。主要是:决议、命令(令)、决定、公报、公告、通告、通知、通报、议案、报告、请示、批复、意见、函、纪要。党的机关一般不使用命令(令)、公告、通告、议案这四个文种;行政机关一般不使用决议、公报这两个文种。

上述公文,按照行文方向划分有三种:

1. 上行文

上行文指的是具有隶属关系的下级机关向上级机关报送的公文,如请示、报告等。

2. 平行文

平行文指同一组织系统的同级机关或不相隶属机关之间的来往公文,如函、议案等。

3. 下行文

下行文指领导机关对下级机关、所属机关发送的公文,如命令(令)、决定、指示、通知、通报、批复、纪要等。

有些公文的行文方向并不十分固定。例如通知,主要为下行文,有时也具有平行文的性质。此外,公文按缓急程度可划分为:特急、加急;按保密级别可划分为:绝密、机密和秘密三类。

二、公文的特点及作用

(一)公文的特点

1. 权威性和政策性

公文的权威性主要体现在制定者和内容上,党政机关公文是各级党政机关根据法律赋予的权限和职责制作并发布的,表达的内容是党政机关对特定问题的权威意见、看法和要求。党政机关通过制发公文来发挥领导和指导作用,把各级党政机关紧密联结在一起,统一思想,统一认识,使政令畅通,运转灵活,上下合拍,工作步伐整齐一致,以体现党和国家政权组织的权威。同时,党政机关通过制发公文来传达政策,解决问题,推动工作。公文在各项事业中发挥着阐明事理、启发觉悟和提高认识的作用,是治国理政的重要工具,代表着党和政府的执政理念、执政思想,丝毫不能偏离党和国家的政治目标和政策轨道,不能有悖于党和国家的路线、方针、政策以及法律、法规等,具有很强的政策性要求。

2. 针对性和指导性

党政机关公文总是根据现实需要,为解决某个特定问题和指导某项工作而制发,不仅要体现上级机关的精神,而且要结合本地本部门实际,针对全局或局部工作,对布置的任务、安排的工作、规定的事项、提出的要求,都要交代得比较具体、明确,有鲜明的、现实的针对性和指导性。只有有的放矢,受文者才能知道劲往哪里使,在实际工作中才能行得通,有效果。

3. 规范性和约束性

从内容看,党政机关制发公文,语言运用极其规范,其传达的意志不以受文者是否同意为前提。公文一旦发布实施,其法定效力将对受文者及其他有关方面的行为产生不同程度的强制性影响和约束,必须严格遵守或执行,具有极强的约束力。从生成过程看,公文必须严肃庄重,制发单位要严格遵循共同的规范格式,种类名称、体式结构、用纸幅面等都必须按照具体规定执行,不得随意更改;行文规则、办理程序、整理归档、清退销毁等,也有统一、明确的要求,不得擅自行事。

4. 程序性和严密性

公文制发和处理必须履行规定的程序,从起草、审核、签发、校印、发出,到拟办、批办、承办、归档、清退、销毁,环环相扣、步步相接,程序性和严密性极强。公文处理工作必须严格按照相关程序进行,否则,无论在哪个环节上违背了程序,都将影响公文的效果。

5. 对应性和定向性

党政机关行文必须根据隶属关系和职权范围确定,也就是说,什么样的公文由什么单位制发、哪一级单位制发,有具体、明确的对应关系。比如,党委、政府的办公厅(室)根据本级党委、政府授权,可以向下级党委、政府行文,其他部门和单位不得向下级党委、政府发布指令性公文或者在公文中向下级党委、政府提出指令性要求。同时,大部分公文都是写给特定对象阅读的,公文发送到什么单位,必须明确指定。不同的公文都会根据内容对"读者"进行专门规定,即通过"主送机关""抄送机关"和"传达(阅读)范围"等指定"读者"对象。而且,党政机关制发的部分公文,一段时期内,因其内容涉及党和国家的核心机密和暂时不得公开的重要事项,有保密的要求,其"传达范围"更加严格。对此类公文,必须严格保密管理,一旦疏忽大意,出现失密、泄密情况,会带来不良后果甚至严重损失。

(二)公文的作用

1. 指导工作,传达意图

公文是传达贯彻党和国家方针、政策及指令的有效形式,是上级机关或部门实施领导与指导的重要工具。党政机关运用公文的形式做出决定、决议,发布政令,对经济社会等各方面的工作实施领导和指导,并以此为依据,监督检查下级机关对上级机关指示精神的贯彻执行情况。

2. 联系工作,交流情况

由于社会活动的实际需要,上下级和同级机关之间、不相隶属的机关之间,需要进行日常性的公务联系。公文是机关与机关之间常用的联系手段。这一载体,能够使上情得以下达,下情得以上报,充分发挥交流思想、沟通情况、接洽工作的作用,有效地确保机关之间联系畅通,运转有序。

3. 请示工作,答复问题

下级机关工作中的有关事项需经上级机关批准方可办理,并且多以公文形式向上级机关请求指示或批准;向上级机关汇报工作、反映情况、回复询问,也多以公文形式报告上级机关。上级机关在掌握下级机关的工作情况和存在的问题后,可以进行及时指导,也可以通过公文的形式答复下级机关的请示事项。

4. 总结工作,推广经验

公文不仅是传达政策意图的重要工具,还是推广典型经验做法的有效载体。对某些地方和部门在工作中形成的经验和做法,及时总结规律,通过公文形式转发给其他地区和部门学习借鉴,推动有关工作的深入开展。

5. 有据可依,协调行动

党政各级机关,根据严密的组织原则,构成严密的组织系统。公文则是它们按照党和国家的统一意志,协调行动的依据和凭证,起着"立此存照"的作用。下级机关根据上级的命令、指示、决议、批复、计划开展工作;上级机关凭借下级的报告、请示,有针对性地处理回复、解决问题;平行机关之间也根据来文机关的公函、通知,协调配合,统一行动。离开了公文的依据作用,机关将无所适从,难以有条不紊地协调运转。

6. 记载工作,积累史料

公文是党政机关从事公务活动的真实记录,记载着许多重大决策、法规和重要公务活动事项等的产生过程。任何公文在其形成的同时,也成为一个单位的档案材料,既是见证历史的权威凭证,也是今后工作的重要参考。

三、党政机关公文的构成要素及排版形式

(一)公文的构成要素

公文一般由份号、密级和保密期限、紧急程度、发文机关标志、发文字号、签发人、标题、主送机关、正文、附件说明、发文机关署名、成文日期、印章、附注、附件、抄送机关、印发机关和印发日期等组成。

1. 份号。份号是公文印制份数的顺序号。涉密公文应当标注份号。

2. 密级和保密期限。涉密公文应当根据涉密程度分别标注"绝密""机密""秘密"和保密期限。

3. 紧急程度。紧急程度指公文送达和办理的时限要求。根据紧急程度,紧急公文应当分别标注"特急""加急",电报应当分别标注"特提""特急""加急""平急"。

4. 发文机关标志。由发文机关全称或者规范化简称加"文件"二字组成,也可以使用发文机关全称或者规范化简称。联合行文时,发文机关标志可以并用联合发文机关名称,也可以单独用主办机关名称。

5. 发文字号。由发文机关代字、年份、发文顺序号组成。联合行文时,使用主办机关的发文字号。

6. 签发人。上行文应当标注签发人姓名。

7. 标题。标题由发文机关名称、事由和文种组成。

8. 主送机关。主送机关是公文的主要受理机关,应当使用机关全称、规范化简称或者同类型机关统称。

9. 正文。正文是公文的主体,用来表述公文的内容。

10. 附件说明。附件说明包括公文附件的顺序号和名称。

11. 发文机关署名。发文机关署名应是发文机关全称或者规范化简称。

12. 成文日期。发文日期一般署会议通过或者发文机关负责人签发的日期。联合行文时,署最后签发机关负责人签发的日期。

13. 印章。公文中有发文机关署名的,应当加盖发文机关印章,并与署名机关相符。有特定发文机关标志的普发性公文和电报可以不加盖印章。

14. 附注。附注指公文印发传达范围等需要说明的事项。

15. 附件。附件是公文正文的说明、补充或者参考资料。

16. 抄送机关。抄送机关指除主送机关外需要执行或者知晓公文内容的其他机关,应当使用机关全称、规范化简称或者同类型机关统称。

17. 印发机关和印发日期。公文的送印机关和送印日期。

(二)公文的排版形式

公文的排版形式指公文各组成要素在文件版面上的标印格式。

1. 公文用纸幅面尺寸

采用国际标准 A4 型纸,210 mm×297 mm。

公文页边与版心尺寸为:公文用纸天头为 37 mm,公文用纸订口为 28 mm,版心尺寸为156 mm×225 mm(不含页码)。发文机关标志上边缘至版心上边缘为 25 mm。对于上报的公文,发文机关标志上边缘至版心上边缘为 80 mm。

2. 公文书写形式

从左至右横排、横写。其标识第一层为"一、",第二层为"(一)",第三层为"1.",第四层为(1)。

3. 字体字号

发文机关标志使用 2 号小标宋体字,红色标识;密级、保密期限、紧急程度用 3 号黑体

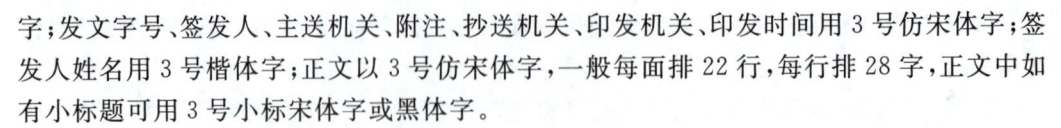

字;发文字号、签发人、主送机关、附注、抄送机关、印发机关、印发时间用3号仿宋体字;签发人姓名用3号楷体字;正文以3号仿宋体字,一般每面排22行,每行排28字,正文中如有小标题可用3号小标宋体字或黑体字。

4. 页码

用4号半角白体阿拉伯数码标识,置于版心下边缘之下一行,数码左右各放一条4号一字线,一字线距版心下边缘7mm。单页码居右空一个字,双页码居左空一个字。

5. 信函式公文

发文机关名称上边缘距上页边的距离为30 mm,推荐用小标宋体字,字号由发文机关酌定;发文机关全称下4 mm处为一条武文线(上粗下细),距下页边20 mm处为一条文武线(上细下粗),两条线长均为170 mm。每行居中排28个字。发文机关名称及双线均印红色。

(三)公文各要素及排版形式

公文的各要素分为版头、主体、版记三部分。

1. 版头

置于公文首页红色反线以上的各要素统称版头,包括份号、密级和保密期限、紧急程度、发文机关标志、发文字号、签发人。

(1)份号:公文印制份数的顺序号,即将同一文稿印刷若干份时每份公文的顺序编号,涉密公文应当标注份号。置于版心左上角第一行,用阿拉伯数字。

(2)密级和保密期限:密级分为绝密、机密和秘密;保密期限是对公文秘密等级时效规定的说明。置于版心右上角第一行,两字之间空一字。

(3)紧急程度:是对公文送达和办理的时限要求。根据紧急程度,标注"特急""加急";紧急电报分为"特提""特急""加急""平急"。置于版心右上角第一行,两字之间空一字。公文同时标识密级与紧急程度,密级顶格标识在版心右上角第一行,紧急程度顶格标识在版心右上角第二行。

(4)发文机关标志:发文机关标志表明公文的作者,是发文机关制作公文时使用的、规范版式的文件版头,通常称"文头"。由发文机关全称或规范化简称后加"文件"组成,居中红色套印在文件首页上端。联合行文时,发文机关标志可以并用联合发文机关名称,也可以单独用主办机关名称,"文件"二字置于发文机关名称右侧,上下居中排布。

(5)发文字号:发文字号是发文机关按照发文顺序编排的顺序号。由发文机关代字、年份和序号组成。置于发文机关标志下空两行,居中排布。年份、序号用阿拉伯数字标识;年份应标全称,用六角括号"〔 〕"括入;序号不编虚位(即1不编为001),不加"第"字。联合行文使用主办机关的发文字号。

发文字号之下4 mm处印一条与版心等宽的红色反线。

(6)签发人:签发人是在上报的公文中批准签发的领导人姓名,只用于上行文,平行排列于发文字号右侧。发文字号居左空一个字,签发人姓名居右空一个字;签发人用3号仿宋体字,签发人后标全角冒号,冒号后用3号楷体字标识签发人姓名。如有多个签发人,主办单位签发人姓名置于第一行,其他签发人姓名从第二行起在主办单位签发人姓名之下按发文机关顺序依次顺排,下移红色反线,应使发文字号与最后一个签发人姓名处在同一行并使红色反线与之相距4 mm。

2. 主体

公文首页红色反线(不含)以下至抄送机关(不含)以上的各要素统称主体。包括标题、主送机关、正文、附件说明、发文机关署名、成文日期、印章、附注、附件。

(1)标题:对公文主要内容准确、简要的概括。由发文机关名称、事由和文种组成。除法规名称加书名号外,一般不用标点符号。位于红色反线下空两行,用2号小标宋体字,可分一行或多行居中排布;回行时,要做到词义完整,排列对称,间距恰当。

(2)主送机关:是指要求公文予以办理或答复的主要受理机关,应当使用机关全称、规范化简称或者同类型机关统称。标识在标题下空一行,左侧顶格3号仿宋体字,回行时仍顶格。最后一个主送机关名称后标全角冒号。

(3)正文:表述公文的具体内容。通常分导语、主体和结束语。在主送机关下一行,每自然段左空两个字,回行顶格,数字、年份不回行。正文以3号仿宋体字,一般每面排22行,每行排28字。文中如有小标题可用3号小标宋体字或黑体字。

(4)附件说明:公文附件的顺序号和名称。公文如有附件,在正文下空一行,左空两个字,用3号仿宋体字标识"附件",后标全角冒号和名称。附件如有序号使用阿拉伯数字(如"附件:1.×××××");附件名称后不加标点符号。

(5)发文机关署名(从2012年7月1日起):署发文机关全称或者规范化简称。

(6)成文日期:指公文签发的时间。署会议通过或者发文机关负责人签发的日期。联合行文时署最后签发机关负责人签发的日期。标识在正文之下,空两行,右空4字。用阿拉伯数字将年、月、日标全。

(7)印章:公文中有发文机关署名的,应当加盖发文机关印章,并与署名机关相符。有特定发文机关标志的普发性公文和电报可以不加盖印章。联合上报的公文,由主办机关加盖印章,联合下发的公文,发文机关都应加盖印章。

单一机关制发的公文在落款处不署发文机关名称,只标识成文日期。加盖印章应上距正文2~4 mm,端正、居中、下压成文日期,印章用红色。

当印章下弧无文字时,采用下套方式,即仅以下弧压在成文时间上;当印章下弧有文字时,采用中套方式,即印章中心线压在成文时间上。

当联合行文需加盖两个印章时,应将成文时间拉开,左、右各空7字;主办机关印章在前;两个印章均压成文时间,印章用红色。只能采用同种加盖印章方式,以保证印章排列整齐。两印章间互不相交或相切,相距不超过3 mm。

当联合行文需加盖三个以上印章时,为防止出现空白印章,应将各发文机关名称(可用简称)排在发文时间和正文之间。主办机关印章在前,每排最多排三个印章,两端不得超出版心;最后一排如余一个或两个印章,均居中排布;印章之间互不相交或相切;在最后一排印章之下右空两个字标识成文日期。

当公文排版后所剩空白处不能容下印章位置时,应采取调整行距、字距的措施加以解决,务使印章与正文同处一面,不得采取标识"此页无正文"的方法解决。

(8)附注:需要说明的其他事项,如公文的发放范围、使用时注意的事项、联系人及联系方式等。公文如有附注,用3号仿宋体字,居左空两个字加圆括号标识在成文日期的下一行。

(9)附件:公文正文的说明、补充或者参考资料。附件应与公文正文一起装订,并在附件左上角第一行顶格标识"附件",有序号时标识序号;附件的序号和名称前后标识应一致。如附件与公文正文不能一起装订,应在附件左上角第一行顶格标识公文的发文字号并在其后标识"附件"及附件顺序号。

3. 版记

置于抄送机关以下的各要素统称为版记。包括抄送机关、印发机关和印发日期。

(1)抄送机关:指除主送机关外需要执行或知晓公文的其他机关。公文如有抄送,在反线下一行;左空一个字用3号仿宋体字标识"抄送",后标全角冒号;抄送机关间用逗号隔开,回行时与冒号后的抄送机关对齐;在最后一个抄送机关后标句号。

(2)印发机关和印发日期:印发机关是印制公文主管部门,印发日期是公文的复印日期。位于抄送机关之下占一行位置;用3号仿宋体字。印发机关左空一个字,印发日期右空一个字。印发日期以公文复印的日期为准,用阿拉伯数字标识。

(3)版记中的反线。版记中各要素之下均加一条反线,宽度同版心。

(四)新、旧公文区别

1.《党政机关公文处理工作条例》是全新的首次统一党政机关公文处理规范的标准。

2.在"文种"方面,在《国家行政机关公文处理办法》的13个文种基础上,增加了"决议"和"公报"两个文种,共15个文种。

3.在"格式"方面,取消了主题词,行政公文也要署发文机关名称。

4.在公文拟制方面,要求"重要公文"由主要负责人签发。

5.在行文规则方面,增加"不得以本机关负责人名义向上级机关报送公文"。

6.在公文管理方面,增加发文立户的规定。

四、公文的行文规则

(一)向上级机关行文应当遵循的规则

1.原则上主送一个上级机关,根据需要同时抄送相关上级机关和同级机关,不抄送下级机关。

2.党委、政府的部门向上级主管部门请示、报告重大事项,应当经本级党委、政府同意或者授权;属于部门职权范围内的事项应当直接报送上级主管部门。

3.下级机关的请示事项,如需以本机关名义向上级机关请示,应当在提出倾向性意见后上报,不得原文转报上级机关。

4.请示应当一文一事。不得在报告等非请示性公文中夹带请示事项。

5.除上级机关负责人直接交办事项外,不得以本机关名义向上级机关负责人报送公文,不得以本机关负责人名义向上级机关报送公文。

6.受双重领导的机关向一个上级机关行文,必要时抄送给另一个上级机关。

拓展阅读:
公文写作中常见的标题错误,你犯过吗

(二)向下级机关行文应当遵循的规则

1.主送受理机关,根据需要抄送相关机关。重要行文应当同时抄送发文机关的直接上级机关。

2.党委、政府的办公厅(室)根据本级党委、政府授权,可以向下级党委、政府行文,其他部门和单位不得向下级党委、政府发布指令性公文或者在公文中向下级党委、政府提出指令性要求。需经政府审批的具体事项,经政府同意后可以由政府职能部门行文,文中须注明已经政府同意。

3. 党委、政府的部门在各自职权范围内可以向下级党委、政府的相关部门行文。

4. 涉及多个部门职权范围内的事务,部门之间未协商一致的,不得向下行文;擅自行文的,上级机关应当责令其纠正或者撤销。

5. 上级机关向受双重领导的下级机关行文,必要时抄送该下级机关的另一个上级机关。

同级党政机关、党政机关与其他同级机关必要时可以联合行文。属于党委、政府各自职权范围内的工作,不得联合行文。党委、政府的部门依据职权可以相互行文。部门内设机构除办公厅(室)外不得对外正式行文。

五、公文拟制

公文拟制包括起草、审核、签发等程序。

(一)起草

公文的起草应当做到:

1. 符合国家法律、法规和党的路线、方针、政策,完整准确地体现发文机关意图,并同现行有关公文相衔接。

2. 一切从实际出发,分析问题实事求是,所提政策措施和办法切实可行。

3. 内容简洁,主题突出,观点鲜明,结构严谨,表述准确,文字精练。

4. 文种正确,格式规范。

5. 深入调查研究,充分进行论证,广泛听取意见。

6. 公文涉及其他地区或者部门职权范围内的事项,起草单位必须征求相关地区或者部门意见,力求达成一致。

7. 机关负责人应当主持、指导重要公文起草工作。

(二)审核

公文审核的重点是:

1. 公文的起草行文理由是否充分,行文依据是否准确。

2. 内容是否符合国家法律、法规和党的路线、方针、政策;是否完整准确地体现发文机关意图;是否同现行有关公文相衔接;所提政策、措施和办法是否切实可行。

3. 涉及有关地区或者部门职权范围内的事项是否经过充分协商并达成一致意见。

4. 文种是否正确,格式是否规范;人名、地名、时间、数字、段落顺序、引文等是否准确;文字、数字、计量单位和标点符号等用法是否规范。

5. 其他内容是否符合公文起草的有关要求。

(三)签发

公文应当经本机关负责人审批签发。

重要公文和上行文由机关主要负责人签发。党委、政府的办公厅(室)根据党委、政府授权制发的公文,由受权机关主要负责人签发或者按照有关规定签发。签发人签发公文,应当签署意见、姓名和完整日期;圈阅或者签名的,视为同意。联合发文由所有联署机关的负责人会签。

六、公文办理

公文办理包括收文办理、发文办理和整理归档。

（一）收文办理

1. 签收

对收到的公文应当逐件清点，核对无误后签字或者盖章，并注明签收时间。

2. 登记

对公文的主要信息和办理情况应当详细记载。

3. 初审

对收到的公文应当进行初审。初审的重点是：是否应当由本机关办理，是否符合行文规则，文种、格式是否符合要求，涉及其他地区或者部门职权范围内的事项是否已经协商、会签，是否符合公文起草的其他要求。经初审不符合规定的公文，应当及时退回来文单位并说明理由。

4. 承办

阅知性公文应当根据公文内容、要求和工作需要确定范围后分送。批办性公文应当提出拟办意见报本机关负责人批示或者转有关部门办理；需要两个以上部门办理的，应当明确主办部门。紧急公文应当明确办理时限。承办部门对交办的公文应当及时办理，有明确办理时限要求的应当在规定时限内办理完毕。

5. 传阅

根据领导批示和工作需要将公文及时送传阅对象阅知或者批示。办理公文传阅应当随时掌握公文去向，不得漏传、误传、延误。

6. 催办

及时了解、掌握公文办理的进展情况，督促承办部门按期办结。紧急公文或者重要公文应当由专人负责催办。

7. 答复

公文的办理结果应当及时答复来文单位，并根据需要告知相关单位。

（二）发文办理

1. 复核

已经发文机关负责人签批的公文，印发前应当对公文的审批手续、内容、文种、格式等进行复核；需做实质性修改的，应当报原签批人复审。

2. 登记

对复核后的公文，应当确定发文字号、分送范围和印制份数并详细记载。

3. 印制

公文印制必须确保质量和时效。涉密公文应当在符合保密要求的场所印制。

4. 核发

公文印制完毕，应当对公文的文字、格式和印刷质量进行检查后分发。

(三)整理归档

1.涉密公文应当通过机要交通、邮政机要通信、城市机要文件交换站或者收发件机关机要收发人员进行传递,通过密码电报或者符合国家保密规定的计算机信息系统进行传输。

2.需要归档的公文及有关材料应当根据有关档案法律、法规以及机关档案管理规定,及时收集齐全、整理归档。两个以上机关联合办理的公文,原件由主办机关归档,相关机关保存复制件。机关负责人兼任其他机关职务的,在履行所兼职务过程中形成的公文,由其兼职机关归档。

七、公文管理

1.各级党政机关应当建立健全本机关公文管理制度,确保管理严格规范,充分发挥公文效用。

2.党政机关公文由文秘部门或者专人统一管理。设立党委(党组)的县级以上单位应当建立机要保密室和机要阅文室,并按照有关保密规定配备工作人员和必要的安全保密设施设备。

3.公文确定密级前,应当按照拟定的密级先行采取保密措施。确定密级后,应当按照所定密级严格管理。绝密级公文应当由专人管理。公文的密级需要变更或者解除的,由原确定密级的机关或其上级机关决定。

4.公文的印发传达范围应当按照发文机关的要求执行;需要变更的,应当经发文机关批准。涉密公文公开发布前应当履行解密程序。公开发布的时间、形式和渠道,由发文机关确定。经批准公开发布的公文,同发文机关正式印发的公文具有同等效力。

5.复制、汇编机密级、秘密级公文,应当符合有关规定并经本机关负责人批准。绝密级公文一般不得复制、汇编,确有工作需要的,应当经发文机关或者其上级机关批准。复制、汇编的公文视同原件管理。复制件应当加盖复制机关戳记。翻印件应当注明翻印的机关名称、日期。汇编本的密级按照编入公文的最高密级标注。确有工作需要的汇编应当经发文机关或者其上级机关批准。复制、汇编的公文视同原件管理。

6.公文的撤销和废止,由发文机关、上级机关或者权力机关根据职权范围和有关法律、法规决定。公文被撤销的,视为自始无效;公文被废止的,视为自废止之日起失效。

7.涉密公文应当按照发文机关的要求和有关规定进行清退或者销毁。

8.不具备归档和保存价值的公文,经批准后可以销毁。销毁涉密公文必须严格按照有关规定履行审批登记手续,确保不丢失、不漏销。个人不得私自销毁、留存涉密公文。

9.机关合并时,全部公文应当随之合并管理;机关撤销时,需要归档的公文经整理后按照有关规定移交档案管理部门。

工作人员离岗离职时,所在机关应当督促其将暂存、借用的公文按照有关规定移交、清退。

10.新设立的机关应当向本级党委、政府的办公厅(室)提出发文立户申请。经审查符合条件的,列为发文单位,机关合并或者撤销时,相应进行调整。

八、公文式样

(一)公文首页版式(图 2-1)

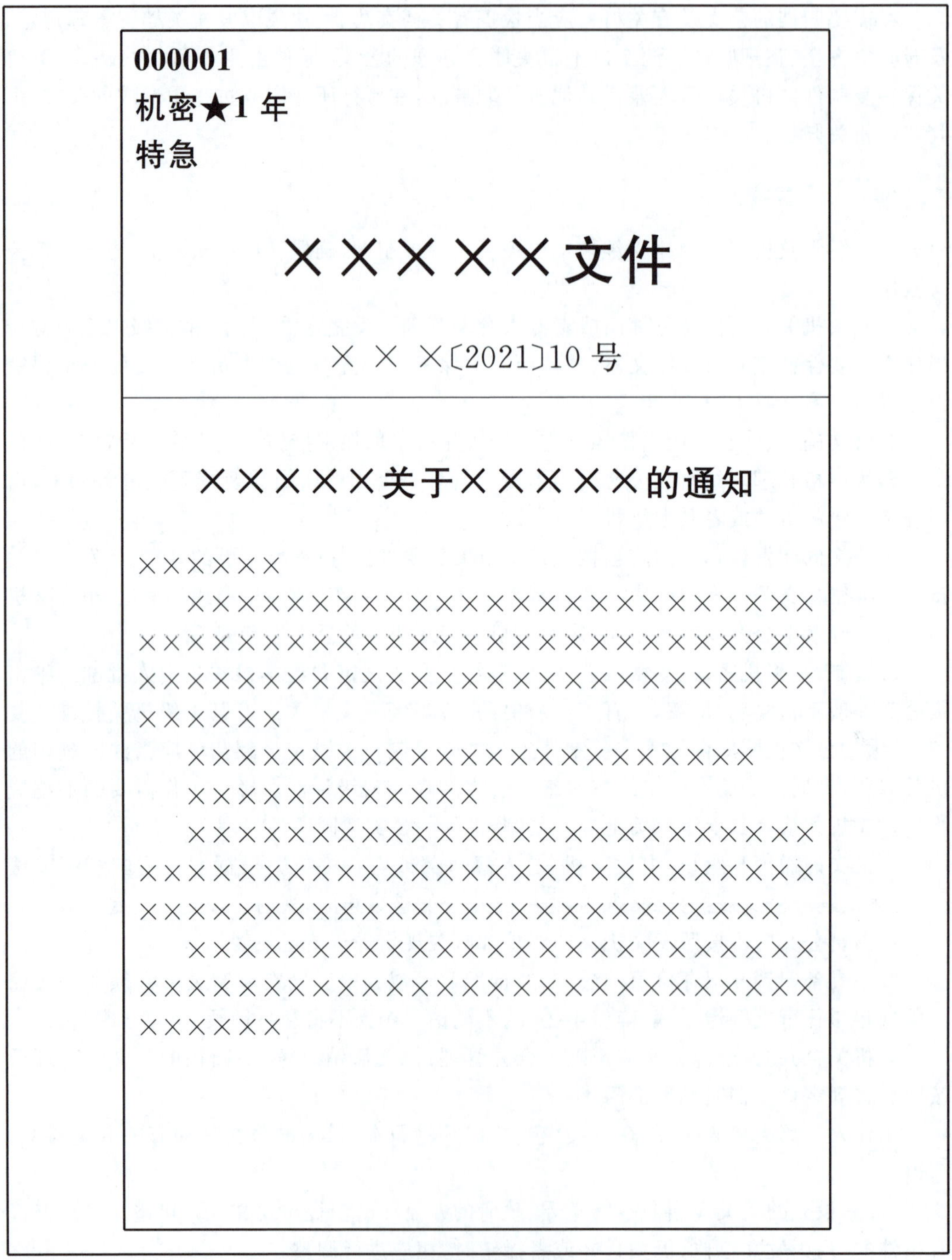

```
000001
机密★1 年
特急


            ×××××文件

            ×××〔2021〕10 号


        ×××××关于×××××的通知

××××××
×××××××××××××××××××××××
×××××××××××××××××××××××
××××××
×××××××××××××××××××××××
××××××××××
×××××××××××××××××××××××
×××××××××××××××××××××××
×××××××××××××××××××××××
××××××
```

图 2-1　公文首页版式

(二)联合行文公文首页版式(图2-2)

```
000001
机密★1年
特 急
                ×××××
                ×   ×   × 文件
                ×××××


            ×××〔2021〕10 号

        ×××××关于×××××的通知

×××××：
    ××××××××××××××××××
××××××××××××××××××××
××××××××××××××××××××
××××××××××××××××××××
××××××××××××××××××××
××××××××××××××××××××
××××××××××××
    ××××××××××××××
```

图 2-2 联合行文公文首页版式

(三)公文末页版式(图 2-3)

×××××××
　　×××××××××××××××××××××
×××××××××××××××××××××××
×××××××××××××××××××××××
×××××××××××××××××××××××
×××××××××××××××××××××××
×××××××××××××××××××××××
×××××××××××××××××××××××
×××××××××××××××

印章 1

2021 年 7 月 1 日

(××××)

抄送:×××××,×××××,×××××,×××××,
　　××××××
×××××××　　　　　　　　2021 年 7 月 1 日印发

图 2-3　公文末页版式

(四)联合行文公文末页版式(图 2-4)

×××××××××
　××××××××××××××××××××××××××
××××××××××××××××××××××××××××
××××××××××××××××××××××××××××
××××××××××××××××××××××××××××
××××××××××××××××××××××××××××
××××××××

　　　印章1　　印章2　　印章3

　　　　印章4　　印章5

2021 年 7 月 1 日

(××××)

抄送:××××××,××××××,××××××,××××××,
××××××

×××××××××　　　　　　2021 年 7 月 1 日印发

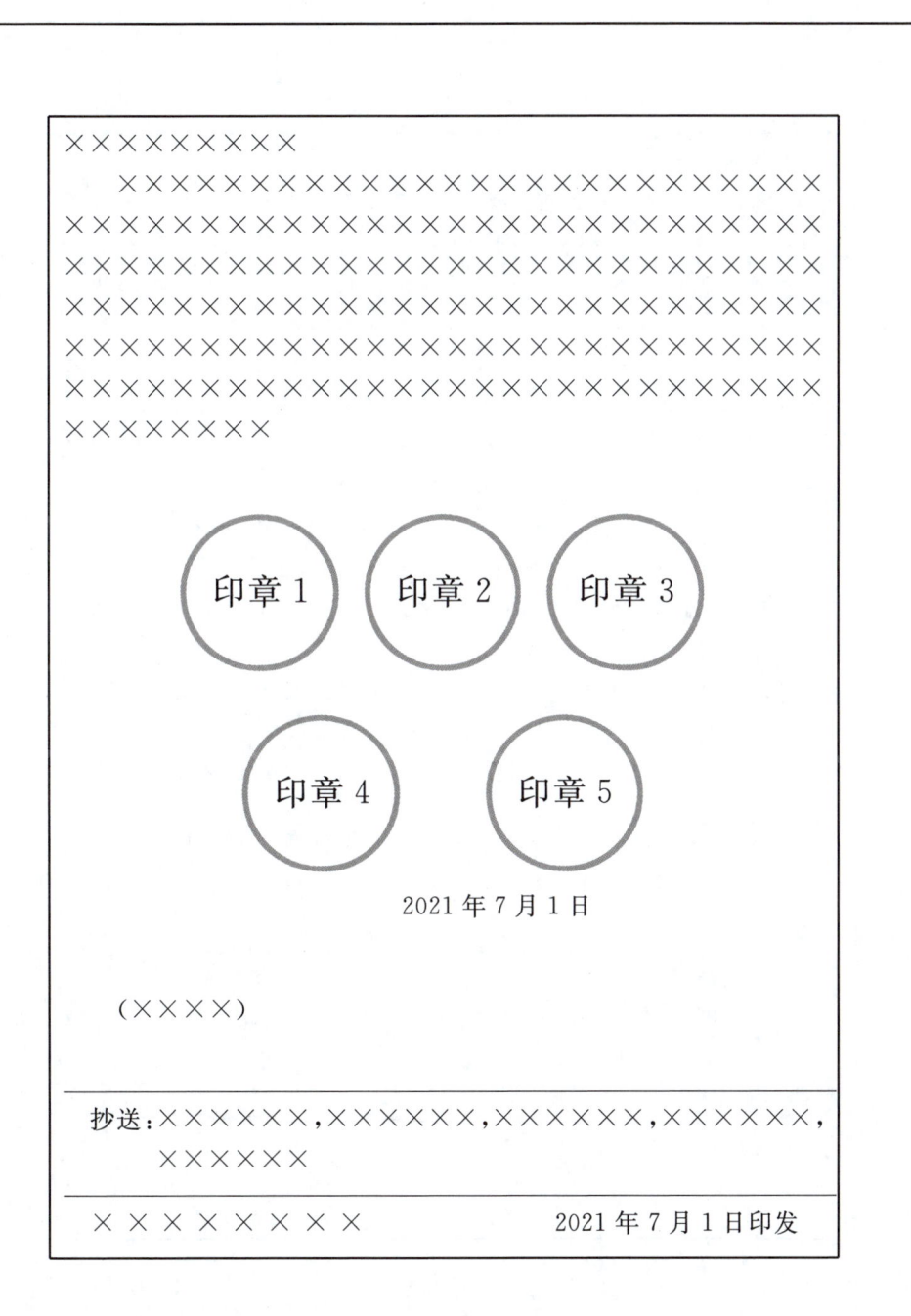

图 2-4　联合行文公文末页版式

(五)附件说明页版式(图 2-5)

```
××××××
    ××××××××××××××××××××
××××××××××××××××××××××
××××××××××××××××××××××
××××××××××××××××××××××
××××××××××××××××××××××
××××××××××××××××××××××
××××××××××××××××××××××


    附件:1.××××××××××××××××××××
         ××××××
       2.××××××××××××××××××××


                              ××××××
                            ×  ×  ×  ×
                            2021 年 7 月 1 日

(××××)
```

图 2-5　附件说明页版式

(六)带附件公文末页版式(图2-6)

图2-6　带附件公文末页版式

学习情境二　命令(令)、议案、决定

一、命令(令)

(一)命令(令)概述

1. 命令(令)的概念

命令(令)是党政机关依据宪法、法律、法令、规定等法规所发布的文件之一。命令(令)适用于公布行政法规和规章、宣布施行重大强制性措施、批准授予和晋升衔级、嘉奖有关单位和人员。

2. 命令(令)的种类

按内容和性质的不同,命令(令)可以分为发布令、行政令、奖惩令和任免令等。

(二)命令(令)的结构和内容

1. 标题

命令(令)的标题有两种形式:一种是由发布者、事由和文种构成,其中文种写作"命令"或"令";一种是由发布者和文种构成,其中文种为"令"。

2. 发文字号

发文字号放在标题下,一般有两种形式。

(1)按序编号。

(2)机关代字+年度号+顺序号。

3. 正文

各类命令(令)正文的写法有所不同:

(1)发布令。发布令用于依照有关法律规定发布行政法规和规章。发布令的正文由"令"和附件两部分组成。"令"一般包括三项内容:一是命令(令)公布的对象,即行政法规或规章的名称;二是公布某项行政法规、规章的依据;三是通过、批准某项行政法规、规章的时间和施行起始期。发布令带有附件(公布的行政法规、规章),它和命令(令)同时发布,且起着公文主体的作用。

(2)行政令。行政令用来宣布施行重大强制性行政措施,包括戒严令、特赦令、动员令等。行政令的正文一般包括三项内容:一是发布命令的原因、目的、依据;二是内容要求;三是执行办法。

(3)奖惩令。奖惩令的内容丰富,篇幅较长。嘉奖令正文的结构一般包括:嘉奖对象情况、嘉奖决定、嘉奖的目的与希望。

(4)任免令。任免令用于任免国家高级官员。

4. 成文机关名称、发文日期、印章

有的命令(令)的发文日期已经写在标题之下了,这里可不再写。

(三)例文评析

例文

中华人民共和国主席令

第九十一号

《中华人民共和国个人信息保护法》已由中华人民共和国第十三届全国人民代表大会常务委员会第三十次会议于2021年8月20日通过,现予公布,自2021年11月1日起施行。

中华人民共和国主席 习近平
2021年8月20日

(资料来源:中国政府网)

【评析】 这是一份发布令,内容简洁,行文简短。

二、议案

(一)议案概述

1. 议案的概念

议案是各级人民政府按照法律程序向同级人民代表大会或者人民代表大会常务委员会提请审议事项的公文。审议事项主要包括:签订国际条约,颁布法规和政策、经济计划、财政预算与决算,重大建设项目,重要行政区域变动及机构改革设置,政治、经济、文化、教育、科技、卫生、民族工作的重大事项以及人民群众急需解决的重要问题、重要人事任免事项等。

2. 议案的种类

议案按性质、内容划分,可分为以下几类:

(1)立法案。即国家行政机关制定行政法规时,提请国家权力机关审议的送审原案,或者请求国家权力机关制定某项法律、法规时所提出的原案。

(2)重大事项决议、决定案。即国家行政机关就本行政区域内重大事项,如财政预、决算,发展规划以及政治、经济、文化、科技、卫生、体育等方面工作的重大事项,需要提请国家权力机关进行审议并做出决议、决定的原案。

(3)建议案。即国家行政机关关于加强本行政区各级政府机关建设的重要建议的原案。

(4)任免案。即在人民代表大会闭会期间,国家行政机关就任免国家机关工作人员问题提请国家权力机关审议批准的原案。

(5)撤职案。即国家行政机关向国家权力机关提请撤销该国家权力机关选举产生或任命的国家工作人员职务的原案。

(6)其他案。即国家行政机关就本行政区域内广大人民群众迫切要求解决的重大问题以及其他事项,提请国家权力机关审议做出决议的原案。

(二)议案的结构和内容

1. 标题

标题通常有两种形式:一种是由发文机关、案由和文种构成;一种是由案由和文种构成。

2. 主送机关

主送机关只能是本级人民代表大会或常委会,要写全称或规范化简称。

3. 正文

议案正文由案由、方案、结语三部分组成。

(1)案由。正文的开头,写提出该议案的理由和依据,多是对提出议案的原因和必要性做简要的说明,有的也需要简要说明议案的酝酿形成过程。撤职案的案由部分,主要写明被罢免人的主要错误事实,并明确法律依据(根据何法律法规的什么条款规定)。重大事项案的案由部分与其他类型的议案相比案由要写得详尽、充分。

(2)方案。这是议案的主要部分,紧接案由之后对提请审议事项进行具体、明确的表述。一般是明确议案名称及形成过程,提出议案中所提问题的解决措施或方案。建议批准采取有关行政手段的议案,要提出符合实际、切实可行的解决问题的方案,以便于审议。

(3)结语。提出审议要求或建议。一般常用"现提请审议""请审议批准""请审议决定"等惯用语。

4. 附件

附件是指议案正文需要附加的材料或需审议的法律、法规条文以及政策、规定的文字材料。附件是议案的重要组成部分,附件中的法律、法规及规定则是审议的重点。

5. 发文机关名称、发文时间、印章

发文时间和发文机关(印章)包括签署和发文时间两项内容。按规定议案应由政府行政首长签署,首长署名要盖签名章,以示负责。发文时间以行政首长签发的日期为准。

(三)例文评析

例文

浙江省人民政府
关于提请审议 2020 年省级新增地方政府专项债务
预算调整方案(草案)的议案

省人大常委会:

财政部提前下达我省 2020 年部分新增地方政府专项债务限额 567 亿元。其中,由省政府负责统一举借的新增专项债务 501 亿元,由宁波市政府负责举借的新增专项债务 66 亿元。根据《中华人民共和国预算法》等相关规定,对由省政府负责统一举借的专项债务 501 亿元,编制浙江省 2020 年省级新增地方政府专项债务预算调整方案(草案)如下:调增省级 2020 年政府性基金预算"地方政府债务收入——专项债务收入"501 亿元,相应调增省级政府性基金预算支出 85 亿元(用于省级政府收费公路建设 50.8 亿元,列报"交通运输支出——政府收费公路专项债券收入安排的支出——公路建设"预算科目;用于省级铁路建设 34.2 亿元,列报"其他支出——其他政府性基金及对应专项债务收入安排的支出——其他地方自行试点项目收益专项债券收入安排的支出"预算科目)、政府性基金预

算"债务转贷支出"416亿元,收支平衡。

以上内容,请予审议。

省 长 袁家军

2020年5月7日

(资料来源:浙江省财政厅网站)

【评析】 这份议案正文简要说明提出本议案的背景、依据及议案形成的情况,并提请审议,篇幅短小,言简意赅。

三、决定

(一)决定概述

1. 决定的概念

决定是对重要事项做出决策和部署、奖惩有关单位和人员、变更或者撤销下级机关不适当决定事项的公文。

2. 决定的种类

(1)对重大事项(事件)做出安排或处理的决定。此类决定常用于表彰与惩处、新机构设置、人事安排、突发事件(事故)处理等。要求主题集中、重点突出、根据充分、事实准确,对于事实的分析和结论应当观点明确、分寸得当、语言概括简要。

(2)对重大行动做出安排的决定。此类决定的指导性很强,常用于领导机关对重大政治活动、经济活动、行政活动等做出部署安排。一般要讲清形势,说明布置重大行动的必要性、紧迫性;阐明重大行动的方针、政策、原则、措施,以便下级机关遵照执行;要层次分明、语意明确、语气肯定。

(3)规定重要工作原则、办法的决定。此类决定常用于对重要工作(事项)做出决定性的安排。内容的安排多采用条款式,对于适用对象、有效范围、工作办法、时限要求、奖惩处理等,要做出明确、周密、具体的规定;用词要概括、庄重、准确、严密。

(二)决定的结构和内容

1. 标题

标题一般由发文机关、事由、文种构成。

2. 主送机关

决定一般要写主送机关,但有的决定的制发对象是明确的,主送机关可省略。

3. 正文

(1)开头:开关简要说明发文的缘由、根据、目的,通常用"特做出如下决定"或"特决定如下"过渡到下文。

(2)主体:主体具体说明决定的事项。内容较多的,可采用条文式写法。

(3)结尾:结尾提出执行的要求,发出号召或说明有关事项。

4. 发文机关名称、发文日期、印章

发文日期通常标注在标题之下,用圆括号括入,或者标注在发文机关下方。发文机关处加盖印章。

(三)例文评析

例 文

国务院关于 2020 年度国家科学技术奖励的决定

国发〔2021〕22 号

各省、自治区、直辖市人民政府，国务院各部委、各直属机构：

为深入贯彻落实习近平新时代中国特色社会主义思想，全面贯彻党的十九大和十九届二中、三中、四中、五中全会精神，坚定实施科教兴国战略、人才强国战略和创新驱动发展战略，国务院决定，对为我国科学技术进步、经济社会发展、国防现代化建设做出突出贡献的科学技术人员和组织给予奖励。

根据《国家科学技术奖励条例》的规定，经国家科学技术奖励评审委员会评审、国家科学技术奖励委员会审定和科技部审核，国务院批准并报请国家主席习近平签署，授予顾诵芬院士、王大中院士国家最高科学技术奖；国务院批准，授予"纳米限域催化"等 2 项成果国家自然科学奖一等奖，授予"面心立方材料弹塑性力学行为及原子层次机理研究"等 44 项成果国家自然科学奖二等奖，授予"超高清视频多态基元编解码关键技术"等 3 项成果国家技术发明奖一等奖，授予"良种牛羊卵子高效利用快繁关键技术"等 58 项成果国家技术发明奖二等奖，授予"嫦娥四号工程"等 2 项成果国家科学技术进步奖特等奖，授予"400 万吨/年煤间接液化成套技术创新开发及产业化"等 18 项成果国家科学技术进步奖一等奖，授予"厘米级型谱化移动测量装备关键技术及规模化工程应用"等 137 项成果国家科学技术进步奖二等奖，授予苏·欧瑞莉教授等 8 名外国专家和国际热带农业中心中华人民共和国国际科学技术合作奖。

全国科学技术工作者要向顾诵芬院士、王大中院士及全体获奖者学习，不忘初心、牢记使命，秉持国家利益和人民利益至上，继承和发扬老一辈科学家胸怀祖国、服务人民的优秀品质，主动肩负起历史重任，坚持创新在我国现代化建设全局中的核心地位，把科技自立自强作为国家发展的战略支撑，以与时俱进的精神、革故鼎新的勇气、坚忍不拔的定力，面向世界科技前沿、面向经济主战场、面向国家重大需求、面向人民生命健康，加快建设科技强国，为夺取全面建设社会主义现代化国家新胜利、实现中华民族伟大复兴做出新的更大贡献。

国 务 院
2021 年 10 月 19 日
（资料来源：中国政府网）

【评析】 这是一篇表彰性的决定。全文结构完整，格式规范。正文内容层次分明，按概述事由（缘由）、决定的事项（主体）、希望和号召（结尾）的思路行文，全文具有很强的鼓动性和感召力。

学习情境三　公告、通告

一、公告

(一)公告概述

公告适用于向国内外宣布重要事项或者法定事项。公告的发文机关级别高,一般限于国家最高行政机关及其工作部门,各省、自治区、直辖市的行政机关等。下级地方行政机关一般不使用公告,社会团体、基层单位不能制发公告。公告不用行政公文下发,而是通过报纸、广播、电视等新闻媒介公开发表。

(二)公告的结构和内容

公告按内容和用途可分为宣传重要事项的公告和宣布法定事项的公告,写法上都包括以下内容。

1. 标题

公告的标题由发文机关名称、事由、文种构成,也可以只写文种。

2. 编号

公告单独编号的通常用"第×号"或"××××年第×号",标于标题正下方,外加圆括号,还有些公告的编号用标准的发文字号。

3. 正文

公告正文的内容都比较单一、简短。首先写明发布公告事项的依据或缘由,其次写明发布公告事项的内容,最后常用"特此公告""现予公告"做结语。

具体行文时,公告的正文因事而异。一般来说,公布选举结果、发布决议、告知重要事项的公告,内容比较简单;发布政策、宣布法定事项的公告相对繁复一些。

4. 发文机关名称、发文日期、印章

签署发文机关名称,标明发文日期,加盖发文机关印章。如果公告见报或张贴时略去编号,发文日期可以写在标题下面;如果发文机关在标题中已经出现,此处可以省略。

(三)例文评析

例文

国家知识产权局公告

第四六一号

《专利权质押登记办法》已经批准,现予以发布,自发布之日起施行。特此公告。

国家知识产权局
商　务　部
2021 年 11 月 15 日

(资料来源:国家知识产权局网站)

【评析】　因为是普发性文件,所以没有主送机关。叙述简要,格式规范。

二、通告

(一)通告概述

通告适用于在一定范围内公布应当遵守或者周知的事项。通告常公开张贴，或刊登于报，让有关单位、公众了解。

(二)通告的结构和内容

通告按内容和用途可分为事项性通告、规定性通告。写法上包括以下内容：

1. 标题

由发文机关、事由和文种构成，也有只写文种的。

2. 正文

通告的正文一般由缘由、告知事项和结尾构成。

(1)缘由。简明扼要地写明发布通告的目的、意义或依据之后，用"现通告如下""特通告如下"等习惯用语过渡到下文。

(2)告知事项。具体写明应当遵守或周知的事项，内容较多的一般分条款来写。

(3)结尾。主要写明执行通告事项的要求或发出号召。有的通告没有结尾，用"特此通告"结束全文。

3. 发文机关名称、发文日期、印章

签署发文机关名称标明发文日期，加盖发文机关印章。如果发文机关在标题中已经出现，此处可以省略。

(三)例文评析

例 文

关于2021年度初级会计专业技术资格考试合格标准
有关问题的通告

根据2021年度会计专业技术初级资格考试数据统计分析，经商财政部，现将考试合格标准有关事项通告如下：

一、2021年度会计专业技术初级资格考试各科目的合格标准均为60分（各科目试卷满分均为100分）。

二、请各地抓紧做好证书发放及考试后期的各项工作。

人力资源社会保障部办公厅
2021年7月17日

（资料来源：中国政府网）

【评析】 本文是规定性通告。行文脉络清晰，重点突出，很好地揭示了通告的核心、目标，便于相关单位了解与实施。

学习情境四 通知、通报

一、通知

(一)通知概述

1. 通知的概念

通知是发布、传达要求下级机关执行和有关单位周知或者执行的事项,批转、转发公文的公文。

2. 通知的种类

(1)指示性通知。指示性通知用于直接发布行政法规和对下级某项工作的指示、要求。带有强制性、指挥性和决策性。

(2)印转类通知。印转类通知用于批转下级机关公文的通知,用于转发上级机关公文或不相隶属机关公文的通知,用于印发本机关的公文或本机关领导人讲话材料的通知。常用"现将……批转(转发)给你们,请参照(遵照)执行"惯用语。

注意事项:被印发、批转、转发的公文名称在标题中一般不加书名号;被印发、批转、转发的公文不是附件,不在"附件说明"中列出。

(3)周知性通知。周知性通知多用于上级机关向下级机关宣布某些应知事项,不具有强制性。此类通知的结尾惯用"特此通知"或"以上事项望周知"等用语。

(4)会议通知。会议通知包括如下内容:召开会议的时间、地点以及会议的名称;会议的中心议题和主要程序;对与会人员身份的要求;对与会人员会前准备工作的要求;联系人等。

(5)任免、聘用通知。任免、聘用通知主要用于任免、聘用事项,一般要分条列项写明:任免或聘用干部的机关(会议)名称、日期,任免、聘用人员的姓名与职务。聘用人员,还要写明聘用期限及有关待遇等。

(二)通知的结构和内容

1. 标题

一般由发文机关名称、事由和文种构成。有的通知标题也可以省略发文机关名称或事由。

2. 主送机关

要写明受文机关的全称或规范化简称。

3. 正文

不同类型的通知,正文的写法不尽相同,但通常由缘由、事项和结尾三部分组成。

(1)缘由。这是制发通知的根据和目的。缘由之后,多用过渡语"特此通知如下""现将……的有关事项通知如下"等。

(2)事项。这是通知的主体部分。内容较多的,要分条列项来写。内容的表述要具体、周密,语言要清楚、简练。

(3)结尾。通知的结尾常用"特此通知"等惯用语结束,也有的再次明确主题或提出要求和希望等。

4. 发文机关名称、发文日期、印章

签署发文机关名称,标明发文日期,加盖发文机关印章。

(三)通知的写作要求

1. 主题集中

一份通知一般要求说明一件事,布置一项工作,不能表述多种事情,达到多种目的。

2. 重点突出

通知的事项交代要清楚,措施要具体,要说明事情的来龙去脉、主要事项及目的和要求。

3. 讲求实效

通知的撰写、传递要及时、快捷,不可贻误时机,影响公务的执行和办理。

(四)例文评析

例文 1

国务院办公厅关于印发
"十四五"全民医疗保障规划的通知

国办发〔2021〕36 号

各省、自治区、直辖市人民政府,国务院各部委、各直属机构:

《"十四五"全民医疗保障规划》已经国务院同意,现印发给你们,请认真贯彻执行。

国务院办公厅
2021 年 9 月 23 日
(资料来源:中国政府网)

【评析】 这是印转类通知。主送机关不止一个,依据级别的大小分门别类,依次排列,相同一类的用顿号,类与类之间用逗号。正文简洁明了,交代行文的依据,说明发布的文件名称及实施的时间。

例文 2

关于学习宣传贯彻党的二十大精神的通知

各会员单位:

学习宣传贯彻党的二十大精神是当前和今后一个时期全党全国的首要政治任务,事关党和国家事业继往开来,事关中国特色社会主义前途命运,事关中华民族伟大复兴,对于动员全党全国各族人民更加紧密地团结在以习近平同志为核心的党中央周围,高举中国特色社会主义伟大旗帜,坚定道路自信、理论自信、制度自信、文化自信,为全面建设社会主义现代化国家、全面推进中华民族伟大复兴而团结奋斗,具有重大现实意义和深远历史意义。

根据中央部署和中央网信办有关工作安排,经研究,现通知各会员单位结合实际,采取有力有效的方式方法,迅速兴起学习宣传贯彻党的二十大精神热潮,切实把思想和行动统一到党的二十大精神上来,把智慧和力量凝聚到落实党的二十大精神上来,把党的二十大精神转化为具体任务、具体项目、具体行动,为服务网络强国建设做出新的更大贡献。

请各会员单位及时将学习宣传贯彻党的二十大精神的好经验、好做法等阶段性成果发送至指定邮箱,中网联将择优在官方平台宣传推介。

邮箱:dangjian@××××.cn

中国网络社会组织联合会
2022 年 11 月 3 日

(资料来源:中国网络社会组织联合会)

【评析】 这是一篇指示性通知,正文目的明确,要求具体。格式规范,要言不烦。

例文 3

关于召开 2021 年全省科技工作会议的通知

各市、县(市、区)科技局,各国家和省级高新(园)区管委会,省级有关单位,有关高校、科研院所:

为深入贯彻落实党的十九届以及五中全会、中央经济工作会议、全国科技工作会议和省委十四届七次、八次全会以及省委经济工作会议精神,认真贯彻落实党中央、国务院和省委、省政府关于科技创新的各项决策部署要求,总结 2020 年和"十三五"全省科技工作,研究部署"十四五"和 2021 年工作思路举措,决定召开 2021 年全省科技工作会议。现将有关事项通知如下。

一、会议时间、地点

时间:2021 年 1 月 20 日(周三)下午 2:30,会期半天。

地点:会议采用视联网视频会议形式,在省科技厅五楼科技会堂设主会场,各市设分会场。

二、参加人员

(一)主会场:部分省科技领导小组成员单位负责人(详见附件1),省科技厅领导班子成员、驻省财政厅纪检监察组负责人、厅机关全体干部、厅属单位主要负责人、部分在杭高校、省部属科研院所、省实验室、新型研发机构负责人(详见附件1)。

(二)各市分会场:各市科技局中层以上干部,所辖县(市、区)科技局主要负责人,国家和省级高新(园)区管委会负责人,有关高校、科研院所、新型研发机构负责人(各市科技局负责会议通知和组织工作)。

三、有关事项

1.请在主会场参会的有关省科技领导小组成员单位、部分在杭高校、省部属科研院所、省实验室、新型研发机构,以及各市分会场参会单位(由各市科技局负责汇总),于 2021 年 1 月 19 日下班前将会议回执(附件2)报到省科技厅办公室,联系人:李××,电话:0571—××××××××,传真:0571—××××××××,邮箱:4122×××@qq.com。

2.请杭州市科技局、温州市科技局、余姚市科技局、南湖高新区管委会做好交流发言准备,时间控制在8分钟以内。

3.请主会场、分会场严格落实疫情防控各项要求,参会人员必须14天内未到过中高风险地区,并主动戴口罩、亮码、配合测温等。

4.请各市分会场指定专人作为视频会议技术联系人,并于1月18日中午前将会场名称、联系人、联系电话、视联网设备终端号等反馈至省科技厅,1月18日下午—19日全天将进行测试。省科技厅技术保障联系人:陈××、吕××,电话:1516821××××、1386802××××。

附件:1. 部分主会场参会单位名单
附件:2. 附件2.docx

浙江省科学技术厅
2021年1月18日

(资料来源:浙江省科学技术厅网站)

【评析】 这是会议通知。首先写明了开会的目的与依据,接着具体说明了会议的时间、地点、参会人员及其他有关事项。该通知内容完备而具体,可操作性强。行文规范,条理清晰。

二、通报

(一)通报概述

1. 通报的概念

通报是表彰先进、批评错误、传达重要精神和告知重要情况的应用文体。

2. 通报的种类

(1)表彰性通报。表彰性通报主要用于表扬和宣传先进集体、先进个人的典型事迹,从中总结出成功经验,号召人们向先进的集体和个人学习。

(2)批评性通报。批评性通报主要用于批评处理重大事故、事件、违法违纪案件等,告诫人们吸取教训,防止类似错误再次发生。

(3)情况通报。情况通报主要用于上级领导机关向所属下级机关传达有关重要情况,发布重要信息,以便上情下达,统一认识,协调并推动工作。

(二)通报的结构和内容

1. 标题

标题由发文机关、事由(表彰或批评的对象与事实实质)和文种构成,也有省略发文机关的。

2. 主送机关

除普发性通报外,其他通报应该标明主送机关。

3. 正文

(1)表彰性通报和批评性通报的写法。表彰性通报和批评性通报的写法大致相同。正文通常由开头、主体、结尾三部分组成。

①开头。点明通报的对象,概述通报的原因、基本内容和做出的决定,并习惯用"现通报如下""予以通报表彰"等用语过渡到下文。语言要简洁、概括。内容简短的通报,开头就直接叙述典型材料和做出的决定。

②主体。叙述典型事例,要具体介绍被通报的人和事,如时间、地点、原因、经过、结果等,要清楚明白、重点突出。在此基础上进行适当的分析、评价,指出其教育意义,表彰性通报要揭示其主要精神实质;批评性通报要分析其要害和产生的原因。然后,做出表扬或处理的决定:表彰的,给予什么物质或精神奖励;批评的,给予什么处分、处罚。要简明扼要。

③结尾。发出号召,提出希望或要求。

(2)情况通报的写法。情况通报的内容大体包括"开头+主要做法和成绩+存在的主要问题+今后的打算或要求"。常见的结构和写法:一是只介绍情况,正文为两分式,开头写概括,然后写具体事实或情况;二是三分式,正文开头写概况,主体写具体事实或情况,然后对情况加以分析得出结论;三是四分式,即在前一种形式的基础上再加上结尾部分,提出要求或希望。行文要层次清楚,中心明确,文字简要,有明确的针对性和可行性。

通报的对象必须是值得在社会上提倡的、具有典型意义的人或事,或者是与推进当前中心工作密切相关的重要事项、重大情况。通报的材料必须经过深入细致的调查和反复认真的核实,不能有半点虚假和错漏。通报只有通过对典型材料的具体叙述与入情入理的分析,才能令当事人与广大受文者心悦诚服,达到倡导和鉴戒作用。

4. 发文机关名称、发文日期、印章

签署发文机关名称,标明发文日期,加盖发文机关印章。

(三)通报的写作要求

1. 内容要典型

应选择新颖的具有时代性的典型事例或与推进当前的中心工作密切相关的重要事项、重大情况。

2. 材料要真实

通报的材料必须经过深入细致的调查和反复认真的核对,不得有半点虚假和错漏。

3. 结论或意见要有指导性

要通过对典型材料的具体叙述与入情入理的分析,令当事人与读者心悦诚服。同时,还要提出具有总结性、指导性的结论或意见,以达到倡导和鉴戒作用。

(四)通知与通报的区别

1. 内容范围不同

通知可以发布行政法规,批转和转发公文,传达需要办理的事项等;通报则是表扬先进,批评错误,传达重要的情况。

2. 目的要求不同

通知的目的是告知事项、布置工作,有严格的约束力;通报的目的是陈述事实,交流情况,提高认识,指导工作。

3. 表达方法不同

通知主要采用叙述的表达方法;通报则兼用叙述、说明和议论等多种表达方法。

(五)例文评析

例 文

关于表扬疫情防控工作先进典型的通报

各镇党委、人民政府,县委和县级国家机关各部门,各人民团体,驻石各单位:

新型冠状病毒感染的肺炎疫情防控阻击战打响以来,全县广大党员干部和各界群众认真学习贯彻习近平总书记重要指示精神,积极响应党的号召,在县委、县政府的领导下,全面落实坚定信心、同舟共济、科学防治、精准施策要求,充分发扬万众一心、众志成城、团结互助、和衷共济、迎难而上、敢于胜利的精神,在联防联控、宣传教育、医疗救治、物资保障等方面发挥了重要作用。

为凝聚起全力以赴、共克时艰的强大正能量,经县疫情防控工作指挥部研究,决定对在疫情防控工作中挺身而出、积极作为、无私奉献的王×等12名一线党员,周××等11名基层干部,赵××等29名医务人员,董××等20名志愿者予以第一批通报表扬。

希望受到表扬的同志珍惜荣誉、再接再厉,继续在疫情防控阻击战中发挥带头作用,进一步巩固全县群防群治、抵御疫情的严密防线。各镇各部门和广大党员干部要主动对标先进、冲锋在前、勇挑重担,紧紧依靠人民群众,扎实做好疫情排查、隔离、治疗、宣教、管控、保障等各项工作,以坚定的信心、昂扬的斗志,坚决打赢疫情防控阻击战。

附件:表扬人员名单(第一批)

石泉县疫情防控工作指挥部
2020年2月4日

(资料来源:石泉县人民政府网站)

【评析】 这是表彰性通报。首先概述表彰原因及目的,然后写明表彰的决定,最后提出希望、号召。

学习情境五 报告、请示

一、报告

(一)报告概述

1. 报告的概念

报告是向上级机关汇报工作、反映情况、回复上级机关询问的公文。

2. 报告的种类

（1）工作报告。工作报告主要用于向上级机关汇报工作情况。具体有两种：综合报告，这类报告是反映一个单位一定时期内全面的工作情况的报告；专题报告，这类报告是就某件事情或某项工作所做的报告。

这两种报告，主要内容应包括工作进程，取得的成绩，采取的措施，存在的问题，今后的打算、建议，但不可写请示事项。撰写时，要点面结合、主次分明、详略得当。结尾惯用"特此报告，请审阅""特此报告"等。

（2）情况报告。情况报告是在突发重大情况时所写的报告。撰写时，要写明突发事件发生的时间、地点、起因、经过、结果等，属于何种性质，初步看法以及处理意见等内容。

（3）回复报告。回复报告主要用于答复上级机关的询问或了解有关问题。这种报告是被动行文，必须有针对性地实事求是地回答，不可避而不答或答非所问，也不要涉及无关的问题。撰写时，要先写明针对何事回答，再具体、详细地答复。惯用语是"专此报告"等。

（4）递送报告。递送报告是以报告的形式，向上级呈报其他文件、物件的说明性公文。

（二）报告的结构和内容

1. 标题

一般由发文机关、事由和文种构成，有固定文头时，也可省略发文机关。

2. 主送机关

主送机关只能有一个，需其他上级机关了解时，以抄送的方式处理。

3. 正文

一般由缘由、主体、结语组成。

（1）缘由。缘由通常是写明报告的目的、根据或原因，概述报告的基本内容或基本情况。

（2）主体。主体主要是报告具体情况、存在的问题和今后的意见。内容较多的报告，可分条列项，或按部分安排主体的结构层次。主体的具体写法，不同类型的报告，有简有繁，不尽相同。

（3）结语。报告结尾用简明的文字概括全文，或使用惯用语结束全文，称为结语。报告不要求上级答复，所以它的结束语不宜写"以上报告，请指示（批示）"等语句。

4. 发文机关名称、发文日期、印章

签署发文机关名称，标明发文日期，加盖发文机关印章。

（三）报告的写作要求

1. 重点突出，材料典型

汇报工作、反映情况要选择典型材料和主要数据，除综合性报告要全面汇报工作以外，一般要求一文一事。

2. 事实说话，少发议论

作为陈述性公文，事实叙述要清楚准确，材料要客观真实，分析要画龙点睛。

3. 报告不得夹带请求事项

报告中不得夹带各种请求事项等与报告无关的内容。

(四)例文评析

例　文

关于2021年新增政府债务资金安排及区级预算调整方案(草案)的报告
——2021年8月2日在区十七届人大常委会第四十一次会议上

区人大常委会主任、各位副主任,各位委员:

受区人民政府委托,向区人大常委会第四十一次会议报告2021年新增政府债务资金安排及区级预算调整方案(草案)情况,请予审议。

一、调整事由

《重庆市财政局关于提前下达2021年第一批新增政府债务限额的通知》(渝财债〔2021〕22号)新增我区政府债务限额7亿元,其中:新增一般债券2亿元,新增专项债券5亿元。新增政府债务限额属于预算法规定的预算调整事项,需按程序报经区人大常委会审议批准。

二、新增政府债务资金安排建议

(一)新增一般债券

新增一般债券2亿元,拟安排用于农村基础设施建设0.9亿元、交通基础设施建设0.6亿元、教育基础设施建设0.5亿元。

(二)新增专项债券

新增专项债券5亿元,拟安排用于市政及园区基础设施建设2.6亿元、医疗卫生1.2亿元、农林水利0.7亿元、生态环保0.3亿元、教育基础设施建设0.2亿元。

三、2021年区级预算调整方案(草案)

(一)一般公共预算

区十七届人大五次会议审议批准2021年区级一般公共预算收支为72.62亿元,新增一般债券资金安排后,拟相应调整经批准的区级预算。

1.区级一般公共预算收入总计调整为74.62亿元,调增2亿元,其中:本级收入35.1亿元,不作调整;转移性收入调整为39.52亿元,调增2亿元,主要是新增一般债券2亿元。

2.区级一般公共预算支出总计调整为74.62亿元,调增2亿元,其中:区本级支出预算调整为65.62亿元,调增2亿元,主要是新增一般债券安排支出2亿元;转移性支出9亿元,不作调整。

调整后,区级一般公共预算收支平衡。

(二)政府性基金预算

区十七届人大五次会议审议批准2021年区级政府性基金预算收支为55.88亿元,新增专项债券资金安排后,拟相应调整经批准的区级预算。

1.区级政府性基金收入预算总计调整为60.88亿元,调增5亿元,其中:本级收入预算55亿元,不作调整;转移性收入调整为5.88亿元,调增5亿元,主要是新增专项债券5亿元。

2.区级政府性基金支出预算总计调整为60.88亿元,调增5亿元,其中:本级支出预算调整为41.08亿元,调增5亿元,主要是新增专项债券安排支出5亿元;转移性支出19.8亿元,不作调整。

调整后,区级政府性基金预算收支平衡。

四、政府债务限额情况

重庆市财政局新增我区政府债务限额7亿元后,2021年我区政府债务限额110.9亿元。新增政府债务资金安排后,我区政府债务余额110.6亿元,控制在限额以内。

附件:2021年区级预算调整方案附表

(来源:重庆市人民政府网)

二、请示

(一)请示概述

1.请示的概念

请示是向上级机关请求指示、批准的公文。

2.请示的种类

(1)事项性请示。事项性请示是下级机关请求上级机关审核批准某项工作或者开展某项工作的请示,属于请求批准性的请示。这种请示多用于机构设置、审定编制、人事任免、重要决定、重大决策、大型项目安排等事项。

这些事项按规定本级机关无权决定,必须请示上级机关批准。下级机关在工作中遇到人力、物力、财力等方面难以解决的事项,用请示请求上级机关给予帮助、支持的,也是事项性请示。

(2)政策性请示。下级机关往往会在工作中碰到某一方针、政策等不明确、不理解的问题,或者碰到新问题和情况。要弄清楚和解决这些问题,可用请示行文,并提出解决的意见,请求上级机关给予明确的解释和指示。这种请示称为政策性请示。

(二)请示的结构和内容

1.标题

标题由发文机关名称、事由和文种构成,也有的只写事由和文种。但不可只写文种,一定要写明事由(请示的内容)。

2.主送机关

请示的主送机关只有一个,即直接的上级主管机关,不能多头请示。

按照"谁主管就向谁请示"的原则,请示只能有一个主送机关,不能多头请示。如需同时送其他机关,可以用抄送的形式。除领导个人交办的事项外,请示不得直接呈送领导者本人。若需多级请示,应按机关的隶属关系,逐级报送。在一般情况下,不得越级请示。若因特殊情况必须越级请示,也要抄送被越过的上级机关。

3.正文

(1)缘由。这是正文的开头,主要说明请示的原因,要突出请示的必要性和迫切性。缘由是请示的重点,要写得充分,有理有据。只有这样才能顺理成章地提出请求事项。写明缘由后,用惯用语过渡到下文,如"现将……问题请示如下""特请示如下"等。

(2)事项。这是请示的主体,主要证明请求上级机关批准或指示的具体事项。这部分说明的事项须明确,条理要清楚,结构上多用条款式。

(3)请求语。这是请求的结尾,具体明确地提出请求解决。

4. 发文机关名称、发文日期、印章

标明发文日期,加盖发文机关印章。

(三)请示的写作要求

1. 为了便于领导批复,请示应一文一事,不能一文数事。如确有多个问题或事项需要请示,要分别行文。

2. 阐明情况要准确客观,提出的意见或建议要恰当。

3. 标题要规范,不得将"请示"写成"请示报告"。

4. 语言要清晰简明,语气要谦恭庄重。

(四)请示与报告的异同

1. 相同点

(1)行文方向上,二者同属上行文。

(2)内容上,都是要反映情况,陈述意见。

(3)格式上,一般都只能主送一个上级机关,都要求一文一事。

2. 不同点

(1)目的不同。报告用于汇报工作,提供信息;请示则是提出问题,寻求解决。

(2)性质不同。报告是陈述性的、呈报性的,属呈文;请示则是呈请性的、期复性的,属问文。

(3)内容不同。报告内容丰富;请示内容单一。

(4)时间不同。报告可事前、事中或事后汇报;请示必须事前呈送。

(五)例文评析

例 文

关于在××市举办商品洽谈会的请示

市经贸委:

  为了扩大我商场品牌的知名度,便于向全国推广,同时繁荣市场,满足消费者需求,我公司拟于2021年12月8日至11日在××市举办品牌洽谈会。洽谈会摊位共1000平方米,展团由我公司及生产厂家派人组成,经费自理。妥否,请批示。

××公司(印章)
2021年10月8日

【评析】 这是下级请求上级批准的事项性请示。请示的事由充分,事项具体完整。格式规范合理,清晰明了。

学习情境六　批复、意见

一、批复

(一)批复概述

1. 批复的概念

批复是答复下级机关请示事项的公文。批复是指导性下行文,下级机关的每一份请示,一定会得到上级机关相应的一份批复,所以批复和请示是相对应、互为行文关系的文种。

2. 批复的种类

(1)同意性批复。同意性批复是对下级机关的请示事项表示同意的批复。这类批复主体部分的内容较易写。

(2)否定性批复。否定性批复是对下级机关的请示持否定态度的批复。这类批复在主体部分,要简述不同意的理由。若有个别事项同意个别事项不同意,要分别表态。表述上一定要层次分明,语言准确,不能使人误解或产生歧义。

(二)批复的结构和内容

1. 标题

标题由发文机关名称、事由和文种构成,也有的只写事由和文种,还有的在事由中标明"同意"的字样。如《关于同意在北京等22个城市设立跨境电子商务综合试验区的批复》。

2. 主送机关

批复的主送机关即请示的发文机关。

3. 正文

(1)导语。导语通常先引来文名称,再引来文发文字号,之后为"收悉"等。通常惯用"经研究,现批复如下"过渡到下文。

(2)主体。主体主要写明对请示事项的具体批复意见。要根据有关方针、政策、规定和实际情况,表明同意或不同意的态度,或做进一步的指示。内容多的或较复杂的要按条款写。结尾一般用"此复""特此批复""此复,希执行"等,也有的不用惯用语结尾。

4. 发文机关名称、发文日期、印章

签署发文机关名称,标明发文日期,加盖发文机关印章。

(三)例文评析

例　文

教育部关于同意黑龙江财经学院
变更举办者的批复

教发函〔2021〕132号

黑龙江省教育厅:

你厅《关于黑龙江财经学院变更举办者及换发办学许可证的报告》等材料收悉。根据

《中华人民共和国民办教育促进法》等有关规定,经研究,现就有关事项批复如下:

一、同意黑龙江财经学院举办者由"黑龙江德强实业集团有限公司、哈尔滨康福来药品有限责任公司"变更为"黑龙江德强实业集团有限公司"。

二、你厅要依法履行管理服务职责,指导黑龙江德强实业集团有限公司切实履行举办者义务,加大办学投入,改善办学条件,提高办学质量,服务地方经济社会发展。

教育部
2021 年 10 月 19 日

(资料来源:中华人民共和国教育部网站)

【评析】 这是解决某一问题的指示性批复,意见具体,办法可行。

二、意见

(一)意见概述

1. 意见的概念

意见适用于对重要问题提出见解和处理办法。

2. 意见的种类

(1)指导性意见。这是党政领导机关用于布置工作的下行文。有时部署工作不宜以决定、指示、命令、通知等文种行文时,可用意见行文。它更突出指导性,内容上更注重原则性和灵活性结合、规定性和变通性结合,为下级办文留有更多的创造性余地。这类意见常常是阐明工作的原则、要求,提出见解和处理办法,做出工作安排。

(2)建议性意见。这是向上级提出工作建议、设想的上行文。它又可分呈报类意见和呈转类意见。

呈报类意见是向上级机关提出某方面工作的建议、意见,向上级献计献策,以供上级决策参考。

呈转类意见是职能部门就开展和推动某方面工作提出初步设想和打算,呈送领导机关审定后,由领导机关批转更大范围的有关方面执行。这类意见已经取代了长期以来使用的呈转类建议性报告。

(3)评估性意见。这是业务职能部门或专业机构就某项专门工作、业务工作经过调查、研究或者鉴定、评审后,把商定的鉴定、评估结果写成意见送交给有关方面,它虽可上行、下行,但主要是不相隶属组织间的平行文。它又可分为鉴定性意见和批评性意见。

(二)意见的结构和内容

1. 标题

一般由发文机关、事由和文种构成。

2. 主送机关

一般的意见都要写明主送机关;涉及面较广的意见,也可以不写主送机关。

3. 正文

(1)开头。概括说明发文的缘由,如提出意见的背景、依据、原因、目的等。一般来说,实施意见的发文缘由比较简短,而具体工作意见的发文缘由比较翔实。

(2)主体。主要说明具体意见,即就重要问题提出的见解和处理办法,包括开展某项工作的目标和任务、原则和政策、措施和要求等。

主体的写法,一般采用条款式,把意见条理分明地表述清楚。

(3)结尾。意见的结尾大多是提出要求,有的意见没有结尾部分。不同类型的意见,采用不同的结语。如呈报类意见可以用"以上意见供领导决策参考""以上意见供参考"作结语;呈转类意见用"以上意见如无不妥,请批转各地执行"之类语句作结语;而指导性意见则常用"以上意见,请结合实际情况贯彻执行"等作结语。

4. 发文机关名称、发文日期、印章

签署发文机关名称,标明发文日期,加盖发文机关印章。有的意见的发文日期就标注在标题的正下方,加圆括号括入。

(三)例文评析

例 文

教育部等八部门关于加快构建高校
思想政治工作体系的意见

教思政〔2020〕1号

各省、自治区、直辖市教育厅(教委)、党委组织部、党委宣传部、党委政法委、网信办、财政厅(局)、人力资源社会保障厅(局)、团委,新疆生产建设兵团教育局、党委组织部、党委宣传部、党委政法委、网信办、财政局、人力资源社会保障局、团委,部属各高等学校、部省合建各高等学校:

为深入贯彻落实习近平新时代中国特色社会主义思想,贯彻落实党的十九大和十九届二中、三中、四中全会精神,学习贯彻习近平总书记关于教育的重要论述,加快构建高校思想政治工作体系,努力培养担当民族复兴大任的时代新人,培养德智体美劳全面发展的社会主义建设者和接班人,现提出如下意见。

一、指导思想和目标任务

1.指导思想。以习近平新时代中国特色社会主义思想为指导,全面贯彻党的教育方针,坚持和加强党的全面领导,坚持社会主义办学方向,以立德树人为根本,以理想信念教育为核心,以培育和践行社会主义核心价值观为主线,以建立完善全员、全程、全方位育人体制机制为关键,全面提升高校思想政治工作质量。

2.目标任务。健全立德树人体制机制,把立德树人融入思想道德、文化知识、社会实践教育各环节,贯通学科体系、教学体系、教材体系、管理体系,加快构建目标明确、内容完善、标准健全、运行科学、保障有力、成效显著的高校思想政治工作体系。

二、理论武装体系

3.加强政治引领。把坚持以马克思主义为指导落实到教育教学各方面,对各种错误观点和思潮旗帜鲜明予以抵制。全面推动习近平新时代中国特色社会主义思想进教材、进课堂、进师生头脑,开展理论教育培训,编写出版理论读物,打造示范课堂,运用各种载体分群体深入开展习近平新时代中国特色社会主义思想学习研究宣传工作。推动理想信念教育常态化、制度化,加强党史、新中国史、改革开放史、社会主义发展史教育,加强爱国主义、集体主义、社会主义教育,把制度自信的种子播撒进青少年心灵,引导师生不断增强

"四个自信"。推动领导干部、"两院"院士等专家学者、各方面英雄模范人物进校园开展思想政治教育。

4.厚植爱国情怀。贯彻落实《新时代爱国主义教育实施纲要》，打造推广一批富有爱国主义教育意义的文化作品，定期举行集体升国旗、唱国歌仪式，有效利用重大活动、开学典礼、毕业典礼、重大纪念日、主题党团日等契机和重点文化基础设施开展爱国主义教育。

5.强化价值引导。研究制定体现社会主义核心价值观要求的师生行为规范，组织国家勋章和国家荣誉称号获得者、最美奋斗者、改革先锋、时代楷模等新时代先进人物走进高校，面向广大师生开展思想政治教育。开展教书育人楷模、思政课教师年度人物、高校辅导员年度人物、大学生年度人物等先进典型的宣传选树。

三、学科教学体系

6.办好思想政治理论课。按照"八个相统一"要求，扎实推进思想政治理论课建设思路创优、师资创优、教材创优、教法创优、机制创优、环境创优。遴选名师大师参与思想政治理论课讲授。把新媒体、新技术引入高校思想政治理论课教学，打造高校思想政治理论课资源平台和网络集体备课平台。

7.强化哲学社会科学育人作用。强化马克思主义理论学科引领作用，推出一批中国特色哲学社会科学精品力作。加强哲学社会科学教材规划编审和规范选用工作。加大哲学社会科学各学科专业中的马克思主义理论类课程建设。扎实推进哲学社会科学专业课程思政建设，文学、历史学、哲学类专业课程要帮助学生掌握马克思主义世界观和方法论，从历史与现实、理论与实践等相结合的维度深刻理解习近平新时代中国特色社会主义思想。经济学、管理学、法学类专业课程要培育学生经世济民、诚信服务、德法兼修的职业素养。教育学类专业课程要注重加强师德师风教育，引导学生树立学为人师、行为世范的职业理想。

8.全面推进所有学科课程思政建设。统筹课程思政与思政课程建设，构建全面覆盖、类型丰富、层次递进、相互支撑的课程体系。重点建设一批提高大学生思想道德修养、人文素质、科学精神和认知能力的公共基础课程。理学、工学类专业课程要注重科学思维方法的训练和科技伦理的教育，培养学生探索未知、追求真理、勇攀科学高峰的责任感和使命感，培养学生精益求精的大国工匠精神。农学类专业课程要注重培养学生的大国"三农"情怀，引导学生"懂农业、爱农村、爱农民"。医学类专业课程要注重加强医德医风教育，注重加强医者仁心教育，教育引导学生尊重患者，学会沟通，提升综合素养。艺术学类专业课程要教育引导学生树立正确的艺术观和创作观，积极弘扬中华美精神。

9.充分发挥科研育人功能。构建集教育、预防、监督、惩治于一体的学术诚信体系。提高研究生导师开展思想政治教育意识和能力。持续开展全国科学道德和学风建设宣讲教育、"共和国的脊梁——科学大师名校宣传工程"等系列活动。

四、日常教育体系

10.深化实践教育。把思想政治教育融入社会实践、志愿服务、实习实训等活动中，创办形式多样的"行走课堂"。健全志愿服务体系，深入开展"青年红色筑梦之旅""'小我融入大我，青春献给祖国'主题社会实践"等活动。推动构建政府、社会、学校协同联动的"实践育人共同体"，挖掘和编制"资源图谱"，加强劳动教育。

11. 繁荣校园文化。坚持培育优良校风教风学风,持续开展文明校园创建活动。建设一批文化传承基地。发挥校园建筑景观、文物和校史校训校歌的文化价值。加强高校原创文化精品创作与推广。

12. 加强网络育人。提升校园新媒体网络平台的服务力、吸引力和粘合度,切实增强易班网、中国大学生在线等网络阵地的示范性、引领性和辐射度,重点建设一批高校思政类公众号,发挥新媒体平台对高校思政工作的促进作用。引导和扶持师生积极创作导向正确、内容生动、形式多样的网络文化产品。建设高校网络文化研究评价中心,推动将优秀网络文化成果纳入科研成果评价统计。各高校应按照在校生总数每生每年不低于30元的标准设立网络思政工作专项经费。

13. 促进心理健康。把心理健康教育课程纳入整体教学计划,按师生比不低于1:4000比例配备专业教师,每校至少配备2名。发挥心理健康教育教师、辅导员、班主任等育人主体的作用,规范发展心理健康教育与咨询服务。强化心理问题早期发现和科学干预,推广应用《中国大学生心理健康筛查量表》和"心理健康网络测评系统",提升预警预防、咨询服务、干预转介工作的科学性、前瞻性和针对性。

五、管理服务体系

14. 提高管理服务水平。健全管理服务育人制度体系,宣传推广一批管理服务育人的先进经验和典型做法,大力营造治理有方、管理到位、风清气正的制度育人环境。

15. 加强群团组织建设。增强工会、共青团、妇联等群团组织的政治性、先进性、群众性。推动学生会(研究生会)改革,强化党的领导,健全骨干遴选程序。加强学生社团建设管理,着力构建党委统一领导、团委具体管理的工作机制,配齐配强指导教师,突出分类指导,支持有序发展。

16. 推动"一站式"学生社区建设。依托书院、宿舍等学生生活园区,探索学生组织形式、管理模式、服务机制改革,推进党团组织、管理部门、服务单位等进驻园区开展工作,把校院领导力量、管理力量、服务力量、思政力量压到教育管理服务学生一线,将园区打造成为集学生思想教育、师生交流、文化活动、生活服务于一体的教育生活园地。

17. 完善精准资助育人。精准认定家庭经济困难学生,健全四级资助认定工作机制,完善档案、动态管理。建设发展型资助体系,加大家庭经济困难学生能力素养培育力度。

六、安全稳定体系

18. 强化高校政治安全。认真落实意识形态工作责任制,加强高校思想文化阵地管理,严格实行审批制度。坚决抵御境外利用宗教渗透,防范校园传教活动。

19. 加强国家安全教育。持续推动国家安全教育进学校、进教材、进头脑,把集中教育活动与日常教育活动、课堂教育教学与社会实践相结合。建立健全国家安全教育长效机制,不断充实教育内容,完善教学体系。

20. 筑牢校园安全防线。切实保护学生生命安全、财产安全、身体健康,严格落实安全防范工作规范要求,强化安全基础建设,完善校园及周边治安综合治理机制。

21. 健全安全责任体系。落实高校安全管理主体责任,完善相应协调和会商机制,落实"一岗双责"。完善预警预防、综合研判、应急处置、督查报告、责任追究等工作制度。

七、队伍建设体系

22.建设高水平教师队伍。按照"四有"好老师要求,落实政治理论学习、培训轮训、实践锻炼等制度。完善教师评聘考核办法,把师德师风作为评价教师队伍素质第一标准。实施课程思政教师专题培训计划。充分发挥院士、国家"万人计划"哲学社会科学领军人才、文化名家暨"四个一批人才"、"长江学者"、"杰青"、国家级教学名师等示范带头作用。构建全校齐抓教师思想政治素质的工作体系,组织开展宣传师德典型、深化学术诚信教育,加强对海外归国和青年教师的思想引导。落实《新时代高校教师职业行为十项准则》,严格实行师德"一票否决制",加大对失德教师的惩戒力度,推动师德建设常态化、长效化。

23.打造高素质思想政治工作和党务工作队伍。严格落实中央关于高校思想政治工作和党务工作队伍配备的各项指标性要求。完善高校专职辅导员职业发展体系,建立职级、职称"双线"晋升办法,学校应当结合实际情况为专职辅导员专设一定比例的正高级专业技术岗位。参照校内管理岗位比例,依据国家有关规定,建立完善高校专职辅导员管理岗位(职员等级)晋升制度。对长期从事辅导员工作、表现优秀的,按照国家有关规定给予奖励。各高校要切实履行辅导员选聘工作的主体责任,按照专兼结合、以专为主的原则加强辅导员选配工作。各地有关部门要积极支持并督导各高校严格落实专职辅导员人事管理政策,按规定签订聘用合同,不得用劳务派遣、人事代理等方式聘用辅导员。鼓励选聘各级党政机关、科研院所、军队、企事业单位党员领导干部、专家学者等担任校外辅导员。完善兼职辅导员和校外辅导员培训、管理、考核制度。持续提升思想政治工作和党务工作队伍素质能力和专业水平,实施思想政治工作中青年骨干队伍建设项目,组织开展国家示范培训、海内外访学研修、在职攻读硕士博士学位等专项计划。各地要因地制宜设置思政课教师和辅导员岗位津贴,纳入绩效工资管理,相应核增学校绩效工资总量。各高校应按照在校生总数每生每年不低于20元的标准设立思想政治工作和党务工作队伍建设专项经费。

24.加大马克思主义学者和青年马克思主义者培养力度。加强马克思主义学院和马克思主义理论学科建设,加快培养一批立场坚定、功底扎实、经验丰富的马克思主义学者,特别是培养一大批青年马克思主义者。深入实施"高校思想政治理论课教师队伍后备人才培养专项支持计划"。组织实施青年马克思主义者培养工程,加强集中教育培训和后续跟踪培养。

八、评估督导体系

25.构建科学测评体系。建立多元多层、科学有效的高校思政工作测评指标体系,完善过程评价和结果评价相结合的实施机制,推动把高校党建和思想政治工作作为"双一流"建设成效评估、学科专业质量评价、人才项目评审、教学科研成果评比的重要指标,并纳入政治巡视、地方和高校领导班子考核、领导干部述职评议的重要内容。

26.完善推进落实机制。明确责任分工,细化实施方案,及时研究解决重点问题。将高校思想政治工作纳入整体发展规划和年度工作计划,明确路线图、时间表、责任人。

27.健全督导问责机制。强化高校思想政治工作督导考核,对履职尽责不力、不及时的,加大追责力度。实行校、院系、基层党组织书记抓党建和思想政治工作述职评议考核制度,纳入党纪监督检查范围。

九、组织领导和实施保障

28.加强党的全面领导。要把高校思想政治工作摆到重要位置,切实加强组织领导和工作指导。各高校党委要全面统筹各领域、各环节、各方面的资源和力量,力戒形式主义、官僚主义,加强体制机制、项目布局、队伍建设、条件保障等方面的系统设计,定期分析高校思想政治领域情况,研究解决重大问题,协调推进重点任务落实,党委主要负责同志落实领导责任,分管领导落实直接责任。党委书记是思想政治工作第一责任人,校长和其他班子成员履行"党政同责、一岗双责"。高校领导班子成员要主动进课堂、进班级、进宿舍、进食堂、进社团、进讲座、进网络,深入一线联系学生。

29.加强基层党的建设。强化院系党组织政治功能,加强班子建设,健全集体领导机制,提高议事决策水平。发挥党支部战斗堡垒和党员先锋模范作用,优化支部设置,实施教师、党支部书记"双带头人"培育工程,建强党支部书记队伍。严格党的组织生活各项制度,着重加强教师党支部和学生党支部建设、发展党员和党员教育管理工作。加强教师党支部与学生党支部共建,鼓励校企、校地党支部共同开展组织生活。落实党建带团建制度,做好推优入党工作。

30.强化工作协同保障。推动形成学校、家庭和社会教育协同育人机制。发挥高校思想政治工作委员会的专家咨询作用,加大高校思想政治工作创新发展中心、思想政治工作队伍培训研修中心、省级高校网络思想政治工作中心建设力度。做好高校思想政治工作专项资金使用管理,引导地方和高校增加投入,强化经费投入的育人导向。

教育部 中共中央组织部 中共中央宣传部
中共中央政法委员会 中央网络安全和信息化委员会办公室
财政部 人力资源社会保障部 共青团中央
2020年4月22日

(资料来源:中华人民共和国教育部网站)

【评析】 本文属指导性意见。开头指出发文的意义与依据,主体部分分条列项地阐述了思政的指导思想和目标任务、八大体系及组织领导和实施保障。意见具体,方法可行,落实到位,原则性强。

学习情境七 函、纪要

一、函

(一)函的概述

1.函的概念

函是不相隶属机关之间商洽工作、询问和答复问题、请求批准和答复审批事项的公文。

2.函的种类及其用途

(1)按性质、格式不同,函分为公函和便函。

①公函。公函是正式的公文(本节所讲行政公文的函,就是公函),从标题、发文字号

到发文日期等都严格按公文的格式制发,多用于商洽、答复、要求批准的较重要的事项。

②便函。便函不是正式公文,是机关处理一般事务的简便函件。在格式上,与一般书信格式相同,不加标题,不编发文字号,用机关信笺书写,要加盖公章。

(2)按行文方向不同,函分为去函和复函。

①去函。去函也称来函、发函,是发文机关主动制发的函。去函按内容、发文目的分为以下几类:

A.商洽函。商洽函用于平行机关的或不相隶属的机关、单位之间商洽工作、联系事项等。陈述事项时,要明确、简洁。

B.询问函。询问函用于上级或平级机关、单位之间询问有关问题,征求意见。内容要集中,每函一事。

C.告知函。告知函用于将有关事项或活动、安排告知对方,多为平行文,对方收文后一般也不必回复。

D.请准函。请准函用于向不相隶属的主管部门请求批准事项。请求的理由要明确、具体、合理。

②复函。复函也称回函,是发文机关被动制发的函。

(二)函的结构和内容

1. 标题

标题一般由发文机关、事由和文种构成。复函的标题中要写明"复函";便函可以不写标题。

2. 主送机关

主送机关即收函机关名称。复函的主送机关就是去函的发文机关。

3. 正文

(1)正文。去函的开头首先说明去函的原因、目的。复函先用一句话引述去函的标题(或主要内容)、发文字号(或日期),并说明函已收悉。

(2)主体。去函主体要写明所商洽、询问或请求批准的事项以及想法、请求。对事项的表述要清楚、具体,内容较多的可以分条款写。复函要针对去函的内容逐一给予明确、具体的答复。

(3)结尾。结尾通常表述行文目的、行文要求,使用惯用语作结尾。去函常用"特此函达""即请复函""敬请回复""务希见复"等,复函常用"特此函复""特此函告""此复"等。

4. 发文机关名称、发文日期、印章

签署发文机关名称,标明发文日期,加盖发文机关印章。

(三)函的写作要求

1. 叙事简洁,要求明确

为了使收函者能迅速了解行文的意图,在叙述原委时要简洁,商洽、询问的事项要明确,以便于收函者有针对性地回复。

2. 用语得体,语气恰当

函主要是不相隶属机关或平级机关之间使用的公文,因此,要有问必答,语气应谦和、委婉、礼貌。忌用命令性、告诫性的词语或不谦恭的语气。

（四）例文评析

例文1

××公司关于选派技术人员进修的函

××发〔2021〕11号

××大学：

  我公司为提高专业技术人员的业务水平和科研能力，经研究决定派××、××、××三位同志分别到你校中文系、计算机系、外语系进修一年。进修费用按国家规定的标准，由公司财务科统一一次性付清。

  可否，盼复。

附件：选派技术人员的情况登记表

××公司（印章）
2021年6月1日

例文2

××大学关于××公司选派技术人员进修的复函

××公司：

  你公司《××公司关于选派技术人员进修的函》（××发〔2021〕11号）收悉。经研究现将有关问题函复如下：

  一、同意你公司××、××、××同志分别来我校中文系、计算机系、外语系进修一年。

  二、2021年××月××日到学校"进修管理中心"报到，同时办理有关手续。现寄上进修生登记表3份，填好后请于××月××日前寄我校"进修管理中心"。

  三、进修费支付办法，请与我校财务处直接联系。

附件：进修生登记表

××大学办公室（印章）
2021年6月15日

【评析】 例文一是与不相隶属单位联系工作业务的商洽函。直陈事项，明确简洁；态度诚恳，语气谦和。

  例文二是复函，主体部分就来函的有关事项做了明确的答复。有的放矢，针对性强；条理清楚，语言简洁。

二、纪要

(一)纪要概述

1. 纪要的概念

纪要是记载会议主要情况和议定事项的公文。纪要一般制成于会议后期或结束之后,除具有指导性之外,还可用文件形式发送给有关单位或部门,沟通情况,知照事项;或上呈有关领导机关,汇报会议精神。

它的行文方向比较灵活,可上行文、下行文和平行文,且具有多种功能。

2. 纪要的种类

(1)工作纪要。把会议讨论、决定的事项整理成文,由与会单位人员讨论通过。该文件称为工作纪要。

(2)研讨纪要。研讨纪要是对座谈会、经验交流会、学术讨论会等研讨问题的情况、结果的择要反映。

(3)办公纪要。办公纪要是将日常办公会议(多为例会)研究讨论、做出的决定进行记录。

(二)纪要的结构和内容

1. 标题

纪要的标题一般由会议名称和文种构成。

2. 成文日期

纪要的成文日期一般写在标题正下方,并加圆括号括入。纪要不需要加盖印章。

3. 正文

(1)开头:简要介绍会议概况,包括召开会议的根据、目的、时间、地点、主持人,参加会议的单位或人员情况,会议的主要议题,以及对会议成果的总评价等。

(2)主体:主要介绍会议讨论的主要情况、主要精神和议定的事项。写法上形式多样,主要有以下几种。

①归纳式。按会议讨论与议定事项内容的逻辑关系或自然顺序,归纳成若干个问题(部分),每个问题(部分)用序号或小标题标明,也可在分列若干问题之后,再按发言的顺序分别表述。这种形式常用于会议规模较大、涉及问题较多的纪要。

②综述式。综述式也叫概述式,就是把会议内容综合到一起,概括地表述出来的一种写法。一般也要分段(分层)表述。这种形式适用于会议规模较小、涉及问题较集中的纪要。

(3)结尾:一般写会议成绩或提出希望、要求,发出号召。有的纪要没有结尾部分,主体写完就结束了。

(三)纪要写作的注意事项

1. 在会议记录的基础上,归纳、整理、提炼与会代表的发言内容和会议主要精神、议定事项时,必须实事求是,注重语言环境,不可断章取义,也不可以凭主观随意增删、修改,如发现差错,要及时核对纠正,一定要做到真实、准确。

2. "纪要",重在"要"字,要突出会议主旨,择要表述。对记录的材料,要去粗取精,删繁就简,选取典型实例和准确的数据反映会议的概况、主要精神和议定事项。如讨论中确有分歧,且暂时未能统一,一般不写入纪要。

3.纪要需要对会议内容做分类整理和理论概括。要做到语言简明精当,层次分明,条理清楚。纪要各部分(层次)可用小标题或序数表示。另外,"会议认为""会议提出""会议强调""会议决定""会议同意"之类的常用语,多用于各部分或各段落的开头,起强调作用和以示条理分明。

4.纪要成稿后,须经与会者讨论认定,并提请主持人审核与签发。

(四)例文评析

××市政府办公纪要

(2021年10月10日)

时间:2021年10月10日
地点:市农场大会议室
主持人:×××副市长
参加人:市政府副秘书长×××、市财政局局长×××、市农委主任×××、市农业局局长×××、市政府办公室副主任×××、市城建局副局长×××、市农行科长×××、市自来水公司副总经理×××、市农场场长×××……
议题:研究解决农场居民饮用水污染的问题

会议听取了市农场关于市农场地下水污染造成近百人患癌症及死亡情况的汇报,听取了市农委传达市长×××同志对落实市人大常委会《关于解决市农场居民饮用水污染议案的决议》、解决市农场改水问题的批示及改水方案的汇报。与会同志进行了认真讨论,现将会议议定事项纪要如下:

一、关于市农场改水工程的工期及所需资金问题。改水工程分两期施工:第一期工程今年10月中旬开工,11月末完工;第二期工程2022年3月开工,5月末完工。工程共需资金352.3万元,由市财政解决48万元(第一期工程解决20万元);市农业局解决20万元……

二、关于市农场改水工程的设计与施工问题。改水工程的设计与施工均由市自来水总公司负责。会议强调,市自来水总公司要尽快完成工程设计和预算,并要精打细算,尽量减少工程造价,确保工期和工程质量。

三、为认真做好市农场改水工作,会议决定,成立××市农场改水工程协调小组。市农委主任×××任组长,市政府办公室副主任×××、市农行科长×××、市自来水公司副总经理×××任副组长。

会议要求,各有关部门和单位要本着对人民高度负责的精神,按照此次办公会议的布置,克服困难,密切配合,确保改水工作的顺利进行和如期完工。

【评析】 例文开头简要介绍会议概况,接着用一个过渡句引出会议议定事项,归纳为三点,最后是会议要求。全文条理清楚,重点突出,语言简明。

能力训练

一、知识题

运用本模块知识填空。

1. 下行文指具有隶属关系的_____机关发给_____机关的公文。
2. 发文字号由_____、_____、_____组成。
3. 公文标题中的事由多以"_____"的介词结构形式出现。
4. 主送机关是指公文主要受理机关,即负责_____或_____行文的机关。
5. 主题词是公文_____标识,一般由_____或名词性词组组成,以____个至____个为宜。
6. 公文的办理分为_____和_____两个程序。
7. 请示应_____,不能一文数事;一般只写一个_____,需要同时送其他机关的,应当用_____形式,但不得抄送其_____机关。
8. 报告中不可写_____事项。一般不能越级_____和_____。
9. 函适用于_____机关之间_____工作,询问和_____问题,向有关主管部门请求批准和答复_____事项。

二、阅读题

(一)指出下面各公文标题中的错误,并修改。

1. 关于培训办公室主任的请示报告
2. 国务院关于修改国务院关于职工工作时间的规定
3. 关于筹备召开××市人民代表大会的请示
4. 关于××省林业厅进一步深化国有林场改革的建议
5. 《进一步加强森林病虫害防治工作》的通报
6. ×××设计院关于汇报调整机构设置的报告
7. ××公司对非法倒卖建筑材料的×××开除公职的通知
8. ××食品厂关于提高产品质量,造福人类,加强成品检验工作的通知
9. 农业部关于加强东北地区技术推广工作的指示
10. 国家×××部关于汽车走私贩私的意见
11. 关于批复××省地市行政区重新划分申请的函

(二)分析下列事例有无错误,并说明原因。

1. ×区交通局根据上级指示增加了行政编制,需要购买办公设备,为此向区财政局用"请示"这一文种,申请购买办公设备资金,并抄送区政府。
2. ×市××电厂向所属各科室通报批评、处罚伤亡事故责任者,并抄送市电业局。
3. ××大酒店向上级主管单位汇报2021年全年的工作,使用的是"报告"(工作报告),为了在新的一年里加强公共关系工作,提高酒店的知名度和效益,报告中同时申请成立公共关系部,并建议向社会招聘公共关系部主管。

4. ××分公司拟将其市场开发部与市场营销部合并为"市场经营部",精减人员充实其他部门。分公司就此事使用"请示"向总公司行文。总公司用"批复"回文,同意分公司的计划。

5. ××省人民政府办公厅为了贯彻落实《国务院关于加强安全生产教育,消除事故隐患的通知》的指示精神,进行了全省重点单位"保证安全生产、消除事故隐患大检查"工作,然后将"大检查"的情况通报给各市、县、区人民政府,并抄送国务院。

6. ××市××区就业培训中心是受区和市民政局双重领导的单位。该培训中心就2022年需增加教育经费和招聘教师等事项,特向两个上级机关请示。

7. ×市××动物园内一个新建的环保型公共厕所,拟实行收费制度,市园林管理局向市物价局行文,商洽有关事项。市物价局用"批复"回文,并抄送省政府办公厅、省物价局和各区(县)物价局。

8. 机关后勤改革工作,涉及许多部门的支持、配合和协调,已非机关事务管理局职能范围内能推行的了,因此,××省机关事务管理局撰写了《关于深化机关后勤改革的意见》报送给省政府,省政府审定同意后,以《××省人民政府批转省政府机关事务管理局关于深化机关后勤改革的意见的通知》行文,要求各地政府及省级各部门"结合实际情况贯彻执行"。

9. 中共××市委与市政府就学习贯彻党的十九大精神、深刻领会"新时代"的丰富内涵,准确把握我国发展新的历史方位,更好地肩负起新时代的历史使命等有关问题,联合向各直属机关和各局发出通知。

(三)根据内容提示,拟写公文标题。

1. ××物业管理总公司××分公司物业管理员叶××恪尽职守、智擒盗贼,保护了业主的人身与财产安全,总公司发文表彰他的事迹。

2. ××化学有限发展公司向××市环保局报送《2022—2023年度治理污染、保护环境规划书》,请审批。

3. ××集团总公司对××分公司干部职务任免事项制发公文。

4. ××职业学校办公室发文给××大型超级市场经理办公室,协商市场营销专业毕业生去超市实习的有关事项。

5. ××省教委招生办公室召开2021年高等院校招生会议,会后要下发一份会议文件。

6. ××公司就××员工违反劳动纪律、违章操作,造成了公司财产重大损失,决定给予其开除处分一事发文。

7. 对本县文化馆申请拨款购买电子图书的来文,××县财政局回文,批准对方的请求。

8. ×××美容院因市政改造工程征地动迁异地,特在报纸上发布信息以告知市民。

(四)阅读本模块"学习情境四 通知"部分例文一,回答下面的问题。

1. 本文的功能、用途是什么?属于哪种行文方向?

2. 分析这篇公文的格式和写法。

(五)阅读下面两则材料后,做练习。

材料一:

××服装集团公司是我市18户重点企业集团之一。近年来,该集团公司在全国"十大女杰"之一×××的领导下,始终坚持外向牵动的发展方针,加速与国际经济接轨的步伐,以超常的胆识和气魄,内转机制,外闯市场,挺进国际,开拓进取,拼搏实干。创产品名牌,树企业形象,取得了令人瞩目的成绩。

为此,市委、市政府(   ),对××服装集团公司予以(   ),并奖励50万元人民币,以资鼓励。

市委、市政府希望××服装集团公司再接再厉,……同时,希望全市各地区、各部门、各单位向××服装集团公司认真学习,学习他们……为迎接新世纪而奋斗!

材料二:

2021年,省贸易系统进一步解放思想,转变观念,努力克服市场竞争激烈、资金短缺等不利因素,通过加大改革力度,创新经营方式,发展新型业务,……多种有效途径,使全系统的扭亏增盈工作取得了显著的成效。……为此,省政府对省贸易系统予以(   )。

省政府要求,全省各条战线要学习贸易系统扭亏增盈工作的经验,按照省委、省政府的总体部署,进一步深化改革,加大扭亏增盈工作力度,不断提高经济效益和社会效益,全面完成2021年的各项工作任务。

1. 在材料一、二原文空白处填上合适的公文常用词语。
2. 填空:材料一可以写成(   )性的(   )这一文种的公文,材料二可以写成(   )性的(   )这一文种的公文。
3. 请为这两份公文拟写标题。

"材料一"的标题为:

"材料二"的标题为:

三、技能题

(一)下面这则公文的行文格式、内容等方面多有错误或不妥,请改写为一份正确的公文。

关于购置40台电脑的报告

××省国土资源厅×厅长:

在省厅直接领导和关怀下,换证工作已完成99%,矿产资源补偿费收缴工作在年底保证完成征收计划,其他工作也在有序地进行。因为市局目前只有20台电脑,并已使用了10年。为适应工作需要,我局拟购40台电脑,价格约28万元。

×××区矿管局原有一台复印机,因超过了使用年限影响了正常工作。拟购一台大型彩色复印机,价格约2万元。

共拟购电脑40台,复印机1台,所需资金约30万元,拟自筹10万元,申请市财政拨款10万元,缺额10万元,请省厅帮助解决。

××市矿产资源管理办公室(印章)
2022年1月5日

(二)分析下面所给的材料是适合写请示,还是适合写报告。请自拟标题,重新组织材料,代××市地质矿产局给××省国土资源厅拟写一份公文。

1. 要写出印发这一公文的规范格式,包括版头、主体和版记,字体和字号等不做具体要求。

2. 正文的内容要重点突出,条理清楚,主次分明。

目前国家有关部门有明文规定:地热资源的勘察、开发、利用由地矿主管部门管理。

如果不严格管理,地热资源浪费现象将日益严重,地质环境会遭到严重破坏,最终危及全市的经济发展和正常的生产、生活秩序。

为使地热这一具有重要经济价值和社会效益的宝贵资源能够得到有效的保护和合理开发利用,根据国土资源部和省国土资源厅主要领导提出的××市地矿局要成立地热管理处的重要指示精神,经市地矿局研究决定,拟成立××市地热管理处,行使政府职能,对我地区的地热资源勘察、开发、利用进行统筹规划管理。

××市地下蕴藏着丰富的地热资源,但地热资源开发比较混乱,浪费严重。

地热管理处的主要职责是:

(1)管理地热资源的勘察、开发、利用与保护。

(2)贯彻执行国家和省、市有关地热开发管理方面的法律、法规及规定,会同有关部门编制全市地热资源勘察、开发、利用与保护规划。

(3)审批地热资源开发、利用项目和地热井的布局与回灌,核定年开采指标,审核办理地热勘察许可证和采矿许可证。

(4)履行市人民政府赋予的其他职责。

(5)负责地热开发、利用中实验和科研项目的立项管理。

(6)负责征收地热资源补偿费,并会同财政部门对地方所得的地热资源补偿费的使用进行管理。

今特向省国土资源厅提出成立××市地热管理处的申请,并请求解决该机构所需经费。

该机构拟定为科级行政部门,编制12人。其中处长1人,副处长1人;两个科室——计划勘察科5人,开发利用管理科5人。

(三)这是一份草拟的文件,请按文稿后面的修改要求,分析文稿的错误,并根据公文写作与处理的要求,改写为一份符合行文规范的公文。

关于省高等级公路修建××河桥、×河桥的批复

省高等级公路建设总指挥部:

贵指挥部《关于报送××河、×河桥施工设计图的函》,我局于2021年3月6日收悉。我局会同省水电勘测设计研究院经实地勘察,详细计算,认真研究,现批复如下:

一、依据你部门提供的资料,……经过我们计算,……目前××河桥桥梁在遇到百年一遇洪水时将壅高水位0.59米,桥附近水位将高达6.37米,比桥原设计水位5.50米高出0.87米。因此,为了满足防洪的要求,××河桥必须增加过水断面宽度。

67

二、×河桥设计符合防洪要求,可以按设计方案施工。

三、上述两座桥竣工后,经市水利行政主管部门验收合格,方可投入使用。不经市水利行政主管部门验收合格,以后在防洪排涝中出现问题,一切后果由你方负完全责任。

四、按省市有关文件规定,你方必须向河道主管部门交纳审查费和占河占滩费。

××市水利局(印章)
2021 年 3 月 11 日

1. 根据本文的内容,口头分析该文使用的文种是否正确,为什么?
2. 该文中第三条和第四条行文的语气、语言有哪些不合写作要求的?

四、写作题

(一)根据下面的内容,重新组织材料,写一份格式规范的知照性通知。要求条理清楚,主次分明。

从今年 5 月 1 日起,××市规划局决定对开发建设单位实行开发建设项目公示板制度。这是按照市人大对建设项目实行公示制的要求,为进一步强化城乡规划工作,规范开发建设行为,增加规划审批的透明度,便于社会监督而实施的。

具体内容有五项:

公示板的内容由市规划局建审处统一填写,在建设工程验线时,由市规划土地监察大队检查验收,日常的监督检查工作以区县(市)规划土地监察科(队)为主。

为了统一公示板规格,达到美观的目的,并保证实施效果,公示板由××市勘察测绘研究院统一制作,并同现场定线一并完成。

公示板由建设单位负责保护,如丢失、损坏,由建设单位出资重新制作。

凡在××市城市规划区内新建、扩建、改建的工程项目,必须在施工现场显要位置设立《建设工程规划许可证》附图公示板。公示板的内容包括:开发建设单位和施工单位的名称、规划审批的建筑面积、栋数、楼层层数、间距、审批机关和举报电话等。

公示板设立的期限为,从定线安放之日起至该建设工程项目竣工规划验收合格止。

该公文的成文时间为 2021 年 4 月 16 日。

(二)根据下面提供的材料,拟写一份会议通知。要求具备标题、主送机关、正文、发文机关(印章)、发文日期几个要素。写作时,材料中用"××"替代的内容可以虚拟。

××省教育厅准备于 2021 年 4 月 16 日至 19 日,在××市××大学学术交流中心报告厅召开全省高校(院)长办公室工作会议。4 月 15 日持本通知到学术交流中心接待室报到。参加会议人员有本省各高校校(院)长办公室主任(或副主任),每校 1~2 人。本次会议是为了进一步加强高校校(院)长办公室工作,促进全省各高校校(院)长办公室工作的协作与交流。

联系电话:××××—××××××××,联系人:××大学校长办公室×××老师,传真:××××—××××××××,邮编:××××××。会议的注意事项有四点:请参加会议人员将到达时间、车次和返程时间、车次提前电告会务组,以便安排接待和代办购票;请填写所附与会表,加盖单位公章,于 4 月 10 日前邮寄给会务组(设在××大学校长办公室),以便统计与会人数,安排食宿;请各校将拟提交的会议交流的经验材料自行打印

80份,在报到时交会务组;往返路费和住宿费自理,回单位报销,会议伙食标准每天××元。

(三)根据下面的材料,拟写一份××市人民政府办公厅发给各区、县(市)相关部门的通知。

记者从相关部门获悉,××市民普遍关注的5G网络通信系统建设项目已获市政府批准,目前正在进行基站设置,可望年内放号。据介绍,首期工程将覆盖市区三环以内近410平方公里区域,系统核心网采用大容量IP交换机容量达100万户,配套设备为2.5 G的SDH光传输设备。……市委、市政府对这个项目给予了支持和重视。在××市人民政府办公厅发给各区、县(市)相关部门的通知中说,该项目的建成对改善××的通信条件,提升城市整体功能,促进地方经济的发展将起到积极作用。市政府要求在该项目建设中涉及的地区、部门和单位要积极协助通信公司做好所属范围内无线市话基站的安装工作。

(四)根据下面的材料,代××县地税局拟写一份通报。

1. 原××镇农贸市场协税员××,男,29岁。

2. ××在工作期间,组织纪律性较差,法制观念淡薄,经领导帮助尚未认识自己问题的严重性,而且对收取的税款不按规定及时上交入库。

3. 问题暴露后,××不但不及时向组织报告,反而外逃躲避,后被公安机关抓获,予以行政拘留。

4. ××利用工作之便,贪污国家税款,已丧失协税人员的职业道德,造成一定的损失和恶劣影响。

5. ××于2020年5月25日至2021年6月16日被聘为农贸市场协税员。

6. 各单位组织税务人员认真学习通报,增强税务人员的法制观念,提高遵纪守法的自觉性,并建立健全各种规章制度,严防贪污、挪用税款等类似事件的发生。

7. ××挪用税款37872.90元,用于自己吃喝玩乐和赌博。

8. 经研究决定,责令××必须把贪污的税款限期退清,并予辞退。为加强对协税人员的管理,提出以下意见。(略)

(五)请按要求完成下面三个综合题。

1. 讲评根据下面的这则通讯改写的两篇通报的习作。

2. 再根据这则通讯,代××大学拟写一份符合写作要求的通报,文中人物姓名等可以虚拟。

3. 完成后,课上讨论:关于"命令""决定"和"通报"三个文种用于奖励时如何区分?

本报讯(通讯员×× 记者××) 在一名青年女子险被歹徒强暴时,××大学保卫处的××同志挺身而出,勇擒歹徒。这是记者9月27日从该校了解到的。

9月26日晚7时,家住洪波区某小区的23岁女青年×××在回家途中,被一高个子男子尾随,男子抢走×××财物后,将她劫持到附近一小区内僻静处,欲行不轨。×××竭力呼喊救命。家住该小区的××大学保卫处的××听到喊声后,立即飞快地冲下楼,跟歹徒扭打在一起。对方挣脱后向楼洞里窜去,××紧追不舍,在6楼将歹徒抓获并将其扭送公安机关。据了解,这名歹徒是刑满释放人员,多次实施抢劫、强奸等犯罪行为。××

见义勇为后并没有给受害人留下自己的姓名。×××家人经多方打听才知道救命恩人是谁，嗣后给校方送去感谢信。××大学对××的义举给予了通报表扬和奖励。

【习作一】

××大学关于通报
奖励王永民勇擒歹徒的决定

各系老师、同学：

王永民同志在××小区将欲对一名女性路人实施抢劫和强暴的男子制服并扭送到公安机关，他见义勇为的精神受到人们的称赞。为此，××大学对王永民的义举给予表扬并奖励。

全校师生要认真学习王永民见义勇为、不顾个人安危、敢于同不良风尚做斗争的精神，为社会的安定发展共同努力，继续发扬可贵的见义勇为风尚，把我国的精神文明建设得更加美好。

××大学保卫处（印章）
2021年9月29日

【习作二】

××大学
关于王永民见义勇为的通报

××大学全体教职工：

九月二十六日晚七时，我校保卫处的王永民同志在其所居住的小区见义勇为，当1名女青年险被歹徒强暴时挺身而出，勇擒歹徒。现通报如下：

当晚，家住洪波区某小区的23岁女青年×××在回家途中，被一高个子男子尾随，男子抢走其财物后，将其劫持到附近一小区内僻静处，欲行不轨，×××竭力呼喊救命，家住该小区的王永民同志听到喊声后，立即冲下楼，跟歹徒扭打在一起。最后将其在6楼抓获，并扭送公安机关。王永民见义勇为后并未留下自己的姓名。×××家人经多方打听，给我校送来了感谢信。鉴于以上行为，予以王永民通报表扬，并予以奖励。具体办法如下：

给予王永民同志1000元奖金，授予王永民优秀共青团员称号，并经党委研究决定批准王永民为中共预备党员。号召全校教职工向他学习，他不仅为我校争了光，而且维护了社会的治安，为社会树立了典型。我校全体教职工都要认真学习他的典型事迹，做好本职工作。

××大学（印章）
2021年9月29日

(六)××市邮政管理局因为业务经营范围扩大,经上级部门同意提出成立××业务分局的申请,发文字号为××发〔2021〕20号。请你模拟省邮政管理局写份表态同意的批复。

(七)根据下面的材料,请拟写一份去函和一份复函。

××市月明服装商贸集团于2021年1月8日与××市春雨针织厂签订了一份供货合同:由××市春雨针织厂供应花朵牌运动服5000套。但是交货时间已过2天,针织厂的货仍未到。眼下正值销售旺季,所以××市月明服装商贸集团市场营销部决定发函,请厂方认真履行合同,迅速发货。接到来函后,春雨针织厂马上回函,说明已按时发货,请查收。

(八)阅读下面的材料,并按要求完成后面的问题。

××市××路公共汽车将于2021年12月5日前,在全线实现更换空调新车;另外新增同型号公交车10台,延长线路3公里。新车上线后,××客运集团公司要将1998年制定的票价1.00元,调整为全程票价一律为2.00元。为此,该公司向上级主管部门——××市交通局上报了一份有关要求调整票价问题的材料。××市交通局又与市物价局协商,市物价局同意了市交通局的调价意见,××路公共汽车票价如期调整。

1.完成这件事情的全过程,至少需要用到几件公文?请按照一般的行文程序,口述此事的办理过程,并举例说明其中一件公文的发文和收文的办理程序。

2.请代××客运集团公司、××市交通局和××市物价局各拟一份公文:

(1)××客运集团公司向××市交通局提请有关调整票价问题的公文;

(2)××市交通局与××市物价局协商调价事宜的公文;

(3)××市物价局同意××市交通局的调价意见的公文。

文中的机关名称、行文的时间等要素可以虚拟;事由要充分,事项要清楚、具体,语气应谦和得体。

(九)将下面这篇报道改写为纪要。

市农业农村局党组专题学习中央、
省市经济工作会议等会议精神,研究贯彻落实意见

12月30日,市农业农村局党组书记、局长高××主持召开党组(扩大)会议暨理论学习中心组学习会议,传达学习中央经济工作会议、省委十三届十五次全会暨省委经济工作会议、市委经济工作会议暨区域性中心城市建设工作会议、中央农村工作会议、全国农业农村厅局长会议及××市"两会"精神,研究贯彻落实意见。

会议指出,中央、省市经济工作会议,是对"十四五"开局之年经济社会发展的总结回顾,是对世纪疫情和百年变局交织背景下经济走势的研判定向,更是对党的二十大召开之年经济工作的布局落子。中央农村工作会议、全国农业农村厅局长会议,明确提出了明年"三农"工作的总体要求、主要目标、政策取向和重点任务。各单位、各科室要认真学习领会精神实质,深刻把握"稳字当头、稳中求进"总基调,准确把握宏观政策导向,对照我市工作实际,围绕耕地保护、粮食生产、高标准农田建设、产业培育等重点工作,研究拿出务实管用的举措。要坚决贯彻落实中央、省市的部署要求,把思想和行动统一到党中央、省市

委对当前经济形势的分析判断和明年"三农"工作的部署上来，找准工作切入点和着力点，推动全市农业农村经济高质量发展。

会议强调，各单位、各科室和全体干部职工要切实做到学以致用，把学习会议精神同做好农业农村工作结合起来，抓细抓实今年工作，认真谋划明年工作。一是做好今年工作回顾总结。要紧盯一产增加值和农村居民人均可支配收入指标、规模养殖企业和重大项目统计入库、高标准农田建设、乡村振兴战略实绩考核等重点工作，对标对表目标任务，采取有效措施跟进督促，确保按期完成任务。二是做好明年工作谋划打算。各单位、各科室要坚持以"三新一高"为总遵循，加快推进生产经营集约化、生产要素科技化、农业服务社会化、农产品标准化，切实抓好农业基础设施建设、新品种新技术引进推广、农村产权制度改革、龙头企业引进培育、农民素质提升等重点工作，对照职能分工，对号入座，提早研究谋划明年农业农村各项工作。三是明确明年工作思路目标。遵循中央农村工作会议、全国农业农村厅局长会议精神，按照市委经济工作会议部署，以实施乡村振兴战略为统揽，以加快乡村建设为抓手，坚持"稳字当头、稳中求进"总基调，聚焦农业农村经济高质量发展，围绕一个目标、守牢两条底线、保持三个态势、实现八个突破，推进农业稳产增产、农民稳步增收、农村稳定安宁。

会议要求，2022年，要从研究建立机制入手，加快转变工作作风，调整、发挥全系统干部职工力量，全力推动各项任务落实见效。一要坚持落实联县包抓、产业专班重点工作推进机制。局班子成员、各包抓单位、各产业专班要切实负起责任，按照局党组的总体部署和阶段性工作安排，及时开展督导，全面掌握工作进展，协调解决工作中遇到的困难，发现问题并督促整改落实。二要健全完善责任清单、限时督办、通报问责制度。要实行重点工作清单化管理，继续落实限时督办制度，对按期完不成任务的，继续进行通报问责，倒逼任务落实。三要统筹实施现场推动、典型引领、示范带动工作方法。各单位、各科室要认真研究谋划，力争在本领域召开现场会，抓示范点，总结先进典型经验，发挥示范推广、引领带动作用，推动全市农业农村各项工作高质量发展。四要建立运用科学考核、干部使用、职称评定挂钩机制。要研究优化考核办法，简化考核指标，用关键性指标确定一个单位的任务完成情况，进而形成名次排序。要合理运用考核结果，将考核结果与干部使用、职称评定相挂钩，形成"能者上、平者让、庸者下"的鲜明导向。五要持续加强学习教育，不断增强三农工作本领。全体干部职工要把学习当作第一职责、第一任务，加强理论知识、专业知识、统计知识学习，努力做到学以致用，力争成为抓促农业农村工作的行家里手。

会议还对疫情防控、安全生产、应急值守等工作做了安排部署，提出了明确要求。

局班子全体成员、调研员，局属各单位主要负责人，机关副科级以上干部参加了会议。

（资料来源：庆阳市农业农村局网站）

模块三 事务文书

学习任务

1. 了解事务文书的种类及特点。
2. 掌握事务文书的结构和写法。
3. 学会撰写计划、总结、规章制度与述职报告。

思政任务

1. 通过本模块的学习,着重培养学生的自我教育、管理和服务三种能力。
2. 逐步构建学生的团队协作意识与社会责任意识,塑造良好学习与生活习惯并形成良好的职业素养与观念。

情境导入

落实网络新规 构建绿色网络生态

伴随现代科技迅速发展,继陆地、海洋、天空、太空以外,一根线,一个屏,互联网成为信息传播的主渠道、人类活动的新领域,世界被连接得越来越近。今年春节,一场突如其来的疫情,让广大群众宅家抗疫。"云直播""云招聘"等云上活动成为疫情期间国人新的活动方式,让大家宅家亦有所为。

但是自然环境会被污染,网络生态同样脆弱,不加管束便会乌烟瘴气。网络便利我们生活的同时,网络生态也在受到侵蚀。3月1日起,《网络信息内容生态治理规定》(以下简称《规定》)开始施行,为网络空间注入强劲正能量,推动形成风清气正、天朗气清的网络生态。

《规定》是对当下不良网络风气盛行的及时回应。习近平总书记指出，网络空间天朗气清、生态良好，符合人民利益；网络空间乌烟瘴气、生态恶化，不符合人民利益。近年来，网络乱象频现，网络的虚拟性、传播力、信息流犹如一把双刃剑，在带给人类便利的同时，也催生了网络暴力、网络侵权、人肉搜索等不良网络行为，标题党、非法弹窗、虚假流量司空见惯，荼毒着互联网环境，影响着亿万网民正常信息的获取。规定中提出"三不"要求，将"使用夸张标题，内容与标题严重不符""炒作绯闻、丑闻、劣迹"等行为均认定为破坏网络生态，为网络不良行为界定提供了依据。

《规定》是对弘扬社会正能量的积极引导。新规鼓励网络信息内容生产者制作、复制、发布正能量、主旋律信息，鼓励网络信息内容服务平台加强此类推荐。鼓励进一步发挥网络优势，培育涵养积极向上、崇德向善的网络文化，以网络沃土培育花草，形成百花齐放的互联网生态体系。进一步引导广大网民特别是青少年树立正确人生观、价值观，形成科学、文明、健康上网的好习惯，让真善美得以传播，让社会主义核心价值观随处可见，凝聚起同频共振的传播新合力。

《规定》提出各方共同参与的多元化治理模式。新规将政府、企业、社会、网民均纳入综合治理的实施主体，突破各方原先存在的对立局面，共创绿色网络生态，打造网民共同的精神家园。形成政府监管、企业履责、网民自律、社会监督的各主体参与、多种手段结合的综合治网格局，织密网络生态之网。

（资料来源：中国网）

从上文可看出，在社会快速发展的今天，各行各业都需要标准化管理，而严谨的规章制度的写作则是学习的重点。本模块除要学习规章制度的写作外，还要学习其他事务文书的写作。

基础知识

学习情境一　计　划

一、计划概述

（一）计划的概念

部门、单位或个人对未来一定时期内要做的工作或要完成的某项任务，提出某些设想，做出具体安排，把这些内容写成书面材料，就是计划。

（二）计划的特点

1. 指导性

计划是以人们对客观规律的认识为基础，通过人的思维加工而制订的。它是实践的反映，反过来又指导着人们的实践。计划从本质上说是一种自我规范性文件，具有很强的行政导向作用。

2. 预见性

计划是对工作的超前安排，制订计划总要先回顾过去工作完成得如何，然后根据形势的发展变化，对下一阶段工作所能达到的目标做出科学的分析和预见，从而明确未来努力的方向，激励人们为这一理想的实现而勤奋工作。

3. 可行性

计划是以现实工作为基础，经过主观努力可以实现的，既不能毫无突破、停滞不前，又不能脱离实际、好高骛远，必须在充分考虑主客观条件的情况下，实事求是，切实可行。

4. 约束性

计划体现着决策机关的要求和意图，一经通过、下达就要严格遵照执行，所以计划的约束性又是实现一定的决策目标的保证。

（三）计划的种类

计划是一个十分宽泛的文种概念，其种类较多，由于内容涉及的范围不同、时限不同，又有粗细、远近等方面的差别，所以名称也不统一，常见的有规划、设想、安排、打算、要点、方案等。一般来说，"规划"适用的时间较长，涉及面广，内容比较概括。"设想"适用的目标比较长远，线条较粗，仅供初步参考。"安排""打算"适用的时间较短，涉及面窄，内容比较具体。"要点"适用于上级对下级布置任务，交代政策，提出要求。"方案"是指对某项工作的全面计划。

计划从不同的角度，可分为不同的种类。

1. 按内容分，有工作计划、生产计划、学习计划等。
2. 按范围分，有国家计划、地区计划、单位计划、个人计划等。
3. 按时间分，有长期计划（5 年以上）、中期计划（2～5 年）、短期计划（年度、季度、月份等）。
4. 按作用分，有指令性计划、指导性计划等。
5. 按结构分，有条文式计划、表格式计划、条文与表格兼用式计划等。
6. 按性质分，有综合（全面）计划、单项（专题）计划等。

二、计划的结构和内容

以条文式计划为例，其结构一般由标题、正文、落款三部分组成。

（一）标题

标题应包括单位名称、计划期限、计划内容、计划种类，如《××公司 2022 年度工作计划》。个人制订的计划，标题可省略制订单位部分。有些单项计划标题中可没有执行计划的时间部分。

如果计划是草稿或初稿，还应在标题后或下面加以注明，写明"草案""草稿""送审稿""征求意见稿"等字样。

（二）正文

计划的正文一般由开头、主体、结尾三部分组成。

1. 开头

开头，即前言（序言、导语）。主要说明制订计划的依据和指导思想。回答"为什么要做（制订计划）"的问题，也可以同时回答"能不能做"及"主要做什么、做到什么程度"等问题，写作时可灵活处理，没有定规和模式，总的要求是简明扼要，能统率全文。

2. 主体

主体，即计划事项。说明计划的基本内容，是计划的核心，它紧接计划的开头部分，回答"做什么、做到什么程度、怎么做、什么时候做"的问题，即具体的任务、目标、措施、步骤。一般可采用序号或小标题的方法展开内容。

（1）任务，即"做什么"，是计划要完成的具体事项。任务要具体、明确、重点突出。

（2）目标，即"做到什么程度"，是计划完成任务所要达到的基本要求。要求应有量和质的标准，切合实际，有达到的可能性。

（3）措施，即"怎么做"，是指实施计划的具体办法。措施是实施计划、完成任务的保证，是达到目标的具体手段。措施要实事求是，具体可行。

（4）步骤，即"什么时候做"，是指工作的程序和时间的安排。

3. 结尾

结尾，即结束语。可提出希望，发出号召，以鼓励本单位全体人员为实现计划而努力；也可视情况不写这部分。

（三）落款

落款包括署名和日期。如标题中已写明单位的不用再署名。日期指制订计划的年、月、日，可写在标题下，或正文的右下方。

三、计划的写作要求

（一）实事求是，防止过高或偏低

制订计划要实事求是，具有科学的基础。一要认真研究上级的有关指示、政策精神，把它作为拟订计划的依据和参考；二要认真听取群众意见，根据实际情况，把计划订得切实可行。这里特别要注意防止两种倾向：一是目标定得太高，说大话，好高骛远；二是目标定得过低，轻而易举就能完成。

（二）明确具体，利于执行检查

计划要订得明确具体。目标、措施、步骤、责任者、时间都要表达清楚，目标明确，以便于执行，有利于督促检查。

（三）层次分明，语言准确简洁

计划的目标、任务、措施、步骤等，安排要合理、得当。表格式计划和字表结合式计划应图表明确、项目清楚、数据准确可靠。

（四）符合规律，及时调整修改

事先预订的计划难免与不断出现的新情况、新问题不完全适应，在执行计划的过程中，对计划中的个别不适应的地方应及时调整修改，使计划不断完善。

四、例文评改

【原文】

本学期学习计划

充实而有意义的寒假生活已成为美丽的记忆，随之而来的，我们又开始了新的学习生活。新学期开始之际①，为了让自己的学习成绩有更大的提高，让自己各方面的素质有长足进步②，特制订学习计划，来鞭策、约束、督导自己，圆满完成任务③。

一、加强对财务管理的理解与分析①

财务管理是一门注册会计师考试课程，实践性强、难度很大，其中主要是计算与分析，还有对公式的熟练程度②。我一定要努力学习财务管理，从基础学起，逐步深化，先牢记公式，根据老师的讲解，理解全书内容，课后认真复习③，另外多做一些习题，以便加强对课堂内容的理解，争取能考过会计师对本门课程的要求④。

二、英语的学习与平时积累①

英语是一门基础学科，随着中国加入WTO，英语是当代大学生必备的基本技能，它像我们的母语——汉语一样重要，我一定要学好、学精②，鉴于上学期口语能力、听力能力有所提高③，本学期我要多看课外英语资料，提高阅读能力。一年之计在于春，一日之计在于晨，早上时间是记忆最好的时间④，我要在每天早上 6：00～7：00 学习英语，晚自习也要抽出一个小时学习英语，并积极参加学校及班级组织的英语角活动，争取英语达到四级水平。

【评改】

①"充实……之际"用在这里显得空洞，不合适。应从实际出发，简要说明本学期学习任务，即所开的学科。

②两个"让"和"自己"重复，前面"让"换成"保证"，后面的"让"换成"使"；前面的"自己"去掉。

③"来鞭策……任务"属赘语，删掉。

①小标题应视为学习目标，改成"努力学习财务管理课程，争取通过考试"。

②"其中……程度"中的"主要是""熟练程度"等词意模糊，应改成"其中计算与分析是难点，熟练掌握公式是关键"。

③"我一定……复习"中的"逐步深化""先"均去掉。

④"以便加强……"一句与上句重复，改成"以深化所学知识"；"争取能……"一句是病句，改成"争取好成绩，顺利通过本门课程的考试"。

①小标题改成，"学好英语，尽早达到四级水平"。

②"英语是一门……重要"对英语的重要性议论得太多，只用"英语是当代……技能"一句即可，"学精"一词不符合实际，改成"学会"。

③"鉴于……提高"一句改成"在上学期……提高的基础上"。

④"一年之计……最好的时间"删掉。

77

三、认真学习应用文,为写作打下坚实基础①

我们是学财经的,对于我们财经人员应该会写各种财经应用文②,只有这样,才能在以后的工作中学以致用。学好财经应用文,要牢牢记住各种应用文的写法、格式及应注意的事项,学好财经应用文,主要是上课认真听讲③,做好笔记与作业,课后多找些练习的资料,多写多练,以便提高自己的写作水平④。

四、计算机课上勤加练习,熟练操作①

在知识经济社会,计算机这门学科对我们以后的工作很重要,与英语一样是我们今后行动及展翅的重要支柱,所以对它们要进一步学习培养②。我不但要课堂上学好,而且要特别注重实际的上机操作,多上机练习③。同时面对当前学习计算机的人多、水平又较高的形式④,对于我而言,再学习计算机软件开发不会有太大的成效,只有学习计算机的硬件维修理才能有一点用处⑤。根据上面的目标⑥,我要利用周日参加业余计算机学习班,学习计算机硬件的维护和修理⑦,不断提高实际动手能力。

五、积极参加体育锻炼,课余时间一定要安排好①

在体育方面,为了迎接四五月份的五项达标,要有意识地锻炼身体,体育课认真上,课外体育活动也要积极参加。只有好的身体、健康的身体,才能更好地去学习,身体好就是学习的本钱嘛②!同时,课余时间要合理安排③,在保证学好专业课的基础上,我应该博览群书,这样才能适应社会的发展。还要阅读一些国内外名著,陶冶自己的情操④,再读一些对我们今后有帮助的课外书,像与专业有关的报刊⑤,加强自己的知识储备⑥,提高综合素质。

以上是我新学期的计划,我一定要按照计划的要求把自己的学习成绩搞上去,不断地完善自己、充实自己,为自己将来步入社会,打下坚实的基础①。

高志同
2021年3月1日

①小标题改成"认真学习应用文,提高写作水平"。

②"我们是学财经的"改成"我们是高职会计专业的学生";"对于我们财经人员"删掉。

③"学好财经应用文,主要是"与前面重复,改成"还要做到"。

④"以便"改成"努力"。

①小标题改成"注重计算机操作实践,提高硬件的维修、维护能力"。

②"与英语……学习培养"删掉。

③此句啰唆,改成"我要在课堂上认真学习,更要注重实际操作,多上机练习"。

④"形式"应为"形势"。

⑤"对于我……用处"啰唆,改成"我觉得应加强学习计算机的硬件维护和修理"。

⑥"根据上面的目标"改成"为此"。

⑦"学习计算机……修理"改成"学习有关知识"。

①小标题改成"锻炼身体迎接达标,加强阅读提高素质"。

②"只有好的……本钱嘛!"删掉。

③此句开始另起一行,"同时"改成"此外",下句调整词序为"要合理安排课余时间"。

④此句中的"我应该……发展。"删掉,"还"字去掉,最后一个","改为";"。

⑤此句中的"对我们……,像"删掉。

⑥此句中"自己的"删掉。

①此结尾段无用,可删掉。

【改作】

本学期学习计划

本学期我们开设了财务管理、计算机、英语、应用写作、体育等五门课,本人还要参加注册会计师考试,为了保证学习成绩有更大的提高,使自己各方面的素质有长足进步,特制订学习计划如下:

一、努力学习财务管理课程,争取通过考试

财务管理是一门注册会计师考试课程,实践性强,难度很大,其中计算与分析是难点,熟练掌握公式是关键。我一定要努力学习财务管理,从基础学起,牢记公式,根据老师的讲解,理解全书内容,课后认真复习,另外多做一些习题,以深化所学知识,争取好成绩,顺利通过本门课程的考试。

二、学好英语,尽早达到四级水平

英语是当代大学生必备的基本技能,我一定要学会、学好。在上学期口语能力、听力能力有所提高的基础上,本学期我要多看课外英语资料,提高阅读能力。我要在每天早上6:00～7:00学习英语,晚自习也要抽出一个小时学习英语,并积极参加学校及班级组织的英语角活动,争取英语达到四级水平。

三、认真学习应用文,提高写作水平

我们是高职会计专业的学生,应该会写各种财经应用文,只有这样,才能在以后的工作中学以致用。学好财经应用文,要牢牢记住各种应用文的写法、格式及应注意的事项,还要做到上课认真听讲,做好笔记与作业,课后多找些练习的资料,多写多练,努力提高自己的写作水平。

四、注重计算机操作实践,提高硬件的维修、维护能力

在知识经济社会,计算机这门学科对我们以后的工作很重要,我要在课堂上认真学习,更要注重实际操作,多上机练习。同时面对当前学习计算机的人多、水平又较高的形势,我觉得应加强学习计算机的硬件维护和修理,为此,我要利用周日参加业余计算机学习班,学习有关知识,不断提高实际动手能力。

五、锻炼身体迎接达标,加强阅读提高素质

在体育方面,为了迎接四五月份的五项达标,要有意识地锻炼身体,体育课认真上,课外体育活动也要积极参加。

此外,要合理安排课余时间,在保证学好专业课的基础上,要阅读一些国内外名著,陶冶自己的情操;再读一些与专业有关的报刊,加强知识储备,提高综合素质。

高志同
2021年3月1日

五、例文评析

例 文

2021年度工作思路

2021年市行政服务中心将认真贯彻落实党的十九大及十九届五中全会精神、省委十四届八次全会精神和市委市政府工作部署,坚持以数字赋能、改革破题、创新制胜为手段,以"三办三化"(即集成办、网上办、就近办,标准化、智慧化、数字化)为抓手,加快政务服务数字化转型,努力推进"三窗口两中心"(便民利企的服务窗口、经济社会态势的感知窗口、"整体智治"现代政府的展示窗口、跨部门业务协同的协调中心、线上线下服务的融合中心)建设,在忠实践行"八八战略"、奋力打造"重要窗口"中展示政务服务新形象、实现新作为。

一、以集成办为抓手,实现政务服务一窗通办

集成办是政务服务线下改革的主方向,是深化"一窗受理、集成服务"改革的有效载体。一是事项全进驻。坚持"只进一扇门、办成所有事",除省定不宜进驻事项外,推进政务服务事项100%进驻,鼓励与政务服务相关的金融服务事项进驻大厅,实现"一站式"办结。推进"一件事"集成办,探索私人订制"一件事"。二是窗口无差别。按照无差别为主、分领域为辅的原则,深化"综合窗口"建设,逐步压缩"专业窗口",推动更多的政务服务事项无差别受理、同标准办理,最终实现"一窗通办"。三是人员职业化。推动综合窗口受理人员列入新职业目录,建立健全窗口人员招录选聘、业务培训、技能评定、绩效激励机制,走职业化道路。完善积分制管理系统,打造全市统一的专家库、培训库、考试库、咨询库,推进窗口人员专业化建设、一体化管理。四是流程减约化。推动办事流程再造,减事项、减环节、减材料、减时间,强化容缺受理和无证明服务,简化办事程序,优化受理环节,提高办事体验。

二、以线上办为抓手,加快政务服务一网通办

线上办是政务办事的重要模式,是实现办事"零跑腿"的重要途径。增强网办体验感,让线上办事从"可办"向"好办、易办、快办、愿办"转变。一是做强智能导服。借助人工智能、大数据、"互联网+"、云技术、区块链等技术,建立健全覆盖实体窗口、政务服务平台、微信公众号、自助终端等线上线下咨询体系,提供材料检索、智能答疑、常用语管理、评价回访等服务,夯实网办基础。建强专兼职网办员队伍,引导群众形成网上办掌上办的行为能力和办事习惯。二是推动数据换窗。升级政务服务2.0,通过浙江政务网、浙里办APP、微信三方线上平台与实体大厅的数据互通、实时交互,实现"网""厅"业务协同、深度融合,加快全流程网上办。借助5G技术,为群众提供远程办事、移动审批、电子证照等服务。三是探索网上智办。依据系统互联、信息互通、数据共享,探索一批"申请零材料、填报零字段、审批零人工、领证零上门、存档零纸质"的无感智办事项和智能秒办事项。

三、以就近办为抓手,打造政务服务多点可办

就近办是政务服务改革的主要目标,是提升群众满意度和获得感的重要举措。一是基层就近可办。深化基层"就近办理、集成服务"改革全覆盖、全升级,推动乡镇(街道)便

民服务中心规范化、标准化、信息化建设,逐步下放事项的审批权限,使基层接得住、办得好,真正打造"15分钟办事圈",实现"家门口可办"。二是跨区域通办。深化全市域通办,实现跨县(市、区)全流程无障碍通办。完善"杨浦·台州通办",助力长三角一网通办。建立健全点对点政务服务"跨省通办"机制,建立长期稳固的一体化通办战略合作关系,逐步实现外来和外出人员较多地区的跨省通办全覆盖,助力经济内循环和人财物要素自由流动。三是"园区"可办。推动园区营商服务中心建设扩面提质,不断健全服务功能和运行机制,推动政务服务持续延伸,实现企业事项应进尽进,架起政企互动"连心桥"。

四、以标准化为抓手,提升政务服务精准度

标准化是简政放权的必然要求,助推审批服务更加精准和专业。一是推动三级联创。实施标准化创建三级联动机制,将标准化向县(市、区)、街道(乡镇)一级延伸,不断完善市、县、乡三级一体化政务服务标准体系架构,实现服务标准县乡一体化。抓好重点乡镇先行先试,由点及面,向其他各乡镇(街道)拓展,最终实现县乡两级政务服务一体化。同时推进县乡督查常态化,着重规范"两个标准",每季度组织明察暗访,及时发现和解决推进过程中遇到的问题。二是加快复制推广。依托全国首家政务服务标准化培训实践基地,探索设置一整套从理论知识到现场实操相结合的培训课程,最大程度地普及标准化知识、复制推广标准化经验,将"最多跑一次"改革成果向全国展示,扩大台州经验辐射效应。三是提升标准国际化。推进标准走出去,进一步提高参与国际标准化活动力度。改进提升大厅硬件和软件,培养一批双语讲解员,实现标识国际化、接待双语化。四是创建标准示范点。在创建国家级政务服务标准化试点的基础上,积极申报创建国家级行政审批服务标准化示范点,努力打响标准化的台州品牌。

五、以智慧化为抓手,赋能政务服务高效率

智慧化是时代潮流,助推政务服务更智能化和人性化。一是智慧大厅。加快大厅智慧化改造,优化布局"三区一中心"("24小时自助服务区"、"互联网+政务服务"体验区、政务服务综合受理区和线上线下审批协同中心)。探索企业服务、商务服务、金融服务等服务专区建设,打造"政务服务综合体"。二是智能管理。以"制度+科技"为切入点,运用大数据、5G、人脸和语音识别等新技术,提升对大厅人流、车流、取号、业务办理、引导、分流等的智能管理水平以及人员效能管理。开发进驻人员信息登记系统,建立个人电子档案,通过智慧化管理手段调动人员工作积极性和主动性,提高信息化管理水平。完善"好差评"处理快速反应机制,全力打造台州"好差评"快速反应处置品牌,确保流程最优、对接及时、回应整改、处置快速,切实提高政务服务的满意率,实现台州"好差评"工作在全国有声音、全省有样板。三是智慧应用。依托城市大脑及中枢系统,构建多场景政务数据分析应用模型。通过对办件数量、办理渠道、办件类别、办理时效、群众满意度等综合分析,优化配置政务服务资源;通过分析企业开办、投资项目审批等数据,构建企业多维画像、商群分析、主体发展预测等模型,动态感知经济社会发展态势。

六、以数字化为抓手,优化公共资源交易营商环境

电子化是公共资源交易的必然趋势,有利于公共资源交易透明高效,强化公共资源交易的监督制约。一是不见面开标。开发和应用"不见面开评标系统",完善全流程电子招投标模板和功能,建设"不见面开评标大厅",实现工程招投标、政府采购"不见面开评标"。

二是全方位对接。推动公共资源交易平台与省公共资源服务平台、市大数据平台等深度融合,配合推进全省统一公共资源交易主体库建设。配合推进全省CA数字证书和电子签章互认,实现企业全省"一锁通"。积极推进工程建设项目招投标保证金保函电子化平台对接工作,深入推进公共资源交易大数据应用服务平台的运用。三是智能化监管。完善公共资源交易监管体系,推进在线监测监管,强化事中监管,跟踪事后监管,逐步做到全程留痕、规范透明,积极构建数字治理新模式。强化招投标违法违规行为专项查处力度,完善联动行刑机制,营造依法交易的良好环境。

【评析】 这份工作的前言部分点明工作的总体思路,在此基础上从六个方面对具体工作做了部署,内容表述扼要,目标明确,措施得力,条理清晰,切实可行,具有一定的指导性。

学习情境二　总　结

一、总结概述

(一)总结的概念

总结是国家机关、社会团体、企事业单位和个人对过去一段工作的回顾和分析评价,用以判明得失利弊,提高理性认识,指导今后工作的书面材料。总结是立足现实、回顾过去、展望未来的一种文体。

(二)总结的特点

1. 客观性

总结是事后回顾,所回顾的都是客观存在,做过什么、成功与否等都必须符合客观实际,实事求是。

2. 主观自觉性

一方面,总结是对本组织、本部门、本单位或个人的实践进行回顾、检查,自身实践是总结的对象;另一方面,总结是实践主体自觉地进行回顾检查、分析评价,否则总结就失去了意义。

3. 理论性和概括性

总结是将感性认识上升为理性认识,重在从实践中总结出经验教训,得出规律性认识。简单地复述具体实践是没有意义的,必须有所侧重、有所概括、有所分析研究。

(三)总结的种类

1. 按性质分,有综合性总结、专题性总结等。
2. 按内容分,有生产总结、工作总结、学习总结等。
3. 按时间分,有年度总结、季度总结、月份总结等。
4. 按范围分,有国家总结、地区总结、部门总结、单位总结、个人总结等。
5. 按功用分,有经验性总结、汇报性总结等。

在实际应用中,总结不外乎两大类,即综合性总结和专题性总结。

综合性总结是指对一个单位或部门在一个阶段内的所有工作进行全面的总结。总结的综合性有两方面的含义,从时间上说,是指对一个阶段内的工作进行综合总结,如月份总结、季度总结、年度总结等,都要求总结一个阶段内的所有工作;从内容上说,是对一项工作任务的各个方面进行综合总结。当然,全面中要突出重点,不要面面俱到。

专题性总结是对一个单位、一个部门的某项工作或某个专门问题进行专门性总结。一般选取工作中的某些突出成绩、典型经验或某些带有普遍意义的问题,通过总结指导工作。这类总结,内容集中,针对性强,使用更加广泛。在写作中要抓住中心,突出特色,切忌泛泛而谈。

二、总结的结构和内容

总结一般由标题、正文、具名和日期三部分组成。

(一)标题

总结的标题从形式上分,有两大类:单行标题和双行标题。单行标题又有两种:公文式标题和文章式标题。

1. 公文式标题

公文式标题是由单位名称、总结时限、总结内容、总结种类构成的,如《××办公室2022年工作总结》。

2. 文章式标题

文章式标题直接标明总结的基本观点和内容范围,多用于专题总结,特别是经验总结,如《在调整中继续前进的一年》。

在实际运用过程中还有使用双行标题的,即同时使用上述两种标题。多是正题用文章式标题,点明总结的主要观点或基本经验、教训,让人易于把握;副题采用公文式标题,补充说明单位、时限、内容。如《变顽石为金子——上海市黄浦区第二工读学校经验总结》《从改革中寻出路,不拘一格选人才——西安人民广播电台公开招聘采编人员的总结》,都是双行标题。

(二)正文

总结的正文大致可分为四个部分:概述、工作情况、经验教训、结语。

1. 概述

这个部分常要概述工作全貌,写明工作根据、指导思想、综合成果,有时也概括一下经验。目的是先给人一个总体印象,为下文做好铺垫。这部分要写得简明扼要,高度概括。

2. 工作情况

要写明工作的进程,采取哪些措施,实行了什么步骤,取得了哪些成绩,还存在什么问题。或综述或分述,都要写清楚。

这部分着重回答"做了什么"的问题。在全面总结中一般单独列项,并且成绩要列于特别突出的位置;而专题总结常和经验教训融为一体。

3. 经验教训

这部分是总结的核心,着重回答"怎么做"的问题。它是根据工作情况总结出来的带有规律性的东西,常常还要加以分析说明,使之更有说服力。

工作情况和经验教训两部分是总结中最重要的部分,是总结中必备的内容。当然由于侧重点不同,在具体叙述安排中,也可各有详略。具体结构形式有三种情况。

(1)分块式。全面总结常采用此式。最常见的写法是分成成绩块、经验块,以前后为序。这种写法结构分明,层次清楚。

(2)过程式。这种写法是以工作过程为序,把工作分成几个阶段,然后按工作过程的阶段、步骤,归纳总结出相应的经验教训。这种写法突出的重心是工作成绩,好处是看完后,对工作有比较完整的印象。

(3)经验式。这种写法是以工作经验为线索,把主要经验按性质分类,然后分条来写,每条之间要有一定的逻辑关系。在每条经验教训之后,常用工作过程中有关措施、成绩、步骤作为论据来说明证实。此类写法突出的重点是经验、教训。专题总结常用此法。

4. 结语

结语多写今后的打算、努力的方向,着重回答"今后怎样做"的问题。也有把存在的问题写在这一部分的,然后再写今后改进意见。这部分要写得简洁、明确。有些总结采用自然结尾,因此,就没有结语部分了。

(三)具名和日期

一般在正文的右下方署名,并写上日期,也有的在标题下方署名。

三、总结的写作要求

(一)要有正确的指导思想

写总结是一项思想性、政策性很强的工作。从材料的整理到观点的形成,都要围绕正确的指导思想进行。工作中的成绩、经验,往往是贯彻正确的思想取得的;工作中的缺点、错误,往往是偏离这一指导思想造成的。正确的指导思想不是一成不变的,它会随着时间、条件的变化而调整和改变。特别是在加快完善社会主义市场经济体制的今天,许多工作是前人没有做过的,因此,我们必须面对新情况,研究新问题,这是写好总结的前提和基础。

(二)要有实事求是的科学态度

实事求是,就是尊重客观实际,这是我们一切工作的出发点。总结中的观点必须是从客观实际的材料中提炼出来的,"求是"是"实事"的理性认识,材料虚假,就会导致观点虚假。要用一分为二的观点来认识事物,工作中既有成绩、经验,又有问题、教训,总结时一般都要兼顾到。尤其是全面总结更应注意,对成绩不能夸大,对缺点不能缩小,全盘肯定、全盘否定,把问题绝对化,都应该避免。

(三)要归纳规律性的东西

搜集材料讲求全面,要全面了解自身实践活动的全过程。包括工作中的各个方面,过去是怎样做的,现在是怎样做的,有哪些好的做法值得发扬,哪些做法需要引以为戒,从而概括出普遍的经验、教训,即规律性的东西。不要就事论事,记流水账。同时,使用材料,必须经过取舍,要把那些典型的、有说服力的材料写入总结。只有抓住突出的、能反映事物本质的材料,才能做到材料和观点的有机统一,具有说服力。

(四)要突出个性、准确表达

这是保持总结活力的重要方法。突出个性是指既要注意与其相关文种(工作报告、调查报告)的区别,注意概括和总结,突出总结的个性特征;又要注意总结自身的特征。不能例行公事、老生常谈,而应抓住新经验、新方法、新思路。准确表达是指总结在表达方式上要以叙、议为主,做到叙议结合。叙述事实过程应是撰写情况、经验的基础,议论则应体现在对所叙事实的升华和提高上。

四、例文评析

例文

市行政服务中心2020年工作总结

过去的一年,市行政服务中心在市委市政府的正确领导下,在市人大和市政协的监督指导下,结合数字化转型和服务升级的需求,以线下线上无缝融合为引领,紧扣"6个通办"目标,全面推进"四无三化两提升"(实现无证明、无纸化、无重跑和无投诉,推动政务服务一体化、标准化和数字化,提升政务服务效率和满意度)工作。中心防疫助企工作获国务院政务公开办点赞,"好差评"快速反应机制入选国家标准试点单位并在全国推广,"跨省通办"工作入选省委改革办《竞跑者》,得到原省委常委、常务副省长冯飞和市委书记李跃旗的批示肯定,现场标准化办事模式作为全省改革典型进行展示,在全省率先建立5G掌办区,持续推进乡镇(街道)便民服务中心改革,办件量比改革前增长了6.2倍,"15分钟办事圈"初步形成。2019年度全省政务服务大厅考核为全省第一,2020年有望再次夺冠。

一、新冠肺炎疫情防控工作有条不紊

一是加强防疫工作组织领导。作为人员密集、流动频繁的疫情防控一线高危单位,市行政服务中心始终坚持"把人民群众生命安全和身体健康放在第一位"的原则,第一时间出台《关于做好新型冠状病毒感染肺炎疫情防控的工作方案》,全面动员、全面部署,层层落实防控工作责任,确保特殊时期政务服务"安全无忧""不打折扣"。二是坚持大厅防控严防死守。从严加强办事大厅出入管理,在入口处设置体温检测点,实施"健康码+测温"管理,确保"零输入"。要求做好大楼的全方位清洁、无死角消毒、通风透气等基础性工作外,请第三方公司定期进行全面消毒。启用中央空调前,严格做好全面清洗、消毒工作,并且委托第三方监测,监测结果符合标准。本着"错时、分散、严管"的原则,加强对食堂人员、区域、食材的管控,及时调整食堂供餐方式,防止出现人流聚集,有效降低传染扩散概率。三是打通防疫助企绿色通道。在做好大厅常态化疫情防控,确保各项审批业务安全稳定开展的基础上,牵头完成防疫助企"一件事"联办,协调税务、财政、人力社保、医保、总工会等,集成税收优惠减免、稳岗返还失业保险费、小微企业工会经费全额返还等13项政策,整合为"一件事"联办、专窗办理,配合税务部门完成"防疫助企"一件事服务指南编制,为企业减负7.25亿元,真正惠企助企活企。开展"暖企便企"专项行动,组团推出"暖企便企服务"项目142项,其中市级26项、县(市、区)116项,设立企业复产复工绿色通道和专线电话,为企业提供高效服务。

二、"受办"分离改革迭代升级

一是着力推进"大综窗"受理模式。对17个"一件事"流程再造,减材料、减环节、减时间、容缺受理,优化办事体验。采用"1+2+X"培训模式,对受理员进行集中培训、分组培训和一对一坐窗培训等,全年共举办培训会50多次、业务沙龙9期。持续完善综合受理员考级制度,目前市本级共有三级全科受理人员49人,二级85人,一级14人。开展政务服务便捷咨询等获得感提升"十大行动",全面提升改革成效。二是深化基层就近办。召开全市乡镇(街道)"就近办理、集成服务"改革现场推进会,推动业务延伸、人员配备、标准实施、数字化转型"四个到位",加快"综合窗口"向乡镇(街道)延伸覆盖,努力打造"15分钟办事圈"。当前,全市129个乡镇(街道)便民服务中心平均可办民生事项数250项,比改革前上升了390%,民生事项可办率达到71%,超过省考核指标;平均月办件量2189件,是改革前的5.7倍。三是推进跨区域通办。建立"以全市通办为基础,以长三角通办为主体,以和上海市杨浦区及外来创业人员户籍地、外出创业人员居住地多点通办为补充"的跨区域通办工作体系。现已实现全市事项通办1175项,通办率达93.77%。在全省率先实现和杨浦区合作,创新推出第一批杨浦·台州政务服务"跨省通办"事项清单。台州市联合各地推出"跨省通办"事项,目前已与上海、贵州、湖南、四川等10个省份26个地区开展了政务服务"跨省通办",累计推出"跨省通办"事项648项,组建专业受理队伍100余人。四是延伸多点办事新触角。探索在市场经营主体密集场所建立营商服务中心,设置引导咨询、综合受理、自助服务、网办掌办等功能区域,目前,全市已设立椒江飞跃、华伟和慧谷科创园、前所眼镜园、黄岩智能模具小镇、路桥中国日用品商城、临海头门港等7家园区营商服务中心,办件量达3万多件。

三、政务服务数字化转型富有成效

一是建立市县协同的政务服务2.0系统运行体系。建设智能取叫号系统,上线浙里办微信端在线取号、预约取号,进一步完善线上大厅与实体大厅的融合。调整大厅布局,建设智能导服区、自助办理区、窗口受理出件区,引导群众由"窗口办"向"自助办"转换,逐步实现减窗优服务的目标。完成系统切换,由一窗受理平台、单部门业务受理平台向2.0平台切换,通过2.0系统减办事材料,减数据填报,减条件校验,优化办事体验。二是提升政务服务网办率。提倡不见面办事,推动税务、市监、公积金等13个部门365个事项窗口不再受理、"网上办"。建立网办、掌办专职引导员队伍,引导群众、企业的办事习惯从线下大厅逐步向线上转变。全省率先开设5G掌办区,配置云桌面、自助机、5G手机等智能装备,梳理50多项掌办事项清单,编制《5G掌办区统一建设指引》,全市同步推进。目前,台州市政务服务网上受理率为90.37%。三是做优政务服务便捷咨询。出台《台州市政务服务便捷咨询行动实施方案》,全市共建咨询知识库,从12345热线电话、现场咨询、微信留言等各渠道归集各类常见咨询问答1300余条,紧扣政务服务2.0事项情形化设置,实现浙江政务网、权力事项库、部门业务系统办件材料数据共享,同步在移动互联网、政务热线、大厅导服提供精准化的办事咨询服务。

四、政务服务标准化不断提升

一是申报、编写标准。参与编写3个国标《政务服务"一事一评""一次一评"工作规范》《政务服务评价工作指南》《行政许可流程优化的方法与技术规范》)和1个省标(《政务办事"最多跑一次"工作规范第8部分:群众和企业全生命周期"一件事"》),其中国标《行政许可流程优化的方法与技术规范》(GB/T39216-2020)已发布,国标《政务服务"一事一评""一次一评"工作规范》将于年底发布,台州市行政服务中心明确被列为起草单位,1个市标(《乡镇(街道)便民服务中心政务服务工作指引》)立项。申报"一件事"团体标准起草单位并初步被确定为第一起草单位。二是标准走向国际化。试水英语教学,开展英语沙龙5次、英语培训班12次,与国际化接轨。推进大厅各类标志标识双语化。三是摘取标准化荣誉。台州市行政服务中心、黄岩区行政服务中心、院桥镇便民服务中心三级联动,被列为政务服务"好差评"国家标准试点单位,全面做好试点验收工作。中心承担了ZAS政务服务标准化专家委员会秘书处工作。标准化典型经验在全省"最多跑一次"改革三周年成果展上展出。

五、窗口一体化监管全面有力

一是建立政务服务"好差评"快速反应处置机制。首创"四定、四改、四联""好差评"快速反应处置机制,以政务服务"好差评"国家试点创建工作为契机,以提升群众办事服务满意度为导向,规范投诉处理流程,明确投诉处理责任,科学运用线上、线下评价方式,实现差评发现机制全覆盖。本年度共处理各类投诉377起,差评整改率达100%。该项举措得到了时任浙江省常务副省长冯飞的批示肯定。二是提升满意度评价指数。推进政务服务企业满意度优化提升,开展政务服务获得感提升"十大行动",进一步增强企业和群众的获得感、满意度。印发《政务服务企业满意度优化提升实施方案》,每月汇总通报、不断整改提升。开展涉企服务事项第三方专项调查,通过"小明抽到了""办事五步法"等多渠道多形式宣传政务服务企业满意度,2020上半年度满意度测评满意率达97.63%,并将问题清单发送给各县(市、区),要求各地对照清单,逐项整改。三是加强综合受理队伍建设。创新前台主管运营机制,成立五大运营部,通过公开选拔竞争上岗的方式选出运营主管,激发人员内生动力;开展军事化晨会管理工作,要求所有前台人员每日上班前按照列队整队、整理着装、微笑练习、礼仪话术、业务分享等次序进行练习;强化前台人员的业务能力培训,组织开展业务办理、服务礼仪大赛、情景模拟实操等活动,提升人员业务办理能力。

六、公共资源营商环境持续优化

一是推进"不见面开标"。充分运用"互联网十",创新工作流程,实行线上开标,推进公共资源交易"零跑腿",提升交易电子化、信息化、数字化水平。从2月份至今,市级平台共552个项目采用"不见面开标"方式,"不见面"开标率达到100%,为投标企业节省了交通、食宿等费用,大大减轻了交易成本。二是推进工程建设领域保证金制度改革。印发《关于工程建设项目全面推行投标保证金保函(保单)的通知》,要求7月1日以后工程建设领域招投标项目,全面实施工程保函制度,完善投标保证金缴纳方式。截至10月底,市级平台工程建设项目投标保证金保函支持率达到100%,保函通道已经打开并充分应用,保函(保单)替代投标保证金金额达5.7亿元。

七、党建引领发展作用进一步凸显

一是提炼党建品牌。结合大厅实际,打造"一颗红心耀窗口"党建品牌,提出"六聚"党建工作目标("聚人:人往一处合;聚心:心往一处想;聚力:力往一处使;聚智:智往一处汇;聚情:情往一处倾;聚气:气往一处正"),建设党建文化阵地,发挥党建引领作用,引导广大党员干部红心向党、融汇和合、聚力发展。二是规范组织建设。推进党支部整合重组,新组建3个党支部,更名4个党支部,新选举支委委员8名。调整充实机关党委委员,完善机关党员领导干部联系党支部制度,落实"三坚持",加强对党建工作的领导与指导。开展"一个支部一个品牌,一名党员一面旗帜"创建活动,推动党建特色化个性化建设。三是狠抓教育管理。出台"亮旗树星"党支部评比办法,分党建工作责任制、基层组织建设、党内政治生活、党建引领和带动作用等7个方面评比,作为年终评先评优的重要依据,激发党支部争先进位的内生动力。出台"党内关爱十条",通过建立党员干部情况通报制度、定期谈心谈话、建立党员"政治生日"制度等10条措施,让进驻的党员干部感受到组织的关怀与温暖,增强党内向心力,凝聚党内合力。起草党员争先创优量化考评办法,对党员进行量化考评,引导党员争分进位、争当先进、争创优秀。举办政务先锋论坛,旨在提升党员干部思想政治素养、政策理论水平和业务能力素质,为建设政务服务"重要窗口"赋能、聚力、增效。开展融合党建创建活动,推动支部间结对共建、组织共过、活动共搞,努力促进党员与支部、支部与支部、支部与中心、党建与业务、市本级与县(市、区)中心等各层面的融合互动。深化"三亮三比三提三创",党员先锋模范岗、党员坐窗调研、党员巡查窗口等活动。四是发挥党员作用。党员干部主动参与疫情防控工作,做好社区服务、大厅疫情轮值等,让党旗在疫情防控一线高高飘扬。广泛组织党员开展文明创建志愿服务活动,常态化到界牌社区开展卫生清扫、督促巡查、宣传劝导等志愿服务活动,开展交通站岗早高峰、晚高峰志愿服务活动,广大党员在志愿服务中锻炼了党性、改进了作风、凝聚了力量。

【评析】 这是一篇年终工作总结。标题采用了公文式,即由单位、时间、内容、文种组成。正文分开头、主体两部分。开头部分交代总结的背景、依据,概述工作总体方针。主体部分总结工作的完成情况、工作中所采取的措施、取得的主要成绩。全文观点明确,材料充实,观点和材料有机结合。

学习情境三 演讲稿

一、演讲稿概述

(一)演讲稿的概念

演讲稿也叫演说辞,它是在较为隆重的仪式上和某些公众场所发表的讲话文稿。

演讲稿是进行演讲的依据,是对演讲内容和形式的规范和提示,它体现着演讲的目的和手段、演讲的内容和形式。演讲稿是人们在工作和社会生活中经常使用的一种文体。它可以用来交流思想、感情,表达主张、见解;也可以用来介绍自己的学习、工作情况和经验等;演讲稿具有宣传、鼓动、教育和欣赏等作用,它可以把演讲者的观点、主张与思想感情传达给听众以及读者,使他们信服并在思想感情上产生共鸣。

(二)演讲稿的特点

1. 针对性

演讲是一种社会活动,是用于公众场合的宣传形式,是以其思想、情感、事例、语言来打动听众的。因此,演讲稿的内容必须针对听众最关心的问题,必须要有现实的针对性。

要了解听众的心理、愿望和要求是什么，了解听众的阶层、文化程度、思想状况等。针对不同的情况，设计不同的演讲内容。

2. 可讲性

演讲是一门说服和劝说的艺术，是一种艺术的诱导和启发。通过演讲者的语言艺术、内容安排和演讲者的风度仪表来达到宣传鼓动的效果。因而演讲稿的要求是"上口入耳"。一篇好的演讲稿对演讲者来说要可讲；对听讲者来说应好听。因此，演讲稿写成之后，作者最好能通过试讲或默念加以检查，凡是讲不顺口或听不清楚之处（如句子过长），均应修改与调整。

3. 鼓动性

演讲是一门艺术。好的演讲自有一种激发听众情绪、赢得好感的鼓动性。要做到这一点，首先要依靠演讲稿思想内容的丰富、深刻，见解精辟，有独到之处，发人深省，语言表达要形象生动，富有感染力。当然，若想让别人感动，首先自己要感动，即要有火热的真情。在第二次世界大战期间，丘吉尔的一次演讲动人心魄，极大地鼓舞了英国人民的斗志，因为，丘吉尔在写这篇讲稿时倾注了真情，"像孩子一样，哭得涕泪纵横"。但如果内容平淡，也无法让人感动，即使演讲者做出种种手势、表情等也不会产生效果。因此，内容的丰富和深刻是使演讲富于鼓动性的前提条件。

（三）演讲稿的种类

从不同的角度划分，演讲稿可分为以下几种类型。

1. 从表达方式上划分

（1）命题演讲稿。命题演讲稿即由他人拟定题目或拟定演讲范围并事先准备好的演讲稿。如一些大学里举办的"爱国主义演讲"等。

（2）论辩演讲稿。论辩演讲稿即由两方或两方以上的人，就某个或多个有争议的问题，展开面对面的语言交锋，如法庭论辩、外交论辩等。此种演讲稿的目的是坚持真理、批驳谬误、明辨是非。

2. 从演讲内容上划分

（1）政治演讲稿。政治演讲稿即代表一定政治思想的政治立场、政治策略和某团体利益的一种演讲文稿。其目的是要让听众理解支持演讲者的政治主张和观点。

政治演讲稿包括竞选演讲稿和就职演讲稿。

①竞选演讲稿是艺术地进行自我推销，毛遂自荐，让群众投自己票的一种演讲文稿。

②就职演讲稿是指新当选或连任的领导就其在任职期间的施政演讲，向听众表明自己将如何履行职责，如何为员工、企业、组织创造新的一切的一种演讲文稿。

（2）学术演讲稿。学术演讲稿是就某些系统的、专门的知识、学问发表的演讲文稿，包括学术讲座、学术专题发言、学术评论等。

（3）礼仪演讲稿。礼仪演讲稿是在各种社交仪式上当众发表的情感性演讲文稿，重在寓理于情，以情动人，包括凭吊演讲稿、喜庆迎送演讲稿、答谢演讲稿等。

二、演讲稿的结构和内容

演讲稿的写作,从结构上看分为标题、称谓、正文。

(一)标题
标题可以标明性质和文种,也可以交代演讲的中心和内容。

(二)称谓
称谓是演讲者对听众的称呼,要根据听众对象的身份、地位而定。称谓要亲切、友好、热情、全面。

(三)正文
正文一般分开头、主体、结尾三部分。

1. 开头

演讲稿的开头,也叫开场白。它在演讲稿的结构中处于显要的地位,具有重要的作用。引人入胜的开场白是演讲者与听众之间沟通的第一座桥梁,能不能抓住听众,就看这开场的短短几分钟。一般来讲,最受欢迎的开场白有以下几种形式。

(1)开门见山,提示主题。这种开头是一开讲,就进入正题,直接提出演讲的中心。运用这种方法,必须先明晰地把握演讲的中心,把要向听众提示的论点摆出来,使听众一听就知道讲的中心是什么,注意力马上集中起来。

(2)介绍情况,说明根由。这种开头可以迅速缩短与听众的距离,使听众急于了解下文。开头对发生的事情、人物对象做出必要的介绍和说明,为进一步向听众提出论题做了铺垫。

(3)提出问题,引起关注。这种开头是根据听众的特点和演讲的内容,提出一些激发听众思考的问题,以引起听众的注意。

除了以上三种方法,还有释题式、悬念式、警策式、幽默式、双关式、抒情式等。

2. 主体

这是演讲稿的主要部分。在行文的过程中,要处理好层次、节奏和衔接等问题。

(1)层次。层次是演讲稿思想内容的表现次序,它体现着演讲者思路展开的步骤,也反映了演讲者对客观事物的认识过程。

演讲稿结构的层次是根据演讲的时空特点对演讲材料加以选取和组合而形成的。要使演讲稿结构的层次清晰明了就要在演讲中树立明显的有声语言标志,从而获得层次清晰的效果。演讲者在演讲中反复设问,并根据设问来阐述自己的观点,就能在结构上环环相扣,层层深入。此外,演讲稿用过渡句,或用"首先""其次""然后"等语词来区别层次,也是使层次清晰的有效方法。

(2)节奏。节奏是指演讲内容在结构安排上表现出的张弛起伏。演讲稿结构的节奏,主要是通过演讲内容的变换来实现的。

演讲内容的变换,是在一个主题思想所统领的内容中,适当地插入幽默、诗文、逸事等内容,以便听众的注意力既保持高度集中而又不因为高度集中而产生兴奋性抑制。演讲稿结构的节奏既要鲜明,又要适度。平铺直叙,呆板沉滞,固然会使听众紧张疲劳,而内容变换过于频繁,也会造成听众注意力涣散。所以,插入的内容应该为实现演讲意图服务,而节奏的频率也应该根据听众的心理特征来确定。

（3）衔接。衔接是指把演讲中的各个内容层次联结起来，使之具有浑然一体的整体感。

由于演讲的节奏需要适时地变换演讲内容，因而也就容易使演讲稿的结构显得零散。衔接是对结构松紧、疏密的一种弥补，它使各个内容层次的变换更为巧妙和自然，使演讲稿富于整体感，有助于演讲主题深入人心。演讲稿结构衔接的方法主要是运用同两段内容、两个层次有联系的过渡段或过渡句。

3. 结尾

结尾是演讲内容的自然收束。言简意赅、余音绕梁的结尾能够使听众精神振奋，并促使听众不断地思考和回味；而松散疲沓、枯燥无味的结尾则只能使听众感到厌倦，并随着时过境迁而被遗忘。演讲稿的结尾没有固定的格式，或对演讲全文要点进行简明扼要的小结，或以号召性、鼓动性的话收束，或以诗文名言以及幽默俏皮的话结尾。但一般原则是要给听众留下深刻的印象。

三、竞聘演讲

竞聘演讲，也称竞选演讲，它除具有演讲的一般特点外，由于它还是针对某一竞争目标而进行的，所以还具有以下特点。

（一）目标的明确性

目标的明确性，是竞聘演讲区别于其他演讲的主要特征。这一方面表现在演讲者一上台就要鲜明地亮出自己所要竞聘的目标（或厂长，或校长，或秘书，或经理）；另一方面，其所选用的一切材料和运用的一切手法也都是为了一个目标——使自己竞聘成功。而其他类型的演讲则不同，不管是命题演讲还是即兴演讲，虽然都有一定的目的，但其目标却有一定的模糊性、概括性和不具体性。打个比方说，如果演讲如大海行船，那么一般演讲是要告诉人们如何战胜困难，驶向遥远的彼岸，而竞聘演讲则是竞争看谁有条件来当船长。

（二）内容的竞争性

在其他的演讲中，内容尽管可以海阔天空地谈古论今，说长道短，但一般都不是来"显示"自己的长处。即使在事迹演讲中，也忌讳毫不客气地为自己"评功摆好"。但竞聘演讲则不同，它的全过程都是听众在候选人之间进行比较、筛选的过程，竞聘者如果谦虚、不好意思说自己的长处，就不能战胜对手。因此演讲者必须"八仙过海，各显其能"，而竞争性说白了，也就是演讲者无论是讲自身所具备的条件，还是讲自己的施政构想，都要尽最大可能显出"人无我有""人有我强""人强我新"的胜他人一筹的优势来，有时，甚至还要把本来是劣势的东西换一个角度讲成优势。

（三）主题的集中性

所谓主题的集中性，是指所表达的意思单一，不枝不蔓，重点突出。这就是说，在表达意思时，必须突出一个重点，围绕一个中心，而不要搞多重点，多中心，不能企图在一篇演讲中解决和说明很多问题。

比如，在一次小学校长竞聘演讲会上，一位很有希望的老校长就由于谈得太面面俱到而让人产生了反感。他在介绍自己时，不仅详细介绍了自己大半生的经历，而且在说获奖情况时，把在某晚报征文比赛获纪念奖这样的与竞聘条件无关的奖励都说上，罗列了不下二十个，说得听众直笑；在说措施时，又从如何抓学生学习、体育、德育到如何开办校办工厂，从如何管理教学，到如何关心教工生活，其措施几乎是全方位的。结果造成了立意分散，让人听了好像什么都说了，而又摸不清他到底说了些什么。对比之下，另一位年轻的女教师，就围绕"如何把学校教学水平搞上去"这一中心问题讲，讲得有情有理，头头是道，给人们留下了深刻印象，使自己竞聘成功。因此，在做竞聘演讲时，一定要"立主脑""减头绪""镜头高度聚焦"，这样才能引起听众共鸣。

（四）材料的实用性

实用性，是指所选材料既是符合实际的，又是对自己竞争有利的，也就是无论讲自己所具备的条件还是谈任职后的构想，都要从自我出发、从实际情况出发。竞聘演讲是竞争，但并非是比赛谁能"吹"，谁能用嘴皮子"甜"人。听众边听你的演讲，边在掂量你的话是否能在现实中发挥作用取得效果。比如在讲措施时，那种凭空喊"我上台后如何给大家涨工资，如何给大家建楼房"的演讲者，听众一般是不买账的。而那种发自肺腑讲实际的措施才是听众最欢迎的。

（五）思路的程序性

思路，就是演讲者的思维脉络；程序是指演讲中先讲什么后讲什么的顺序。竞聘演讲不像一般演讲那么自由，它除了题目和称呼外，一般分为五步：

第一步，开门见山讲自己所竞聘的职务和竞聘的缘由。

第二步，简洁地介绍自己的情况：年龄、政治面貌、学历、现任职务等一些自然情况。

第三步，摆出自己优于他人的竞聘条件，如政治素质、业务水平、工作能力等。既要有概括的论述，又要有使人信服的论据。比如，讲自己的业务能力时，可用一些获得的成果和业绩来证明。

第四步，提出假设自己任职后的施政措施。这一步是重点，应该讲得具体翔实，切实可行。

第五步，用最简洁的话语表明自己的决心和请求。

当然，以上几步也只是简单的模式，实践中演讲者还可根据实际需要略做变化。

（六）措施的条理性

演讲者在讲措施时一定要注意条理清楚，主次分明。不要像满坡放羊那样，讲到哪儿算哪儿，让人听了如一团乱麻。为了把措施讲得有条理，可用列条的方法，如用"第一点""第二点"或"其一""其二"等表示。此外，在每一步之间要用过渡语来承上启下。如，当自我介绍之后，可以用"我之所以敢来竞聘，是因为我具备以下条件"来引起下文。讲完条件后，可以再搭一个"桥"："以上我说了应聘的条件，那么，假如我真当了校长（或乡长、厂长），会采取什么措施呢？下面就谈谈我的初步设想。"这样不仅条理清楚，而且使演讲上下贯通，浑然一体。

（七）语言的准确性

准确，一般是指要恰如其分地表情达意。但竞聘演讲中的准确除此以外还有另外两层意思。一是所谈事实和所用材料、数字都要准确无误。比如,介绍经历时,是大专毕业,就不能说是大学毕业;在谈业绩时,三次获奖,就不能虚说"曾多次获奖",最好把在什么时间、什么范围、获什么奖项说得清楚明白;如涉及数字也要尽量具体。二是要注意分寸。因为竞聘演讲的角度基本上是以"我"为核心,如掌握不好分寸,夸大其词,就会让人产生逆反心理,从而使演讲失败。

以上是竞聘演讲区别于其他演讲的比较明显的几点。在崇尚竞争的当今社会,每个人都将面临机遇与挑战,因而学会写作竞聘演讲就变得尤为重要。

四、例文评析

例 文

学生会主席竞选演讲稿

尊敬的各位领导、老师,亲爱的同学们:

大家下午好!

非常感谢校团委和学生会能够给我这次机会,让我站在这里竞选校学生会主席的职位。

学生会是一个锻炼人的组织,同时也是联系老师和同学的桥梁与纽带。校学生会则是全校学生活动的中心,作为其领导者的主席则更应是其中的佼佼者。

抱着敢拼敢闯的精神,今天,我竞选主席的职位,我认为自己拥有一些优势:

首先,我有着丰富的活动经验。从大一开始,我就积极参加各种活动,演讲比赛、朗诵比赛、主持人大赛、学生辩论赛、歌手大赛、相声小品大赛、征文比赛以及社会实践等都有我活跃的身影。这么多参与者的经验,使我能更多地为选手、观众着想,让活动办得更具吸引力。

除了参与活动,在担任学院学生会副主席的一年里我也积累了各种经验,提高了能力。比如活动的组织能力、处理紧急事务的能力、较强的交际能力、坚韧的毅力以及过硬的心理素质等。

再者,我还拥有创新的精神。作为当代大学生,我们现在就要具备这种精神,将创新融入我们的学生活动中去,就能够更加轻松的走向成功!

2021年的学生工作在我们校团委老师的带领下、校学生会全体成员的共同努力下取得了令人称赞的成就。但是新学年即将到来,我们的学生会仍有很多的工作要做。下面我想就主席团今后的学生工作谈一下我的看法。

第一,立足自身发展传统、开拓创新。校学生会在经历这么多年之后,拥有很多具有重要意义的传统活动,我们要在原有的基础上去将这些发扬光大,让这些活动成为每一代学生和老师心中共同的记忆。另外,我们还要与时俱进、有所创新。

第二,加强同本地其他高校学生会、本校各学院学生会以及学生组织的其他交流。各学生组织齐心协力、集思广益,充分调动各方面优势,共同成为活动的组织者,使活动有更广泛的参与者。

第三,加强校学生会对各院学生会的管理。各学院学生会有很多重复的活动,解决这个现状，就应当将各学院学生会的工作整理统合、进行有计划的管理和指导，这样就使得资源能够在最大限度上合理配置、时间能够更节约，让我们将更多的精力放在其他重要活动上。与此同时也应当鼓励各学院根据自己学院的特色主推一些传统的品牌活动。

以上的这些是我对于学校学生会工作的一些看法和建议，请大家信任我，我一定能够让2022年的学生会工作在原有的基础上有所发展，让我们的学生会工作取得更大的收获！

【评析】 这是一篇学生会主席的竞聘演讲稿。开篇开宗明义，坦率诚恳，虽话语不多，却很有吸引力。接着从个人拥有的优势和主席团今后的工作两个方面进行阐述，不矫饰，不虚夸。在实事求是的客观陈述中，阐述自己的新主张。全篇感情真挚，朴实无华，条理清晰，结构完整。

学习情境四　简　报

一、简报概述

（一）简报的概念

简报，就是简明扼要的情况报道，它是机关团体、企事业单位编发的用以传递信息、沟通情况、交流经验的一种内部文书。

简报是一种定期或不定期出版的综合性文书，但它只在内部交流，不予公开发表。简报每期由文书部门编辑，刊登的文章少则一篇，多则几篇。其文章是用简明的文字把社会动态、组织内部活动、经验、问题等及时地反映出来。

简报的名称繁多，有工作简报、情况反映、内部参考、××动态、××信息等。

（二）简报的特点

1. 简洁性

简报要求题材单一、内容简明、语言简练、篇幅短小，要直陈其事。

2. 新闻性

简报是一个系统、一个部门内新近发生的有意义的事实报道，强调内容上的新鲜性。

3. 快速性

快编快发是简报的生命力所在，简报贵在及时迅速地反映情况、传递信息，以充分发挥其效用。

4. 指导性

简报作为各级机关的耳目和喉舌，理应正确反映党和国家的方针、政策，反映国内外形势的发展变化，回答迫切需要解决的问题，使其具有指导意义。

（三）简报的种类

简报的种类较多，如按其内容和性质划分，可以分为以下四种。

1. 工作简报

工作简报是一种以报道本单位工作及业务活动为主要内容的经常性简报，一般需要定期编发。从中可概观本单位在一段时间内日常工作的进展情况，获得总体印象。

2. 专题简报

专题简报也称中心工作简报，它是一种围绕某一阶段的中心工作或某项重要工作而专门编发的简报。其目的在于及时地反映工作的进展情况，从而更好地促进工作的顺利开展。这种简报随工作的结束而终止。

3. 会议简报

会议简报是一种由大、中型会议的组织者或秘书处在会议进行中连续编发的简报，可以是综合性的，也可以专就一件事或一个问题而编发，其目的在于交流会议情况，传递信息，开好会议。

4. 动态简报

动态，包括情况动态和思想动态。这类简报主要是给组织决策部门看的，对组织决策影响较大，因此，所反映的情况应准确而客观。

（四）简报与报纸的异同

1. 相同点

（1）它们都要求内容真实。对于新闻来说，真实是它的生命；对于简报来讲，简报是领导决策的依据，内容真实才会使领导决策不至于失误。

（2）它们都要求尽快发布。

（3）它们都要求语言生动、活泼，文章可读。

2. 不同点

（1）出版周期不同。报纸是定期的，而简报多是不定期的。

（2）阅读对象不同。报纸是公开发行的，人人可读；而简报是限额发行的，只有有关人员方可阅读。

（3）内容不同。报纸上发布的新闻可以是任何事情，包罗万象；而简报主要是登载本单位、本系统及会议有关情况。

二、简报的结构和内容

简报的格式比较固定，由报头、报体、报尾三部分组成，其中报头和报尾有约定俗成的书写格式。

（一）报头

报头在简报的首页上方，约占全页三分之一位置，一般都事先印成固定的格式，报头部分包括以下内容：

1. 名称

上端居中位置，用大号字体套红印刷，以显得醒目。

2. 期号

一般在简报名称正下方加上括号写明期号，如（第×期），也可以不加括号。如果是增刊，则要注明"增刊"字样，并单独编排期数。

3. 编发单位

位于期号左下方，要写明编发单位的全称或规范化的简称。会议简报一般注明"××会议秘书处"。

4. 编发日期

位于期号右下方。年、月、日要写全,不能随意省略。

5. 密级

有的经济简报内容涉及经济机密,则需标明密级,密级分绝密、机密、秘密三种,根据内容的保密程度而定。一般简报也可以写上"内部刊物　注意保存"。

6. 编号

保密简报一般还需加上编号,以利于收发、存档。编号位置同密级相对,标在简报名称的右上角。一般简报就不必加编号了。

报头、报体之间用一条或两条粗红线隔开。

简报报头的样式一般如下所示：

内部刊物　注意保存

简　报

第×期

××政府办公室　　　　　　　　　　　　　　2021年2月1日

（二）报体

报体主要由按语、标题、正文三部分组成。

1. 按语

简报的按语即编者按,是编者对编发稿件所做的说明或批注,也是用来表明办报单位的主张和意图的概述性文字。常见的按语有以下三种：

（1）说明性按语：说明编发稿件的意义,提供有关背景,帮助读者理解正文。

（2）提示性按语：一般提示内容的重点和要点。对那些篇幅较长的文章,加上这种按语,便于读者抓住中心,掌握要领。

（3）指示性按语：对文章发表意见,表明态度。这种按语所发的议论、所提的希望和要求,往往带有指导意义或强调作用。

2. 标题

标题是对简报正文内容的概括。标题的写法与报纸上发表的新闻（或消息）的标题一样,可以采用单行标题,如《我厂毛纺产品走向世界》《整顿夏季市场初战告捷》；也可以采用双行标题,如《一方有难八方支援　公司职工积极参加赈灾义卖活动》；还可以采用三行标题,如《只有识别才能杜绝　我局举行假冒伪劣产品展示会　500种伪劣假冒产品当众曝光》。

3. 正文

简报正文的结构安排没有固定的模式。原则是根据报道意图和具体内容的需要,能够简要清楚、准确无误地传递信息。常见的写法有以下五种。

(1)新闻式。这是简报最基本的一种结构模式,与新闻稿的写法相似,只不过要求不那么严格,不必导语、背景、主体、结语样样齐全,通常有导语式的开头,然后或按类别区分,或按时间先后,或按内在逻辑顺序叙述具体情况。

(2)总结式。其写法类似经验总结,但不像总结那样面面俱到、详为解析,而是扼要介绍。一般先简单交代事实背景,然后或一二三四罗列或采用小标题引述具体做法。

(3)指示式。上级机关对下级机关部署工作可以编发简报,它不同于公文,不具有行政效力,只是参照执行。一般先以导语写明指示的目的和意义,然后分条列项说明具体的指示内容。

(4)短讯式。这是一种适用于内容单纯、事实性较强、性质相同或相近的信息的结构模式,无所谓开头、结尾、过渡,一般按并列关系把材料汇编在一起。

(5)转发式。这是用简报的形式转发对本单位(或本系统)有借鉴或参考作用的重要文章,编发时,需要加"编者按",一般用于提示说明所转发材料的内容和意义。

(三)报尾

报尾是在简报正文结束的末页底部,用两条平行横线与正文隔开,平行线中间的左侧注明简报发送范围,右侧注明印刷份数,有的还要注明拟稿人、核稿人或责任编辑姓名。

报尾的样式如下:

拟稿人:	核稿人:
本期发至:	共印××份

三、简报的写作要求

(一)简明扼要

在形式上,简报刊登的文章要篇幅简短,以尽量少的文字交代重要内容,以有限的篇幅传播更多的信息。

(二)迅速及时

信息是一种财富,简报传播越及时,信息的价值越高;时间越久,信息的价值就越低,甚至完全失去价值。在收集信息、整理材料、编写、发送等各个环节都要有强烈的时间观念,要求快写、快审、快编、快印、快发、快报,便于及时沟通交流信息。

(三)内容新颖

在内容上,简报要有新意。要反映工作中的各种新情况、新问题、新经验,要善于抓住新人、新事、新动向,尤其是那些带有倾向性、苗头性的事物,因为那是领导和群众都比较关注的。

(四)真实可靠

简报最主要的作用是向上级领导机关反映情况,让下级部门了解本单位工作动态,它所提供的信息既要反映本单位的工作方向和进程,也影响着领导机关对工作状态做出判断。因此,简报所反映的内容一定要真实可靠。

四、例文评析

例 文

××市教育局简报

第 10 期

十堰市教育局办公室　　　　　　　　　　　　　　2022 年 11 月 8 日

【深入学习贯彻党的二十大精神】

砥砺奋进抓教育　　不忘初心育新人

　　党的二十大报告首次把教育、科技、人才进行"三位一体"统筹部署,并摆放在"全面建设社会主义现代化国家的首要任务"即"高质量发展"之后的突出位置,极具战略意义和深远影响,是习近平总书记关于教育的重要论述的丰富发展。立足新起点,全市教育系统要认真学习宣传贯彻党的二十大精神,深化教育改革创新,着力构建高质量教育体系,办好人民满意的教育,为全面建成社会主义现代化强国贡献十堰教育力量。

　　突出根本,牢把正确政治方向。要把学习宣传贯彻党的二十大精神同维护习近平总书记党中央的核心、全党的核心地位更好结合起来,进一步增强"四个意识"、坚定"四个自信"、做到"两个维护",提高政治判断力、政治领悟力、政治执行力。扎实推进习近平新时代中国特色社会主义思想和党的二十大精神进校园、进课堂、进头脑,坚持和加强党对教育事业的全面领导,弘扬伟大建党精神,坚持为党育人、为国育才,全面贯彻党的教育方针,坚持社会主义办学方向。深刻领会以中国式现代化全面推进中华民族伟大复兴的使命任务,坚定历史自信,增强历史主动,结合十堰实际办教育。

　　突出重点,办好人民满意的教育。要以党的二十大精神为指引,坚持以人民为中心发展教育,深入实施科教兴国战略,加快建设教育强市,抓好促进公平、提高质量两件大事,大力发展素质教育,促进学生德智体美劳全面发展。加强师德师风建设,组织教师积极参与思想政治培训、学科业务培训、教学竞赛等活动,提升教师教书育人本领。深入推进义务教育优质均衡发展和城乡一体化,持续深入推进"双减"工作,推进高中阶段学校多样化发展,加快推进学前教育普及普惠发展,强化特殊教育适宜融合发展。深化教育系统全面从严治党,全面落实立德树人根本任务,科学精准做好新冠肺炎疫情常态化防控,加强学生心理健康教育。

　　突出改革,激发教育发展活力动力。深刻把握党的二十大的新思想、新观点、新论断,深刻把握新时代新征程对教育提出的新使命新任务,丰富政策供给,进一步完善评价体系,在服务十堰经济社会发展中更好发挥教育作用。全面贯彻新发展理念,不断推动教育改革创新,构建教育治理新模式,持续推动《新时代教育评价改革总体方案》落实落地,为建设教育强市增强动力和活力。尊重教育发展规律,将党的二十大精神有机融入思政课教学和专业课教育教学,更新教育教学观念,加快推进教育数字化,服务教育教学模式变革与创新。深化新时代教师队伍建设改革,抓好教育高层次人才引进和服务工作,建设高素质专业化创新型教师队伍。

【经验分享】

武当山特区:"三个提升"促素质提高

今年以来,武当山特区教育局深化"弘扬工匠精神、岗位大练兵"活动,紧紧围绕"学""练""考""用""督",强化举措,全面发力,提振干部教师干事创业精气神,努力提升教书育人本领,培养高素质教师队伍。

抓学习,提升干部能力素质。制订2022年岗位大练兵学习计划,组织干部教师认真参加支部主题党日活动、干部职工政治学习活动,积极参加主题研讨交流,深入学习贯彻习近平新时代中国特色社会主义思想,尤其是习近平总书记关于教育的重要论述,认真学习领会党的十九大、十九届历次全会和党的二十大精神及党章党规党纪。为检验党员干部学习和工作成效,组织"弘扬工匠精神 岗位大练兵"集中测试活动,内容涵盖政治理论和教育教学理论知识,对测试成绩未达标的集中组织学习和补考。

练匠艺,提升职业素养实力。认真组织教师积极参与思想政治培训、学科业务培训、教学竞赛等活动,以赛促学、以赛促研,打造优质课堂,促进教师专业素养提升。5月组织全区33名教师参加小学数学、道德与法治和中小学心理健康教育、劳动教育教学技能集中展示活动,还组织该区十堰名师、第四届市级学科带头人、第五届市级骨干教师开展"名师大讲堂"活动,"名师大讲堂"活动已举办15场,参加活动教师400多人。

强督导,提升练兵活动成效。坚持问题导向,成立督查专班,采取听汇报、看成果、座谈交流等方式,全覆盖督导各学校开展"岗位大练兵"活动。截至10月,督促全区6所学校整改问题共12个。岗位大练兵活动的开展,有效促进了全区教师业务水平的提升,武当山中学李明被评为省特级教师,特区78名教师被评定为区级骨干教师,蔡晓红等6名教师被推荐为市级骨干教师。

【十月动态】

★连日来,市教育局通过党组会、支部主题党日活动、干部职工政治学习、学习强国等线上线下平台,组织干部职工持续深入学习研讨党的二十大精神。全市各级各类学校组织干部师生及时跟进学习党的二十大精神,切实推动党的二十大精神进校园、进课堂、进学生头脑。广大师生纷纷表示将坚定不移听党话、感党恩、跟党走,立志以实干实绩奋力谱写新时代十堰教育新篇章。

★10月25日,竹山县中小学第二协作区在麻家渡镇中学举行了"有效开展课题研究 打造优质校本课程"为主题的联校教研活动,举办了省级劳动教育课题《挖掘地域资源融合实施劳动教育与综合实践活动课程的实践研究》开题报告会。来自该县教研室、恒升小学、宝丰镇、擂鼓镇、麻家渡镇的41名教师参与了研讨交流。

★连日来,十堰市东风铁路学校通过收听收看开幕会、开展支部主题党日活动、组织干部职工学习、推送学习资料等方式深入学习贯彻党的二十大精神。党员干部职工在讨论中纷纷表示,要落实立德树人根本任务,大力推进素质教育,努力提高教书育人本领,用心用情上好每一节课,全力让每个孩子享有追求梦想、人生出彩的机会。

★10月17至21日,十堰市东风61小学开展了为期一周的传统文化艺术节活动,优秀传统文化增强师生文化自信。参加学校舞狮社团的学生,身披舞狮服,团结协作表演舞狮。武术社团的孩子认真练习扎马步、弓步、手型、腿功等项目。传诵经典项目上,各班学生手捧《论语》《千字文》《弟子规》等国学经典高声诵读。

[来源:十堰教育电视台微信公众号(有删节)]

【评析】 这是一期工作简报,本期分"深入学习贯彻党的二十大精神、经验分享、十月动态"三个板块。新闻性比较强,信息量比较大,围绕贯彻党的二十大精神情况进行灵活快捷的报道,文中内容集中,中心明确,层次清晰,简明扼要,很好地体现了简报简明、新颖、快捷的特点。

学习情境五　规章制度

一、规章制度概述

(一)规章制度的概念

规章制度是为了建立正常的工作、学习、生产、生活秩序,由国家机关、社会团体、企事业单位或群众制定的,要求人们共同遵守的行为准则。

规章制度是具有特定约束力的规范性文书,它反映着广大群众的利益,是党和国家方针、政策的具体化。

(二)规章制度的特点

1. 政策性

规章制度不论是由某一级机关、部门制定的或者是群众议定的,都要以党和国家的政策、法规为依据,它的制定和生效、修改和废止,都需要经过一定的程序。

2. 规范性

规章制度以规定人们的行为准则为目的,给人们指出应该遵守的事项、是非标准和办事程序,是人们行为的规范。

3. 确定性

任何一种规章制度都有确定的适应对象和范围,对不属于这一范围的其他人则没有约束力。如《中国共青团团章》仅适用于团内各级组织和全体团员,《中学生守则》仅适用于高、初中学生。

4. 条款式

规章制度的写作格式主要是分条列项,即采用条文的形式,逐项将规章制度的主旨落到实处。在思路上,一般采用演绎的方法,先一般,后个别;先总纲,后细目。通常多用章、条、款、项、目等层次组织,以条为基本单位。

(三)规章制度的种类

规章制度是各项规则、条例、规定、章程、办法、守则、公约、细则、准则等的总称。从不同的角度对规章制度可做不同的分类。

1. 按制定权限分,有国家制定的、部门制定的、群众议定的规章制度。

2. 按适用范围分,有全国性的、地区性的、系统性的、基层性的规章制度。

3. 按性质分,大体分为法规类、管理类、公约类规章制度。

(1)法规类规章制度是指由全国人民代表大会及其常委会、国务院及各部门、地方人民代表大会及人民政府制定的宪法、法律、行政法规、地方性法规、政府规章。这些规章制度与制定者的职权范围相应,自上而下,是有层次的,它要通过各级相应的立法程序方能生效。如《中华人民共和国教育法》《广州市预算外资金管理办法》等。

(2)管理类规章制度是指机关团体、企事业单位为加强管理,保证某项工作正常而有秩序地进行所制定的规章制度。这种基层事务规章都要以有关的法律法规或上级指示精神为依据,经过一定程序产生,在其职权范围内实施。如《山东大学学籍管理办法》《临河区酒厂财务管理制度》等。

(3)公约类规章制度是指由单位或群众公议订立,并要求大家共同遵守的规章制度。公约作为一定地域内全体社会成员自发制定、自觉执行的道德规范和行为准则,与人们的社会生活密切相关,以此来规范和约束人们的道德和行为,有其特殊重要的意义。如《拥军爱民公约》《沈阳市民文明公约》等。

二、规章制度的结构和内容

规章制度尽管类别不同,但是它们的写作格式是基本相同的,也是比较固定的,即都有标题、正文、落款三部分。

(一)标题

标题一定要标明规章制度的性质和文种名称。如《企业财务通则》《湖北省通信市场管理条例》。

有的标题中标明制发机关名称,一些重要的规章制度常常这样做,如《国家税务总局关于对外商投资企业和外国企业发票管理的规定》。有的在标题中加上必要的说明,如"试行""草案""暂行"等,说明这些规章制度是初创的,内容上不够成熟,有待试行一段时间后做进一步修订,如《深圳经济特区外资企业进出口业务管理暂行规定》《永久集团公司职工奖惩办法(试行)》。

有的在标题中带有"补充"字样,说明这类规章制度是派生性的。虽然与其依据的文件具有同样的效力,但是不能独立存在,必须与其依据的文件结合起来使用。如《财政部关于研究生学习期间生活待遇问题的补充规定》。

(二)正文

正文要明确制定的事项。规章制度采用条文说明的方式,对于内容较少、比较简单、篇幅较短的规章制度,采用分条结构,即分条列出。对于内容较多、比较复杂、篇幅较长的,采用分章结构,既分章又分条。从层次上,往往按总则、分则、附则的顺序来写。

1. 总则

总则也称作前言。简要说明制定本规章制度的依据、缘由、目的、总的原则或指导思想。总则作为正式条款置于第一章,分条结构则置于第一条或以前言的形式置于开头处,也有的不设总则。

2. 分则

分则是规章制度的主要部分。具体写明需要有关人员共同遵守或执行的事项。即明确提出规定,支持、保护、发展什么,限制、禁止、取缔什么,规定机关团体和其他社会组织以及有关人员的作为和不作为。这部分内容繁多复杂,要分章、分条予以说明,分章的每章要设小标题,以标明本章的主旨。

3. 附则

附则是规章制度的补充和附带说明的部分,主要写明制定权、解释权或修订权、处理权属于谁,以及与过去此类规章制度的关系,适用对象和生效日期等有关说明事项。分章结构置于最后一章,分条结构置于最后一条或不写。

(三)落款

落款,包括具名和日期。即标明制定者和制定日期,写在正文的右下方,如已于标题下用括号说明,落款也可以省略。

三、规章制度的写作要求

(一)要相关一致,利于贯彻执行

一是内容与党的方针政策、法律规章,与上级、同级机关的有关规定相一致;二是与自己制定的尚在执行效用的其他规定相一致;三是与制发机关的职权相一致;四是同一规章制度的上下文之间、同一概念的表述词语相一致。这样才有利于贯彻执行。

(二)要有序稳妥,切合实际需要

有序是要维护内容的条理性,使之层次分明,分类合理,排列有序。稳妥是规章制度一经公布生效,就要在一定时期内具有可行性,不可朝令夕改、变化无常。所以制定时要从本单位的实际需要出发,广泛听取各方面的意见,以保证其相对的稳定性。

(三)要简明周密,便于记忆理解

文字表达以说明为主,不讲理由,不做议论分析,不做详尽列举和解释;同时文字简洁精当,高度概括,做到言简意明。语言表述要周严缜密,对词语的使用必须坚决肯定,避免使用"一般""大概"等不确切的词语。每项内容、每个概念只有单一的解释,不得有歧义,只有这样,才能便于记忆理解,有章可循,有法可依。

四、例文评改

【原文】

××市第二医院取药规定

为了全面贯彻执行医院药剂工作条例①,加强医院药房管理,保证病人用药安全,特对现行的取药办法改革如下②:

一、药房设交方、取药两个窗口,病员在交方口交方后,至同号取药处等候取药③。

二、处方书写字迹要清楚,不得涂改。如有涂改,医师必须在涂改处签字④。

三、处方当日有效,超过期限时,处方必须经医师签字,否则药房不予调配⑤。

四、对违反规定,乱开处方,滥用药品情况,药房拒绝调配⑥。

五、非本院医师处方拒绝调配⑦。

二〇二一年八月⑧

【评改】

①"为了……条例"表述不完整、不规范,"条例"是行政法规,是上级机关的文件,应明确说出上级机关的名称,并加书名号。

②"特对……如下"表述不准确、不严密。"现行的"是指改革前,还是改革后?按制定者的意思可将"现行的"改为"原"或者删掉。"取药办法"的"办法"和"规定"是不同的文种,这明显是前后不一、不严密,应将"办法"改为"规定"。介词"对"不确切,应改为"将"。也可将此句改为"特对取药做如下规定"。

③"病员"应改为"取药者",为了前后说法一致,应将"取药处"改为"取药口"。

④第二条内容失当。该规定的适用对象是取药人,而这一条的适用对象却是医师,与取药人无关。因此应改为"处方上涂改处须有本院医师签字盖章,否则处方无效"。

⑤第三条表述不严谨。处方只需医师"签字"能行吗?药房工作人员能确认本医院所有医师的字迹吗?其他人签字怎么办?所以应将"经医师签字"改为"经医师签字盖章"。

⑥第四条内容失当。取药者岂能"乱开处方""滥用药品",此条是针对医师的,所以应删去这一条。

⑦第五条表述不严谨。从字面上看,应是取药人拒绝药房工作人员的调配,但其意是药房工作人员拒绝为取药人调配。本条应改为"非本院医师处方,药房不予调配"。

⑧落款日期不完整,规范的写法应该年月日俱全,即"2021 年 8 月 6 日"。

【改作】

××市第二医院取药规定

为了全面贯彻执行××省卫生厅《医院药剂工作条例》,加强药房管理,保证患者用药安全,特对取药做如下规定:

一、药房设交方、取药两个窗口,取药者在交方口交方后,至同号取药口等候取药。

二、处方上涂改处须有本院医师签字盖章,否则处方无效。

三、处方当日有效,超过期限时,处方必须经医师签字盖章,否则药房不予调配。

四、非本院医师处方,药房不予调配。

2021年8月6日

五、例文评析

例文 1

网络信息内容生态治理规定

第一章　总则

第一条　为了营造良好网络生态,保障公民、法人和其他组织的合法权益,维护国家安全和公共利益,根据《中华人民共和国国家安全法》《中华人民共和国网络安全法》《互联网信息服务管理办法》等法律、行政法规,制定本规定。

第二条　中华人民共和国境内的网络信息内容生态治理活动,适用本规定。

本规定所称网络信息内容生态治理,是指政府、企业、社会、网民等主体,以培育和践行社会主义核心价值观为根本,以网络信息内容为主要治理对象,以建立健全网络综合治理体系、营造清朗的网络空间、建设良好的网络生态为目标,开展的弘扬正能量、处置违法和不良信息等相关活动。

第三条　国家网信部门负责统筹协调全国网络信息内容生态治理和相关监督管理工作,各有关主管部门依据各自职责做好网络信息内容生态治理工作。

地方网信部门负责统筹协调本行政区域内网络信息内容生态治理和相关监督管理工作,地方各有关主管部门依据各自职责做好本行政区域内网络信息内容生态治理工作。

第二章　网络信息内容生产者

第四条　网络信息内容生产者应当遵守法律法规,遵循公序良俗,不得损害国家利益、公共利益和他人合法权益。

第五条　鼓励网络信息内容生产者制作、复制、发布含有下列内容的信息:

(一)宣传习近平新时代中国特色社会主义思想,全面准确生动解读中国特色社会主义道路、理论、制度、文化的;

(二)宣传党的理论路线方针政策和中央重大决策部署的;

（三）展示经济社会发展亮点，反映人民群众伟大奋斗和火热生活的；

（四）弘扬社会主义核心价值观，宣传优秀道德文化和时代精神，充分展现中华民族昂扬向上精神风貌的；

（五）有效回应社会关切，解疑释惑，析事明理，有助于引导群众达成共识的；

（六）有助于提高中华文化国际影响力，向世界展现真实立体全面的中国的；

（七）其他讲品位、讲格调、讲责任、讴歌真善美、促进团结稳定等的内容。

第六条 网络信息内容生产者不得制作、复制、发布含有下列内容的违法信息：

（一）反对宪法所确定的基本原则的；

（二）危害国家安全，泄露国家秘密，颠覆国家政权，破坏国家统一的；

（三）损害国家荣誉和利益的；

（四）歪曲、丑化、亵渎、否定英雄烈士事迹和精神，以侮辱、诽谤或者其他方式侵害英雄烈士的姓名、肖像、名誉、荣誉的；

（五）宣扬恐怖主义、极端主义或者煽动实施恐怖活动、极端主义活动的；

（六）煽动民族仇恨、民族歧视，破坏民族团结的；

（七）破坏国家宗教政策，宣扬邪教和封建迷信的；

（八）散布谣言，扰乱经济秩序和社会秩序的；

（九）散布淫秽、色情、赌博、暴力、凶杀、恐怖或者教唆犯罪的；

（十）侮辱或者诽谤他人，侵害他人名誉、隐私和其他合法权益的；

（十一）法律、行政法规禁止的其他内容。

第七条 网络信息内容生产者应当采取措施，防范和抵制制作、复制、发布含有下列内容的不良信息：

（一）使用夸张标题，内容与标题严重不符的；

（二）炒作绯闻、丑闻、劣迹等的；

（三）不当评述自然灾害、重大事故等灾难的；

（四）带有性暗示、性挑逗等易使人产生性联想的；

（五）展现血腥、惊悚、残忍等致人身心不适的；

（六）煽动人群歧视、地域歧视等的；

（七）宣扬低俗、庸俗、媚俗内容的；

（八）可能引发未成年人模仿不安全行为和违反社会公德行为、诱导未成年人不良嗜好等的；

（九）其他对网络生态造成不良影响的内容。

第三章 网络信息内容服务平台

第八条 网络信息内容服务平台应当履行信息内容管理主体责任，加强本平台网络信息内容生态治理，培育积极健康、向上向善的网络文化。

第九条 网络信息内容服务平台应当建立网络信息内容生态治理机制，制定本平台网络信息内容生态治理细则，健全用户注册、账号管理、信息发布审核、跟帖评论审核、版面页面生态管理、实时巡查、应急处置和网络谣言、黑色产业链信息处置等制度。

网络信息内容服务平台应当设立网络信息内容生态治理负责人,配备与业务范围和服务规模相适应的专业人员,加强培训考核,提升从业人员素质。

第十条　网络信息内容服务平台不得传播本规定第六条规定的信息,应当防范和抵制传播本规定第七条规定的信息。

网络信息内容服务平台应当加强信息内容的管理,发现本规定第六条、第七条规定的信息的,应当依法立即采取处置措施,保存有关记录,并向有关主管部门报告。

第十一条　鼓励网络信息内容服务平台坚持主流价值导向,优化信息推荐机制,加强版面页面生态管理,在下列重点环节(包括服务类型、位置版块等)积极呈现本规定第五条规定的信息:

(一)互联网新闻信息服务首页首屏、弹窗和重要新闻信息内容页面等;

(二)互联网用户公众账号信息服务精选、热搜等;

(三)博客、微博客信息服务热门推荐、榜单类、弹窗及基于地理位置的信息服务板块等;

(四)互联网信息搜索服务热搜词、热搜图及默认搜索等;

(五)互联网论坛社区服务首页首屏、榜单类、弹窗等;

(六)互联网音视频服务首页首屏、发现、精选、榜单类、弹窗等;

(七)互联网网址导航服务、浏览器服务、输入法服务首页首屏、榜单类、皮肤、联想词、弹窗等;

(八)数字阅读、网络游戏、网络动漫服务首页首屏、精选、榜单类、弹窗等;

(九)生活服务、知识服务平台首页首屏、热门推荐、弹窗等;

(十)电子商务平台首页首屏、推荐区等;

(十一)移动应用商店、移动智能终端预置应用软件和内置信息内容服务首屏、推荐区等;

(十二)专门以未成年人为服务对象的网络信息内容专栏、专区和产品等;

(十三)其他处于产品或者服务醒目位置、易引起网络信息内容服务使用者关注的重点环节。

网络信息内容服务平台不得在以上重点环节呈现本规定第七条规定的信息。

第十二条　网络信息内容服务平台采用个性化算法推荐技术推送信息的,应当设置符合本规定第十条、第十一条规定要求的推荐模型,建立健全人工干预和用户自主选择机制。

第十三条　鼓励网络信息内容服务平台开发适合未成年人使用的模式,提供适合未成年人使用的网络产品和服务,便利未成年人获取有益身心健康的信息。

第十四条　网络信息内容服务平台应当加强对本平台设置的广告位和在本平台展示的广告内容的审核巡查,对发布违法广告的,应当依法予以处理。

第十五条　网络信息内容服务平台应当制定并公开管理规则和平台公约,完善用户协议,明确用户相关权利义务,并依法依约履行相应管理职责。

网络信息内容服务平台应当建立用户账号信用管理制度,根据用户账号的信用情况提供相应服务。

第十六条　网络信息内容服务平台应当在显著位置设置便捷的投诉举报入口，公布投诉举报方式，及时受理处置公众投诉举报并反馈处理结果。

第十七条　网络信息内容服务平台应当编制网络信息内容生态治理工作年度报告，年度报告应当包括网络信息内容生态治理工作情况、网络信息内容生态治理负责人履职情况、社会评价情况等内容。

第四章　网络信息内容服务使用者

第十八条　网络信息内容服务使用者应当文明健康使用网络，按照法律法规的要求和用户协议约定，切实履行相应义务，在以发帖、回复、留言、弹幕等形式参与网络活动时，文明互动，理性表达，不得发布本规定第六条规定的信息，防范和抵制本规定第七条规定的信息。

第十九条　网络群组、论坛社区版块建立者和管理者应当履行群组、版块管理责任，依据法律法规、用户协议和平台公约等，规范群组、版块内信息发布等行为。

第二十条　鼓励网络信息内容服务使用者积极参与网络信息内容生态治理，通过投诉、举报等方式对网上违法和不良信息进行监督，共同维护良好网络生态。

第二十一条　网络信息内容服务使用者和网络信息内容生产者、网络信息内容服务平台不得利用网络和相关信息技术实施侮辱、诽谤、威胁、散布谣言以及侵犯他人隐私等违法行为，损害他人合法权益。

第二十二条　网络信息内容服务使用者和网络信息内容生产者、网络信息内容服务平台不得通过发布、删除信息以及其他干预信息呈现的手段侵害他人合法权益或者谋取非法利益。

第二十三条　网络信息内容服务使用者和网络信息内容生产者、网络信息内容服务平台不得利用深度学习、虚拟现实等新技术新应用从事法律、行政法规禁止的活动。

第二十四条　网络信息内容服务使用者和网络信息内容生产者、网络信息内容服务平台不得通过人工方式或者技术手段实施流量造假、流量劫持以及虚假注册账号、非法交易账号、操纵用户账号等行为，破坏网络生态秩序。

第二十五条　网络信息内容服务使用者和网络信息内容生产者、网络信息内容服务平台不得利用党旗、党徽、国旗、国徽、国歌等代表党和国家形象的标识及内容，或者借国家重大活动、重大纪念日和国家机关及其工作人员名义等，违法违规开展网络商业营销活动。

第五章　网络行业组织

第二十六条　鼓励行业组织发挥服务指导和桥梁纽带作用，引导会员单位增强社会责任感，唱响主旋律，弘扬正能量，反对违法信息，防范和抵制不良信息。

第二十七条　鼓励行业组织建立完善行业自律机制，制定网络信息内容生态治理行业规范和自律公约，建立内容审核标准细则，指导会员单位建立健全服务规范、依法提供网络信息内容服务、接受社会监督。

第二十八条　鼓励行业组织开展网络信息内容生态治理教育培训和宣传引导工作，

提升会员单位、从业人员治理能力,增强全社会共同参与网络信息内容生态治理意识。

第二十九条　鼓励行业组织推动行业信用评价体系建设,依据章程建立行业评议等评价奖惩机制,加大对会员单位的激励和惩戒力度,强化会员单位的守信意识。

第六章　监督管理

第三十条　各级网信部门会同有关主管部门,建立健全信息共享、会商通报、联合执法、案件督办、信息公开等工作机制,协同开展网络信息内容生态治理工作。

第三十一条　各级网信部门对网络信息内容服务平台履行信息内容管理主体责任情况开展监督检查,对存在问题的平台开展专项督查。

网络信息内容服务平台对网信部门和有关主管部门依法实施的监督检查,应当予以配合。

第三十二条　各级网信部门建立网络信息内容服务平台违法违规行为台账管理制度,并依法依规进行相应处理。

第三十三条　各级网信部门建立政府、企业、社会、网民等主体共同参与的监督评价机制,定期对本行政区域内网络信息内容服务平台生态治理情况进行评估。

第七章　法律责任

第三十四条　网络信息内容生产者违反本规定第六条规定的,网络信息内容服务平台应当依法依约采取警示整改、限制功能、暂停更新、关闭账号等处置措施,及时消除违法信息内容,保存记录并向有关主管部门报告。

第三十五条　网络信息内容服务平台违反本规定第十条、第三十一条第二款规定的,由网信等有关主管部门依据职责,按照《中华人民共和国网络安全法》《互联网信息服务管理办法》等法律、行政法规的规定予以处理。

第三十六条　网络信息内容服务平台违反本规定第十一条第二款规定的,由设区的市级以上网信部门依据职责进行约谈,给予警告,责令限期改正;拒不改正或者情节严重的,责令暂停信息更新,按照有关法律、行政法规的规定予以处理。

第三十七条　网络信息内容服务平台违反本规定第九条、第十二条、第十五条、第十六条、第十七条规定的,由设区的市级以上网信部门依据职责进行约谈,给予警告,责令限期改正;拒不改正或者情节严重的,责令暂停信息更新,按照有关法律、行政法规的规定予以处理。

第三十八条　违反本规定第十四条、第十八条、第十九条、第二十一条、第二十二条、第二十三条、第二十四条、第二十五条规定的,由网信等有关主管部门依据职责,按照有关法律、行政法规的规定予以处理。

第三十九条　网信部门根据法律、行政法规和国家有关规定,会同有关主管部门建立健全网络信息内容服务严重失信联合惩戒机制,对严重违反本规定的网络信息内容服务平台、网络信息内容生产者和网络信息内容使用者依法依规实施限制从事网络信息服务、网上行为限制、行业禁入等惩戒措施。

第四十条　违反本规定,给他人造成损害的,依法承担民事责任;构成犯罪的,依法追究刑事责任;尚不构成犯罪的,由有关主管部门依照有关法律、行政法规的规定予以处罚。

第八章 附则

第四十一条 本规定所称网络信息内容生产者,是指制作、复制、发布网络信息内容的组织或者个人。

本规定所称网络信息内容服务平台,是指提供网络信息内容传播服务的网络信息服务提供者。

本规定所称网络信息内容服务使用者,是指使用网络信息内容服务的组织或者个人。

第四十二条 本规定自2020年3月1日起施行。

(资料来源:国家互联网信息办公室)

【评析】 这是一份格式齐全、写作规范的管理办法。标题是完全式,正文的写法采用条目法,总则阐明制定本管理办法的目的、依据,分则是主要内容,有针对性地对网络信息的管理做了具体的规定和解释;附则是实施说明。本方法条理清楚、语言准确、政策性较强。

例文2

郑州市民文明公约

热爱祖国,热爱郑州,和谐创新,博大开放。
诚实守信,爱岗敬业,勤奋学习,崇尚科学。
品行端正,身心健康,情趣高雅,奋发向上。
男女平等,邻里和睦,勤俭节约,团结互助。
敬老爱幼,助残济困,尊师重教,拥军爱民。
热心公益,乐于奉献,保护环境,珍惜资源。
遵守法纪,维护秩序,见义勇为,弘扬正气。
关爱他人,关爱社会,关爱自然,中原增辉。

(资料来源:郑州文明网)

【评析】 公约有韵体和散体之分,这是一份典型的韵体公约。易懂易记,篇幅简短,合辙押韵,衔接连贯,语序合理,内容全面。

学习情境六 述职报告

一、述职报告概述

(一)述职报告的概念

述职,就是陈述职责。述职报告,是指各级领导干部、公务人员和专业技术人员,向主管单位或本单位群众,陈述自己在一定时期内履行岗位职责的书面报告。

(二)述职报告的特点

1. 述职的自鉴性

述职报告,是述职人(即作者)对自己任职期间德、能、勤、绩等方面的情况做的自我定性、自我评估、自我鉴定,这是一件极为严肃的事情,述职者必须以认真、慎重的态度对待,既要对自己负责,也要对组织负责,对群众负责。

2. 内容的纪实性

写述职报告应以纪实为主,是陈述实实在在已经进行了的工作和活动,原原本本地反映事情的本来面目,切忌弄虚作假和内容不详,也不能"添油加醋"或借题发挥,大作字面上的文章,更不允许无中生有,胡编乱造。

3. 表达的直陈性

述职报告的纪实性决定其表达方式必须以叙述为主,运用明白流畅的语言,直截了当地把做过的事情和开展过的活动及其效果写出来,不发议论,也无须旁征博引,进行论证。

4. 思路的明晰性

述职,是用口头方式进行的,应使人一听就明白。这就要求在写述职报告时,对工作的走向、前因后果,要说得清、道得明;所叙述的事情要简明扼要,条清缕晰,使人听了能了然于心,易于做出恰当的主观判断。

5. 语气的谦诚性

这是由领导干部述职时的身份决定的。他们是被考核者,要接受评议、监督,只能是以人民公仆的身份报告履行职责的情况。表述的口气,运用的语言,应有礼貌、谦虚、诚恳、朴实、大方,分寸得当,切不可傲慢、盛气凌人。

(三)述职报告的作用

作为述职者,可通过述职报告充分展示自己的才华能力,树立自己的良好形象。这样,一方面便于上级组织了解掌握述职者德才状况和履行职责情况,以做出客观、公正的评价,增强选用干部的透明度和准确度;另一方面便于接受群众评议和监督,有助于沟通和密切干群关系,鞭策激励述职者奋发上进。

(四)述职报告与个人总结的区别

述职报告同个人总结既有相同之处,又有区别。二者的相同之处在于它们都是对已经完成的某一阶段或某一项工作进行系统回顾和分析,都要求事实材料和观点紧密结合,全面系统地反映情况,总结经验、教训和今后的努力方向。

述职报告与总结的不同之处有四点:

1. 回答的问题不同

总结要回答做了什么工作、取得了哪些成绩、存在什么缺点、什么经验教训等;述职报告回答的则是肩负什么职责、履行职责的能力如何、怎样履行的、称职与否等。

2. 写作的重点不同

总结在于全面归纳工作情况,体现工作成绩;述职报告则必须以履行职责方面的情况为重点。

3. 所起作用不同

总结在于回顾过去、展望未来,为下一步工作取得成绩奠定基础;述职报告则是为了有利于上级组织了解考察干部的优劣好差,促使干部强化职责观念,不断提高思想理论和政策水平。

4. 使用方式不同

个人总结一般以书面形式上报组织存档,作为领导掌握下属工作情况的依据;述职报告一般是通过会议形式向领导和群众讲述,但也有以书面形式上报给有关部门的。

(五)述职报告的写作要求

1. 语言生活化、口语化、大众化。
2. 多用短句子,注意长短句合理交叉,随物(公务和感情)赋形。
3. 慎用古语和欧化语,这类词只作点缀之用。
4. 少用单音词。
5. 避免同音不同义或易混淆的词语。
6. 不随便用简略语。
7. 可以适当增加语气词,如"吧""吗"之类。
8. 为了方便聆听,有些标点符号还要用文字代替,如顿号改为"和",破折号改为"是",引号表示否定时加"所谓",括号补充另用文字说明等。

二、述职报告的结构和内容

述职报告的写作,一般应包括标题、称谓、正文和落款四个部分。

(一)标题

标题写法比较灵活。一种是单独使用文种,如《述职报告》;另一种是任职时间或人称加文种,如《2021年述职报告》;还有一种是新闻式双标题,正标题概括述职报告的中心内容,副标题由第一人称、文种构成或由时间、文种构成,如《在困难中开创教学工作的新局面——我的述职报告》。

(二)称谓

称谓是述职者对听众的称呼。称呼根据听众对象的身份、地位而定。如"各位代表(委员),同志们""各位领导,同志们"。

(三)正文

正文一般由引言、主体、结尾构成。它们所要回答的是我"干了些什么""怎样干的""干得怎么样"等问题。

1. 引言

引言概述述职者的基本情况,即述职者的姓名及现任职务、任职时间、分管哪些部门或哪些工作、岗位职责和年度工作目标或任务是什么。这部分要写得简明扼要,给听众一个大体印象。

2. 主体

主体写工作业绩。这部分是述职报告的核心,主要写履行职责和完成任务的情况,即工作实绩。一个干部的实绩往往体现在很多方面,诸如:对党和国家的路线方针政策、法纪和指示的贯彻执行情况,对上级交办事项的完成情况和对所分管工作任务的完成情况。

不仅如此,还要写在工作中出了哪些主意,采取了哪些措施,做出了哪些决策,解决了哪些实际问题,纠正了哪些偏差,做了哪些实际工作,取得了哪些业绩。其中,主要业绩有哪些,是否达到了岗位目标的要求,哪些目标有所突破等。除此之外,还应对个人的思想作风和职业道德,特别是廉洁从政和关心群众等情况做扼要的交代。这些是述职报告应写的基本内容。当然,不同类型的领导干部又有不同的重点。总之,通过选举产生的政务类干部,主要陈述所在地区经济和社会发展主要指标完成的情况。通过委任制产生的业务类干部,主要陈述完成上级下达的各项任务的情况,经济和社会效益如何,处理日常事务的情况,有什么创新、突破,以及调查研究的情况等。通过选举产生的厂长,主要陈述企业实现总产值、产品产量及质量和利润、成本、劳动生产率、技术履行等经济指标,以及改善职工工资收入和福利待遇等方面的情况。这部分应写得充分、翔实,言之有物,有说服力,以利于考评人员首肯。

这部分涉及的面较广,内容较多,一般采用分条列项的写法。

3. 结尾

结尾写存在的主要问题,并分析问题产生的原因,提出今后改进的意见和措施。这样,一方面可以使述职者明确今后的努力方向,另一方面有助于考评者和群众了解述职者解决问题的能力和态度。这部分行文要求简短、有力、自然。

(四)落款

落款写述职者的单位名称、姓名和述职时间。

三、述职报告的写作要求

(一)实事求是,充分展示自己

每个述职者特别是领导者,要在客观事实的基础上充分展示自己的良好形象,切不可把集体或下属的工作成绩当作自己的工作成绩来写。任何工作都是有分工的,所以,是自己的,就是自己的;是集体、别人的,就是集体、别人的。写作中,只能挖掘属于自己的东西,即交代清楚自己在其中所担任的工作及所起的作用。

(二)强化重点,反映履职实绩与能力

述职报告的写作目的不是为了评功摆好,而是为了说明是否称职。它的写作重点应紧紧围绕"职责"二字,把履职的实绩和履职的能力表现出来。如果像流水账一样泛泛罗列,看上去似乎面面俱到,成绩也不少,一分析就会发现,把所有的工作都平分秋色,结果毫无主次之分。最好在行文前对自己的工作职责全面回顾,大小轻重一目了然,写起来容易强化重点、主次分明。

(三)突出个性,力争写出本色

述职报告以个人为主体,组织和公众是通过素质、经验、能力等个性去深刻地认识述职者,发现述职者的创新、开拓精神,发现述职者独有的气质和贡献,从而加深印象。所以,在写作中,一要注意选取材料时突出个性的准则;二是写作技巧服务于个性,如只详细介绍有代表性的成果或成绩,其他则综合概括。

四、例文评析

例 文

述职报告

各位老师、同学们：

大家好！我是第九届团委学生会主席宋××，今天由我来代表第九届团委学生会进行述职。

第九届团委学生会从去年的 5 月 8 日进行主席团成立大会，到今天已经经历了 367 天。这 367 天里，在团委老师的指导下，我们同心同德，在困难中不断前行，在继承中不断创新，在青涩中不断成长。这一年里，我们继续秉承着"打造魅力团队·展现文新风采"的宗旨，开展了丰富多彩的活动，成功地实现了对外展示我院形象、对内增加班团凝聚力和体现院内优秀人才个人魅力的三重目的。在刚刚过去的五四评优活动中，我们的团委学生会获得了大部分院系的肯定和支持，得到了年度五四表彰中"优秀院学生会"的称号。而在校里举行的大部分活动中，我院都取得了较好的成绩，如在学工处举行的班级擂台赛活动中我们获得了优秀组织奖等。这些奖励都是对第九届团委学生会工作的最大的肯定，当然也是对各位团委学生会同仁的肯定。今天我的述职分为以下几个部分：内部建设、外部交流和精彩活动。

一、内部建设

在团委学生会的内部建设上，团委学工办老师和主席团成员在第九届团委学生会成立之初就取得了共识。我们在这一年里，狠抓团委学生会内部建设，并学习其他兄弟院系的优秀制度。我们完善了团委学生会工作制度，开创了第九届团委学生会关于请假的相关制度、第九届团委学生会关于评奖评优的相关制度、第九届团委学生会关于会议纪律的相关制度等。这些工作制度的完善和制定保证了整个团委学生会工作的顺利开展，提高了整个团委学生会的工作效率和对外形象，规范了每个团委学生会成员的工作方法。而在团委学生会的整体思想建设上，我们继承着上一届团委学生会的优良传统，在团委学工办老师的指导下，借鉴我党的优良传统，开展关于团委学生会的批评与自我批评活动。该活动在一定程度上增强了各部门的凝聚力和战斗力，对以后工作的开展起一定的指导作用，并且在关键时刻起到了重大作用。在内部建设上，过去的一年除了上述的制度建设和思想建设外，各部门还根据自身特点，开展了如部门培训、内部外部联谊等相关活动。而当初确定了这一年重点建设的纪保部和权益保障部在团委学工办老师的领导下，通过团委学生会主席团和这两个部门部长干事的共同努力，用一年的时间将这两个部门发展到一个新的高度。纪保部的查课相关活动继续开展，并取得了极大的成效。纪保部的同仁们顶着巨大的压力，完成了这一年的活动查到、记录和存档。权益保障部在第一年的转型后，继续于今年进行大规模的转型工作。开展了包括失物招领、义务维修等相关权益保障活动，获得了同学们的认可，也为部门以后的发展奠定了坚实的基础。可以说，这一年团委学生会的内部建设活动卓有成效，为下一届团委学生会的工作开展打下了基石，为以后的各部门建设指明了方向。

二、外部交流

在这一年团委学生会的工作中,我们也加大了关于外部交流的工作力度。作为我校为数不多的人数较多的团委学生会,内部建设自然是重中之重,但是外部交流同样不可缺少。一个学生组织要想持续发展,要想在湘潭大学这片热土上取得良好的成绩,就不能"闭关锁国"和"故步自封"。对于外部的先进学生组织我们要秉承着学习的态度,取其长处用于我们的建设。而对于某些院系来我院学习相关经验,我们也绝不吝啬,积极介绍。在这一年里,外部交流活动由主席团进行引导,部分部门进行了与各院系相关部门的交流活动,也学习了一些先进的工作经验,为部门的发展提供了新方法和新途径。而在一些活动中,我们也积极寻求与其他院系团委学生会或者其他的学生组织进行合作。如在新生入校前,我们联合哲学与历史文化学院、旅游管理学院、机械工程学院、外国语学院、公共管理学院等5个学院的团委学生会,共同与某著名通信公司进行迎新活动赞助谈判等。在各个学院开展活动时,我们也在精力允许的条件下,由主席团代表参加或组织某些部门代表参加。这些交流活动为我院团委学生会提高在学校里的知名度起到了重大作用,也为我院活动顺利开展提供了外部条件。

三、精彩活动

第九届团委学生会在过去一年里开展的活动,除了大型活动外,还包括学习竞赛类活动、课余生活类活动、内部建设类活动和日常维护类活动等涉及我院学生各个方面的精彩活动。大型活动如"风·雅·颂"迎新晚会,获得了包括老师、其他院同学和我院同学在内的广泛好评。如团建文化月的"团旗飘飘·红歌嘹亮"活动,全体团委学生会成员共同努力,在很短的时间内为大家献上了这场视听盛宴,为增强凝聚力提供了良好的契机。再如《文心报》十周年庆典活动,十年文心,文心十年,十年里《文心报》编辑部成员不懈奋斗,创造了学生报纸的新辉煌。学习竞赛类活动,包括中华颂演讲比赛、新生辩论赛、英语演讲比赛等;课余生活类活动,包括寝室文化节、女生节相关活动等;内部建设类活动,包括团委学生会招新、月度评奖评优活动等;日常维护类活动,如党课团课培训、寝室义务维修、"朝阳红"义务支教、爱心血库工程、《文心报》出刊等。各色活动为同学们提供了良好的展示自我的机会,也为团委学生会成员自身成长提供了绝佳的途径。团委学生会举办活动的目的就在于展示我院特色、增强班团凝聚力和展示同学们的个人才华,对于这些我想我们的活动达到了目的。

接下来,谈一下对新一届团委学生会的意见。

1.加强与团委学工办老师的交流。在以往的活动中,团委学工办老师给予了很多良好的意见,他们也是我们开展活动的最好的支柱,加强与他们的交流可以让活动开展得更顺利、更成熟。

2.继续制定和完善相关规章制度。无规矩不成方圆,只有最好的制度建设才能打造最好的团委学生会,在过往的日子里,团委学生会还有很多需要完善的地方,希望下一届继续努力。

3.加强精品活动建设。有些活动完全可以做大做强,所以新一届的团委学生会要从校园全局出发,将活动精品化,将团委学生会做大做强。

4.做好与班团的沟通。团委学生会是个先进的组织,只是偶尔与班团的沟通少了,导致班团存在某些误解。希望在接下来的一年,在我们这届团委学生会加大与班团沟通的基础上,继续加大力度,特别是依靠好班团例会这个载体。

5. 做好与其他学生组织的交流,特别是其他院系的团委学生会。经验交流频繁了,团委学生会才会更加成熟,更加具有执行力。

6. 做好关于院庆十周年和团委学生会十周年的相关活动。2018年是院庆十周年和团委学生会十周年,相关的庆典活动也应该尽早准备,这样才不会在2018年迎新活动的冲击下,草草了之。

7. 尽早准备好迎接新生和团委学生会招新工作。

相信在团委学工办老师的指导下,在新一届团委学生会主席团的领导和各部门的努力下,文学与新闻学院团委学生会的明天会更加美好,文学与新闻学院团委学生会的未来会更加灿烂、辉煌。

文学与新闻学院第九届团委学生会
主席:宋××
2021年5月10日

【评析】　这篇述职报告在写作技巧上很有特色。首先作者概述了取得的工作业绩;其次,陈述工作成绩重点突出,从内部建设、外部交流和精彩活动三方面来写;第三,陈述方法虚实结合,即理论联系实际,增强了文章的说服力;第四,条理清楚,陈述有序。

能力训练

一、知识题

下列各计划的标题恰当吗?为什么?
1. ××乡发展高产优质高效农业的五年安排
2. ××市××局七月份政治学习纲要
3. 国泰百货商场三月份销售设想
4. ××市光辉区2021年环保工作设想
5. ××市总工会2021年开展职工活动的初步要点

二、阅读题

阅读下面这篇述职报告,回答后面的问题。

述职报告

各位老师、同学们:

你们好!我是××系19级的学生××,现任××学院××系学生会主席一职。今天能在这个场合与××系学生会的辅导员老师、全体同学聚在一起,跟大家说说话,我深感荣幸。

××学院××系学生会是在××系辅导员老师的带领下，旨在融合××系领导、老师、同学们意见建议，促进交流融合，由××系学生自发组织、自我管理的平台，是××学院学生会的重要组成部分。学生会组织在全院领导、老师的大力关怀、帮助下，在全体同学的共同不懈努力下，不断发展壮大，传到我担任主席已经是第三届了，这是一个年轻、朝气，并不断发展完善、不断自我更新的集体，身为这个集体的一员，我一直引以为傲。

　　从2020年上学期起，我担任学生会主席一职至今已有一年了，在此我简要为大家介绍一下，学生会在这一年里的工作情况。

　　一、我们严格遵守了××系学生会规章制度，通过同学集体提名，选举产生了第三届及下一届××系学生会会员、主席团成员。在平时的学习生活中我们按照规章严格要求自己，以身作则，在××系同学中起到了良好的表率作用，认真执行了学生会章程，传承了学生会精神。

　　二、一年一度的庆中秋贺国庆迎新晚会中，××系老师、同学们欢聚一堂，温暖如一家，既给新生提供了展示的机会，又为不同年级的同学们提供了交流的平台，作为当年新生的××系20级同学们认真准备积极筹划，为我们奉献了一场非常精彩让人感动的演出，他们也第一次尝试了以班集体为单位的团队合作，加强了专业交流，增进了情感。

　　三、××区敬老院志愿服务与演出，是从去年开始的与相邻的××区敬老院共同策划组织的公益活动，同学们与敬老院老人们一起交流沟通，互相支持鼓励，其乐融融。同学们为老人们带来了欢声笑语，我们也从老人们身上学习了很多老一辈人的优良品德。××系20级的同学们还根据老人们的真实故事，自导自演了老人"一人一故事"的小品剧，将老人们的故事搬上了舞台为老人们倾情演出，深深地感动了在场的每一位老人，通过扮演，同学们也深深地体会到了老人丰富细腻的感情世界，深受鼓舞。

　　四、××系学生会2021年基本上完成了宿舍卫生自治，同学们成立卫生小组，在××等同学的带领下，每周检查寝室卫生环境，评优奖励，体现了学生自我管理的精神。

　　五、开拓创新。上一学年，我们××系学生会组织了"源点杯"原创小品大赛，大获成功。××同学带领一批学生会同学积极联络，与上海各高校剧社合作，××系同学作为"小导演"一对一地与高校剧社结成对子，以原创小品比赛的形式交流切磋，涌现出了一批立意深刻、表演细腻真实的优秀小品，得到了学校领导的广泛重视和好评。俗话说万事开头难，有了第一届的经验，我们会将这一活动继续坚持开展下去，并希望深入地与上海各高校剧社继续合作，探讨形式，将"源点杯"逐渐发展为更具意义、更有影响力的、有××系特色的重要活动。

　　一年的工作，有成绩，有喜悦，有收获，但我切实地认识到我的工作存在着太多的不足和遗憾。一方面表现在学生会的凝聚力上，具体情况具体分析，我们××系人员本身较少，××系学生会人员更少，如何充分发挥每个人的能力与才华对学生会来说是个考验。××系学生每一个都是学习××专业的，希望将来成为剧组剧团领导人物，每个人的主见都很强，个个都是出色的小导演，但在大学学习期间，学习管理首先要学会合作，懂得合作才能懂得管理，有凝聚力的集体才是有竞争力的集体，所以我由衷地希望下一届学生会的同学再接再厉，加强我们这个优秀团队的凝聚力，使之日趋成为一个团结有力的整体。第二是普通同学的参与度，很多同学不理解学生会的工作，认为学生会活动是"浪费时间"，但他们体会不到一个团队对一个人的个人能力自身修养的巨大促进与加强,不加入集体生活也体会不到团队本身强大的能量,我希望下一届学生会能积极促进普通同学对学生会活动的参与度,让他们了解学生会,热爱学生会,积极自愿地加入学生会。第三是自我管理的能力仍需加强,这点来说,尤其是我本人对自己的要求就不高,有时会比较懒散,这点我会继续努力改正,我也希望今后学生会同学加强自我管理,努力进取,多做自我批评,尽力使团队成为团结高效、有自我更新能力的集体。一年的学生会主席工作,对我是巨大的锻炼,感谢每一位帮助过我们学生会工作的师长、同学,感谢大家对我的支持与鼓励,我卸任后,仍然愿意为××系学生会服务!

××有一句校训,"今天我以××自豪,明天××为我骄傲",对我来说,求学经历充满艰辛,所以我对××学院,对××系始终抱持着一颗感恩的心。我这人没多少知识,比较粗糙,但我也给过自己一句话,今天也送给大家,希望你们加油再加油,进步再进步,我们共勉:"××招我非误招,我对××无愧对。"谢谢大家!

述职人:××

2021 年 9 月 25 日

1. 本文着重从哪个方面写起?
2. 简要分析文中小标题的作用。
3. 从选材角度分析此文的利弊。
4. 从语言风格分析此文的利弊。
5. 从结构角度分析此文的利弊。

三、技能题

(一)下面是习作"个人期中总结"中的两个病例,读后请分析是什么毛病,原因何在。

【例 1】

开学以来,经过半个学期的努力,我在学习、思想、纪律、劳动、体育等几个方面都有很多收获,同时也有许多不足。

一、学习方面

本学期以来,我的学习更加刻苦了,对于知识无论是课内还是课外的,我都会吸其精华据为己有,以此来开阔我的视野;在实训课上,我也是尽量利用更多的机会专心致志地反复练习,力争又快又好地掌握动手操作能力。本学期,我把大多数时间都用在学习上,整天除了学习,当然也有许多有意义的活动,要劳逸结合嘛!本学期,我走了十多家书店,读书几十本,看到了许多、也学到了许多……

二、思想方面

……

【例 2】

开学两个多月了,这段时间总的来说,收获少,失去得多……这主要有以下几点:

一、不认真听教师讲课。老师在前面讲课时,我在下面睡觉。

二、没能按时复习……

三、不按时完成作业……

四、浪费时间……

（二）规章制度的规范性要求"内容严密准确,语言简明肯定",根据这一特点,修改下面的条文。

第五条　订立经济合同,以贯彻平等互利、协商一致、等价有偿的原则为好。任何一方把自己的意志强加给对方都是不允许的,任何单位和个人不能去非法干预。

第六条　经济合同依法成立,即具有法律效力,当事人要考虑全面履行合同规定的义务,任何一方以不擅自变更或解除合同为宜。

（三）下面是一篇述职报告的前言,谈谈有哪些毛病,请试做修改。

我1998年毕业于北京工业大学机械系,在部队锻炼一年半后,分配到重型机械厂工作,先后在车间任技术员、车间副主任、主任职务。2013年3月担任厂党委书记,至今已8年,我在任职期间,只是一名"班长",工作主要是一班人做的,我在这一年里能展开工作的主要原因是大家的支持和帮助,我这里表示感谢,下面将我们这个班子一年来的工作及我个人的情况向上级和同志们述职如下。

四、写作题

（一）结合实际,制订个人的"本学期学习计划""复习迎考打算""近期工作安排"。

（二）结合自己的实际,写一份"本人学期总结"或"××系学生会工作总结"或"××班××总结"。

（三）根据下述文字,拟一份规则。

广州市××商厦于2021年1月制订了经济合同签订守则,其目的是加强经济合同签订的管理,保护企业的经济效益。守则的内容是:

金额在10万元以下的购销合同,一律经工商行政管理机关鉴证;不需要鉴证的合同全部送一份给工商行政管理机关备案,每日送一次。代理人在与对方签订合同前,要对对方的主体资格、履约能力、履约信用进行审查,自己审查有困难的,可以委托工商行政管理机关审查,在未查清之前,不得盲目签约。凡是国家已发布统一文本的,签订合同时必须使用统一文本;凡与本业务有关的条款都要认真填写,做到条款齐全,内容具体,责任明确,手续完备。金额在10万元或10万元以上的购货合同及购进设备、联营等合同,须经合同管理领导小组研究后会签;业务人员在外地或订货会上签订的合同,要带回本单位经分管领导审查后,方可加盖合同专用章。代理人外出签订合同时,必须持有《法人授权委托书》,严格按授权和时间签订合同,并不准将代理权转托第三人,加盖合同专用章必须经合同管理小组组长或副组长批准,并作好登记,不准在空白的合同纸上加盖合同专用章,严禁将合同专用章借给外单位使用。

（四）结合下面的内容,拟写一份《校园就餐文明公约》。

《教育系统"制止餐饮浪费　培养节约习惯"行动方案》印发以来,各地各校高度重视,纷纷结合本地本校实际,制定了有针对性、可操作的工作举措,有效制止了校园餐饮浪费现象。但值得注意的是,个别地方和学校认识不准确、理解不到位,出现了要求学生"背诵餐歌打卡""浪费一粒米做一道选择题"等形式主义做法,引发舆论热议。

请各地各校进一步深入学习领会习近平总书记关于坚决制止餐饮浪费行为的重要指示精神,准确理解制止校园餐饮浪费工作的政策内涵,严格按照《行动方案》有关要求,出实招、重实效,做在细处、落在实处,力戒消极应付心态,狠刹形式主义歪风,确保制止校园餐饮浪费工作不走偏、不走样,真正形成制止餐饮浪费、培养节约习惯的长效机制,让勤俭节约成为广大师生内化于心、外化于形的生活习惯和人生态度,从根本上解决校园餐饮浪费问题。

(资料来源:中华人民共和国教育部网站)

(五)结合校园生活,请你模拟校学生会主席或班长、××委员、组长写一份学期述职报告。

(六)了解、收集你所在学校或系的近期工作,编写一份简报。

模块四 经济文书

学习任务

1. 了解经济文书的种类及特点。
2. 掌握经济文书的结构和写法。
3. 学会撰写合同、市场调查报告。

思政任务

1. 通过本模块的学习，使学生感受祖国日新月异的变化和繁荣昌盛。
2. 培养创新意识和创新精神，树立民族自信。

情境导入

喜茶因虚假宣传被罚 45 万
部分广告内容与实际情况不符

近日，喜茶关联公司上海喜创于茶餐饮管理有限公司因"利用广告对商品或服务做虚假宣传，欺骗和误导消费者"，被上海市宝山区市场监督管理局罚款 45 万元。主要违法事实为，该公司下属门店发布的"杨梅品种全线升级为当季东魁杨梅，更大颗更爆汁""精选云南石屏、浙江仙居东魁杨梅，个大核小，果肉紧凑饱满，风味浓郁"等部分广告内容与实际情况不符。

（资料来源：北京青年报网站）

从上面的案例中我们可以看出，广告的内容务求反映真实。如果不真实，非但不能达到宣传产品、扩大产品销路的目的，反而会使消费者产生逆反心理，造成不良的社会后果，还要受到相应的处罚。所以，广告宣传必须精当准确，是一说一，切忌"吹牛皮"。

基础知识

学习情境一　商品说明书

一、商品说明书概述

(一)商品说明书的概念

商品说明书是对商品的性能、构造、功能、规格、使用、保养进行说明或介绍,让人们了解其特点,获得商品的有关知识,以便正确地使用和保养商品的书面文字。商品说明书又称产品说明书、使用说明书。

商品说明书是以介绍商品,指导消费者了解商品特点、性能、使用方法为目的的。因此它是商品和消费者之间的一座桥梁,是消费者正确使用商品的向导,也是商品最大限度地实现使用价值的保证。

(二)商品说明书的特点

1. 知识性

商品说明书的写作目的,是指导用户正确认识和使用商品,因此,一般都用较大篇幅将商品的有关知识介绍给消费者,以达到指导消费者的目的。

2. 实用性

商品说明书一般是随商品一起到达用户手中的。消费者阅读说明书的目的是掌握商品的使用方法和注意事项,了解商品的性能。

3. 科学性

商品说明书的内容必须翔实可信,以商品自身的特点、性能等相关材料为依据,以实事求是的科学态度,客观、准确、恰当地介绍、说明商品。

4. 条理性

商品说明书实用性强,因此表达时必须条理清晰、层次分明,依据事物本身的规律或人们接受事物的习惯去撰写,方便阅读,一目了然。一般按商品操作先后顺序或结构空间顺序来撰写。

5. 真实性

商品说明书的实用性决定着对产品的介绍要客观,科学性也要求说明书务实,因而,真实性成了商品说明书写作的一个基本原则。如果夸大其词,商品说明书也就失去了它的中介作用。

(三)商品说明书的种类

1. 根据写法不同分类

(1)条款式。条款式是指把有关事项按一定顺序分条列项地说明,常用于说明一些程序性的事项,这些条款在整体内容上有联系,各条间不必衔接连贯。这种方式清楚简洁,一目了然,便于阅读查询,是较常见的方法,尤其是对于一些精密或带有一定危险性的商品,能更好地帮助使用者——参照实践。

(2)叙述式。叙述式是指用短文把有关事项综合述说,使全文相对完整,一般用于介绍性说明,尤其是书刊出版说明、影剧简介等。叙述式说明情节浓缩,概括清楚,连贯生动,让人们读后了解一个基本面目和大概情况。

2. 根据表达方式不同分类

(1)说明式。对商品自身情况进行平实地解说。

(2)文艺式。采用对话式、讲故事、连环画等形式对商品进行说明,较多带有广告性质,比说明式更有趣味性。

3. 根据包装不同分类

(1)包装式。将说明的文字图示直接印在外包装物上,一目了然。

(2)内装式。将说明书单列,印成单页或多页,封在包装内部。

二、商品说明书的结构和内容

商品说明书的内容,针对不同的商品可详可略,项目可多可少,文字可繁可简,完全视指导消费者的需要而定。从总体上看,常见的商品说明书一般包括标题、正文、落款三部分。

(一)标题

标题通常采用商品名称加上文种名称的写法,如《多功能扬声电子电话机使用说明书》,也有的只以《使用说明书》为标题。

(二)正文

正文通常写明商品的基本情况,如商品的用途、性能、结构、技术指标等,以及商品的使用方法、保养维修知识和有关注意事项等。正文部分的写法和内容因所介绍商品的不同而异,也就是说不同类型的商品,应着重说明不同的事项。比如:药物说明书,要着重说明其成分、主治、功能和用法、用量;机械产品说明书,要着重说明其构造、操作方法和维修保养方面的知识;食品说明书,要着重说明其配方、食用方法;家电类说明书,要着重说明功能和操作方法。

说明书的正文要根据被说明商品的特点而定,所运用的表达形式,可采用条文式或短文式两种。条文式,即把说明的内容归纳为几条,逐条逐项加以说明。这种表达方式提纲挈领,层次清楚。短文式,即把对商品的说明行文成章,一般适用于篇幅短小的商品说明书。除此以外,还可以采取问答式、谈话式等表达形式。

(三)落款

落款,即生产商和经销商企业的名称、地址、电话、电报挂号等,以方便消费者与生产商或经销商联系。

有的落款还有其他一些标志或内容,包括商标、批准文号、荣誉标志、保修条款、有效期限等。

三、商品说明书和商品广告的区别

随着市场竞争的日趋激烈,许多商品说明书已经不仅停留在说明的功能上,而是更加注重宣传效果。于是商品说明书与广告越来越呈现出密切联系,设计布局越发精致、美观,内容上也加了一些宣传口号、广告词等,使小小的说明书在市场大舞台上扮演着重要角色。商品说明书在样式上呈现多样化,有单页、活页、卡片,还有直接印在商品上的;在制作原料上,有纸张、塑料、金属等。还有些快餐食品,每份食品里面带一把小勺,说明书就印在勺柄上。商品说明书的印刷工艺更是多彩多样,如油墨、晒图、烫金等。商品说明书印上精致的图案、照片,既装饰美化了商品,给人直观、新颖之感,又可表达文字描述所达不到的说明效果。

但是广告和商品说明书是两类不同的经济应用文。虽然在传递商品信息、促进销售的作用而言,两者有相似之处,都是对商品的性能或功效加以说明,但两者还是有区别的。

(一)目的不同

商品说明书的主要目的是指导消费者如何使用和保养,而广告的主要目的是促销,说明的重点是商品的性能和功效。

(二)性质不同

商品说明书的内容主要是使用和保养,具有很强的科学性和客观性,它是一种科学的说明文,不允许有夸张和渲染。而广告则是一种宣传形式,具有较强的主观性,追求广告的感染力。可以说,商品说明书着重于消费者理性的认识,而广告则着重于感性的接受。因而在商品说明书中夹杂广告语是不妥当的。

四、商品说明书的写作要求

(一)真实

真实是撰写商品说明书必须严格遵循的基本准则,也是《中华人民共和国消费者权益保护法》对商品说明书的最起码要求。商品说明书要做到真实,就必须如实介绍商品性能、作用、操作程序、使用禁忌等,不虚夸、不遗漏、不隐瞒。

(二)准确

说明书有极强的实用性,而表述语言又纯粹是以说明为主。要把说明对象介绍清楚,就必须准确精当,不能含混不清、模棱两可,让人不得要领。例如,某太阳能热水器的产品说明书,写着"保温效果佳""抗寒性能好"之类的广告式语句。但是,什么程度为"佳"、为"好"都没有具体标准,不好把握。

(三)通俗

商品说明书随商品进入千家万户,面对文化差异极大的消费者,只有通俗才能易懂,否则再真实准确也无济于事。中药"蛤蚧补丸"说明书介绍此药疗效为"补血益气、固本培元",这样的说明恐怕没有多少人能懂。

(四)规范

商品说明书要符合一定的说明标准及次序,包含必不可少的说明项目。《中华人民共和国消费者权益保护法》第八条规定:"消费者有权根据商品或者服务的不同情况,要求经营者提供商品的价格、产地、生产者、用途、性能、规格、等级、主要成分、生产日期、有效期限、检验合格证明、使用方法说明书、售后服务,或者服务的内容、规格、费用等有关情况。"这些应视为商品说明书撰拟规范的必备项目。

五、例文评析

例 文

××牌 FK-118S 便携式蒸汽熨衣机使用说明书

一、技术指标及产品型号：

产品型号	额定电压/频率	功率	容量
FK-118S	220 V/50 Hz	600 W	200 mL

二、产品适用范围：

适用于家庭熨烫衣服，特别是出差旅行时携带方便，随熨烫衣服。

三、注意事项：

1. 本机要求使用的电压为 220 V，频率为 50 Hz，如果使用不当将会损坏机器。
2. 本机使用的插座为 5 A 以上的接地插座，否则因负荷过大易导致火灾危险。
3. 请仔细阅读此说明书所指示的方法后使用本机，否则由于操作不当可能会引起火灾或有触电的危险。
4. 本机只适于在室内使用，请不要在室外或湿地上使用。
5. 本机不可置于儿童可触之处，不可让儿童使用本机。
6. 清洁或不使用本机时，请关闭电源开关及拔掉电源插头。
7. 使用本机前请先注水于蒸汽罐内，使用时经常留意蒸汽罐内水位。
8. 使用本机时，请不要接触烫热部位或蒸汽，以免烫伤。
9. 请先让本机冷却至少 30 分钟及将水排完后再存放本机。
10. 当发觉蒸汽罐无水时，请关闭电源或拔掉插头。
11. 请不要将本机放置于易燃物品及火炉旁边。
12. 请不要远离在使用中的本机。
13. 请不要试图自行拆装、维修本机，如发现本机有问题，请及时送我公司指定维修中心修理。
14. 请不要将本机、电源线及插头浸入水中。
15. 当拔出插头时，必须手握插头才可进行，请不要手抓电线拔出，请不要在使用过程中拔出插头。
16. 请不要往本机中加入任何清洁剂或化学物品，否则会损坏本机并导致保修失效，建议使用不含矿物质的水或蒸馏水，能延长产品使用寿命。
17. 当使用本机时，请注意防止由于蒸汽喷溅造成的烫伤危险，在加水和清洗本机时，请拔掉电源插头。
18. 如果电源软线损坏，为了避免危险，必须由制造商、其维修部或类似部门的专业人员更换。

四、产品注水操作：

1. 在注水前，请将本机的电源开关关闭，并拔出插头。

2.将机器平稳放在桌面上,等待冷却。

3.打开加水帽,然后注水(注水时,水量不要超过最大水量线,否则刚使用时会有水从喷嘴涌出),注完后再旋紧加水帽。

五、产品使用说明:

1.插上插座:将电源插头直接插到墙壁上与产品铭牌电压一致的电源插座上。

2.将开关按到一挡 300 W 或二挡 600 W,此时你可以看到指示灯是亮的。

3.加热大约 2 分钟,蒸汽开始从喷头里喷射出来,就可以开始熨衣服了。

4.断开电源:当衣服熨完后,请立即关掉本机电源开关,并将电源插头从电源插座上拔下。

六、安全说明:

由于水质含有矿物质,会导致便携式蒸气熨衣机积聚沉淀物影响蒸汽喷出,所以要经常清洁及清除沉淀物,可以使用以下的方法清除:

1.请先将机器的电源开关关掉拔掉插头,让本机彻底冷却。

2.慢慢将水和醋的混合液(1∶1)从加水口注入机内,直至机器半满为止。

3.等待 1~2 分钟,将机内混合物倒出,如沉淀物还未完全清除,可再重复以上步骤,直至沉淀物完全清除为止。

4.将清水加入机器,清洗水垢,直至醋味完全消除。

5.如果按照上述方法仍不能清除水垢,请拨打我公司的服务电话。

七、产品储存:

1.先将本机的电源开关关掉,拔掉电源插头。

2.让本机彻底冷却至少 30 分钟。

3.打开加水帽倒掉机内剩余残水。

4.重新盖好加水帽。

5.将电源线捆扎好。

6.将机器放置于干爽阴凉的地方储存。

【评析】 该文侧重说明便携式蒸汽熨衣机的适用范围、注意事项、使用方法、安全及产品储存,具有较强的知识性、实用性。

学习情境二 广 告

一、广告概述

(一)广告的概念

广告是通过报纸、广播、电视、招贴、网络等媒介,公开广泛地向公众进行宣传,把有关的商品信息、服务信息传递给人们的一种应用文体。

(二)广告的特点

1. 真实性

真实性是广告的生命。我国《广告管理条例》中明确规定:"广告内容必须真实、健康、清晰、明白,不得以任何形式欺骗用户和消费者。"

2. 效益性

广告的目的是推销某种产品或服务,因此广告必须能调动读者的消费心理,促使购买行为实现。耗资大而收效小,就不是成功的广告。

3. 时效性

广告作为一种宣传、竞争的手段,在一定意义上,也是一种投资行为,所以应注意广告时效。不但要及时制作广告,也要合理地、有效地安排好广告发布与商品、服务进入市场的时间次序,以助于全面提高广告效果。

4. 创造性

广告没有固定的模式,贵在新颖,不落俗套。这就要求创作者必须了解各种新技术手段,在广告创意中取得更广阔、更自由的施展空间。

(三)广告的作用

1. 传递信息,指导消费

广告可以交流信息,拓宽流通渠道,促进生产。企业通过各种媒体向消费者介绍商品的品牌、性能、作用、价格以及如何使用、保养和各项服务措施,帮助消费者提高对商品的认识程度,以利于加速流通、扩大销售。

2. 促进消费,推动竞争

相同或相近行业的企业,可以通过商品广告,互相了解彼此产品的规格、性能、特点以及对用户负责的积极措施,还可以进一步了解对方的经营管理情况,发现别人的长处,找出自己的差距。改进经营管理,加强竞争,不断提高产品的质量。同时随着经济的发展和技术的进步,发挥广告的竞争作用,有利于在消费者心中树立深刻的商品形象和企业形象,并巩固和扩大国内及国际市场占有率,以求得企业最大的经济效益和社会效益。

3. 增长知识,陶冶情操

一则好的广告,或褒或贬,或推崇或反对,往往给人以真、善、美的启示,给人以或粗犷、或勇敢、或热情、或诙谐、或健康的心理暗示,教导人们怎样消费、怎样生活,从而影响人们的价值观和生活态度。

(四)广告的种类

按广告的用途,可以分为信息广告和推介广告。按表现形式,可分为文字广告、以图为主的广告和图文并茂广告。按传播媒介,可以分为报纸广告、杂志广告、广播广告、电视广告、网络广告、路牌广告、灯光广告等。不同的广告有不同的宣传特点和宣传效能,采用哪一种广告,要根据商品类型、服务特点、宣传对象等实际情况来决定。

(五)广告的创意及其形成过程

1. 广告的创意

创意是整个广告活动的核心,直接关系到广告活动的成败。广告创意是表现广告主题的构思。它是指通过形象塑造、文字撰写、各种艺术手段和技巧的运用所创造出的一个与广告主题相适应、为广告主题服务的意境。

广告创意立足于形象构思(围绕着商品、服务的特性进行)来表现抽象概念(宣传意图和策略)。这种抽象概念表现得愈具体,愈形象生动,就愈能感动说服人,所以创意需要完美的形式和奇特新颖的构思。由此出发,广告创意的任务,一是要寻找到一种表现广告主题的与众不同的方法(艺术手法的适时介入、媒体的巧妙组合等);二是要加强对商品、服务内涵的提炼、开掘,如给商品、服务添加全新的理念,传达与众不同的心理体验,抒发独特的情调等。这样,通过创新的、独特的手段,把有关表现广告主题的材料组合在一起,既能完美地展现出宣传对象的个性,又能满足人们的审美心理。

2. 广告创意的形成过程

在广告创作中,创意的任务主要通过创造意境和塑造商品、服务形象两项工作来完成。从一些广告创作的实践中,可以看出广告创意形成的四个过程:

第一,收集原始创作材料,一方面是眼前问题(商品、服务信息与广告策略)需要的资料;另一方面是平时积累储藏的生活经验和知识。

第二,围绕着主题对上述材料进行提炼、发掘、加工。

第三,借助于联想,用心寻找各种材料的聚焦点和最完美、最具有独创性的组合方式。

第四,形成创意。

在这四个过程中,知识积累、生活体验、丰富的想象力是创意的土壤和基础,而超凡脱俗的想象力显得尤为重要。

(六)广告的制作原则

为使广告取得预期的效果,广告策划人员必须遵守以下原则:

1. 真实性原则

真实是广告的生命,广告必须对消费者负责,实事求是,科学地宣传产品信息,言过其实的广告会受到消费者的抵制,实事求是的广告会给消费者留下良好印象。

2. 思想性原则

制作广告时要考虑广告的社会综合效益。企业除了要牢固树立为消费者服务的指导思想外,还要考虑广告的表现形式应能对社会文化道德及人们的思想意识产生积极的影响,要有利于两个文明的建设。

3. 艺术性原则

广告本身就是一门艺术,要求将真实的内容和健康的思想与完美的艺术形式结合起来,增强广告的艺术感染力。

4. 心理性原则

消费者接受广告的信息及其受广告信息影响的程度,都有一定的心理活动规律可循。

二、广告的结构和内容

广告的结构没有定式。由于传播媒介不同,广告的结构也各有差异。例如,路牌广告、霓虹灯广告、车身广告等,是在公共场所给流动的人群以视觉刺激的信息载体,需受众在一瞬间牢牢记住,所以这类广告基本是标语口号式的一句话或几句话。电视广告诉之于人的视觉,或结合画面,只有一句话,如"买家电上京东"之类的广告词;或用小品等文艺形式播出。广播广告诉之于人的听觉,伴着音乐常以独白、对话或广播剧的形式出现。比较之下,通过印刷媒体传播的报刊广告具有版面阔绰、图文并茂、篇幅可长可短的优势,内容比较完整、具体,格式比较固定、规范。报刊广告(文字广告)一般包括标题、正文、随文、广告口号等部分。

(一)标题

标题是广告的眉目,既是对整则广告内容的高度概括,又是整则广告的核心和灵魂。标题新颖有魅力,就会吸引顾客,收到宣传的效果。

广告的标题分为直接标题、间接标题和复合标题三种类型。

1. 直接标题

直接标题就是以商品、服务名称做标题,如"猎聘在手,机会随时有""好空调,格力造"等;或将要宣传的事物或情况表达出来,让人一眼就明白广告究竟要说什么,如"网购上京东,省钱又放心"。

2. 间接标题

间接标题是以含蓄暗示的方式,不直接写商品名称,意在引起读者的兴趣,去阅读广告的正文,如"精彩生活由我创造"(美的空调广告)、"怎样留住健康"(复方阿胶浆广告)。

3. 复合标题

复合标题由引题和正题组成,或由正题和副题组成,或由引题、正题和副题组成。如"杀菌降脂,调节血压,软化血管——到哪儿去买大蒜油?""普纳橱柜——展示个性空间,创造厨房文化"。又如:四川特产,口味一流(引题)——天府花生(正题)——越剥越开心(副题)。

(二)正文

广告正文的写法比较灵活,不拘一格。借助于作者奇特的创意、巧妙的构思,可以写出风格各异的广告。从表达方式上,目前常见的有以下几种。

1. 陈述式

通过记叙某一活动或某一件事的发生发展变化过程,着重介绍商品、服务的有关情况。例如:

蓝月亮洗衣液

我现在不洗衣服啦,洗衣服我选择蓝月亮洗衣液,去污、柔顺、除菌,几步合成一步,全效洗衣,一步好简单,蓝月亮全效洗衣液,好的我就不会错过!

2. 说明式

一般采用条文说明的方法,对商品的规格、特点、用途以及服务的内容进行介绍,使读者对其产生清晰、明确的了解和认识。例如:

神奇牌电熨斗

神奇牌电熨斗质量须精良,具有如下特点:
(1)一气呵成,无须反复。
(2)增加强力蒸汽,喷气量大小可供选择,便于携带。

（3）易于存放，大面积熨烫，速度快，成型效果极佳，它的出现，改写了熨烫工具的历史。

3. 抒情式

一般是以抒发倾吐思想感情的方式，表达对某种商品、服务的喜爱、赞美，使其在读者心中留下深刻印象。如五粮春广告：

  她系出名门，丽质天成，

  秀其外而绝无奢华，慧其中而内蕴悠远，

  壮士为之洒泪，英雄为之牵情。

  个中滋味，尽在五粮春。

4. 文艺式

就是借助小品、诗歌、散文、曲艺等多种文艺形式作为广告内容的载体，让受众在强烈的审美感受中，产生购买欲望。如拼多多广告：

  拼多多，拼多多

  我和你，拼多多

  来一起一起拼多多

  不管有事没事拼多多

  拼多多，拼多多

  拼得多，省得多

  拼就要就要拼多多

  每天随时随地拼多多

  拼多多

形式是为内容服务的，随着市场经济的发展，广告自身不断翻新出奇，以某种表达方式为主，又可过渡到更多的样式，如故事式、宣言式、演讲式、证书式、问答式等。

（三）随文

随文内容包括：购买商品或获得服务的方法、权威机构的证明标志、用于接听诉求对象反映的热线电话、网址、直接反映表格、特别说明、品牌（企业）名称与标志等。随文是广告必要的附加说明，一般放在广告文案的最后部分。

（四）广告口号

广告口号是企业和团体为了加强受众对企业、商品或服务等的印象，在广告中长期反复使用的一两句简明扼要的、口号性的、表现商品特性或企业理念的句子。广告口号的反复使用能给人以强烈印象，使消费者加深对企业经营特点、商品劳务的优良个性的了解，从而在脑海中形成深刻的印象。牢记一个确定的概念，这个概念无形中就成了人们购买商品时的选择依据。例如，微信的"微信，是一个生活方式"，京东的"京东 11.11 真·正·低"，网易的"各凭态度乘风浪"等。

三、广告的写作要求

（一）要抓住重点

由于广告是把有关商品、服务的信息有计划地传递给人们的一种手段，其目的是使消费者对自己生产和经营的商品或服务产生兴趣和购买动机。所以,广告就必须把顾客最关心、最需要了解的内容作为宣传重点。如产品的主要性能、特点、用途、价格以及服务内容等。切忌抓不住重点,该说的不说,不该说的却喋喋不休,令人生厌。

(二)要真实健康

《中华人民共和国广告法》第三条规定:"广告应当真实、合法,以健康的表现形式表达广告内容,符合社会主义精神文明建设和弘扬中华民族优秀传统文化的要求。"由此可见,广告内容真实、健康是广告法确定的一个基本规则。

(三)要讲究手法

广告要更好地达到宣传目的,就要有吸引力。因此广告写作必须注意讲究表现手法。要独具匠心,务求出新,切忌照套照搬千篇一律的模式。要讲究表现手法,内容上,要突出商品的鲜明特点,以引起消费者的注意;语言上,要形象生动,能感染消费者。

四、例文评析

例文1

与丈夫的悄悄话
——你被它"替代"啦

丈夫每天很早起来,为在开发区上班的妻子和上学的儿子准备早餐。牛奶、豆浆、米粥……换着花样来,忙得不亦乐乎,可妻子还是不领情。

直到有一天,妻子悄悄对丈夫说:"我宣布解除你的职务。"随手举起一包×××字正腔圆地说道。

×××集牛奶、大豆、核桃营养精华于一体,科学搭配,"荤""素"组合,更营养、更方便、易吸收,提供每天身体和大脑所需的多种优质营养成分,全家都适宜,是新型升级营养食品。

然后妻子又悄悄对丈夫说:"你当然也被替代啦。"

【评析】 这篇小故事有开端、有发展、有结尾,属故事式(陈述式)广告。主人公"妻子"要用×××替代时刻体贴、关爱着她的丈夫,这一夸张性的主题,看起来叙述妻子要以此举减轻为了她而经常忙得不亦乐乎的丈夫的负担,其实意在突出×××是一种更营养、更方便的新型升级营养食品,进而替代同类产品,使其在读者心中也占有重要的一席之地。

例文2

红旗汽车的广告语

红旗好,一汽造。
扬民族志气,开中国红旗。
开放的中国路,时代的红旗车。

【评析】 "红旗"以弘扬爱国精神为着眼点,极力倡导民族品牌,激发了中国人特有的民族自豪感和尊严感,使品牌宣传与民族情感融为一体。从而增加了该品牌的亲和力,拉近了产品与消费者的心理距离。尤其对海外华人,更具有影响力。

例文 3

××(中国)有限公司沈阳办事处
区域市场代表(沈阳办事处)1 人

基本要求:
——24~28 岁,男女不限
——大学本科以上学历
——英语 4 级水平以上,良好的口语能力
——至少两年以上渠道销售经验
——熟练使用 Office 2010 及其他办公软件
——良好的沟通能力
——部门产品:打印机、扫描仪

工作描述:
——完成及巩固销售目标
——与渠道客户保持良好关系
——在辽宁地区培养及开发签约经销商
——协助渠道促销活动
——经销活动的安排及控制
——收集、分析及总结市场信息

地址:沈阳市××区××大街×号
　　　总统大厦C座×室
　　　××(中国)有限公司沈阳办事处
联系人:×××　　　邮箱:sty456@163.com

请务必在邮件上注明应聘职位,谢绝来访

【评析】 这是一篇登载在报纸上的招聘广告,根据发布版面的要求,进行了排版设计,以使其能够尽可能醒目,达到吸引读者注意的目的。该广告内容交代清楚,招聘条件、岗位职责叙述得完整明确。

例文 4

变还是不变

　　香浓红茶配上柠檬的清香
　　淡雅绿茶配上蜂蜜的滋润
　　新口味 天喔茶庄
　　柠檬红茶 蜂蜜绿茶
　　新感觉 超想象

【评析】 这则广告设计得十分新颖独特。整篇广告词读起来朗朗上口,给人一种清新的感觉。既突出了广告的主体,又配以人们品尝后的感觉,还在一定程度上说出了茶的配料。会给消费者一种亲身品尝的冲动,极大地发挥了广告自身的作用。尤其对恋人们来说红茶配绿茶更是美好爱情的象征。

学习情境三 合 同

一、合同概述

(一)合同的概念

广义的合同是指平等主体的自然人、法人或者其他组织之间设立、变更、终止民事权利义务关系的协议,包括债权合同、物权合同、身份合同、行政合同等。

狭义的合同是指 2021 年 1 月 1 日施行的《中华人民共和国民法典》(以下简称《民法典》)"合同编"第四百六十四条规定的:合同是民事主体之间设立、变更、终止民事法律关系的协议。婚姻、收养、监护等有关身份关系的协议适用有关该身份关系的法律规定;没有规定的,可以根据其性质参照适用本编规定。本书讲的合同就是这种狭义的合同。

(二)合同的作用

合同是协作关系的具体反映,是管理经济的有效手段,也是合同双方为保证完成计划,达到一定经济目的的有效办法。这是以经济手段解决经济问题的一种有效措施。

1. 可作为法律上的依据。书面证据在各国法律上有其特别效力,如果双方发生纠纷,可以凭合同作为依据,进行交涉。

2. 可作为买卖双方完成商品交易活动的依据。由于合同上记载的买卖双方交易的条件较为详细完备,不致发生履约上的偏差。

3. 有利于政府间接宏观控制与市场经济相协调。由于政府职能的转变,客观上要求政府只能采取经济的手段对经济活动进行间接的宏观控制,合同正好起了桥梁作用,国家通过企业对合同的履行,间接地引导企业经济活动向良性发展。

4. 有利于企业转换经营机制。合同要求国家与企业、企业与企业之间关系平等,合同的当事人双方都要履行合同所规定的义务,从而保证作为一个微观主体存在于市场中,保证了市场经济中的自主性、公开性、平等性和竞争性。

5. 有利于加强企业经营管理,提高经济效益。

6. 有利于上级主管部门和银行对企业进行管理和监督。

(三)合同的特点

1. 内容的合法性

合同是民事主体之间设立、变更、终止民事法律关系的协议,要以合法为前提。另外,对合同的订立和履行、变更和解除、违约责任等,《民法典》都做出了相应规定。

2. 格式的规范性

合同不能随意撰写,对合同的主要条款及不同种类的合同所应具备的主要内容都有明确的规定。特别是自 2021 年 1 月 1 日起《民法典》施行以来对合同格式的规范性要求更为严格了。

3. 条款的完备性

在合同中,除了按规定要写明必须具备的主要条款之外,有的条款还要根据标的物的特点尽可能具体化。如有需要,在合同中还可以另加附件。例如,在一份买卖合同中,除主要条款外,其中对数量的计算方法、质量标准的确定等都应有明确的规定,无论哪类合同,条款不够完备,应该说明的事项没有写入,都有可能直接引发日后的经济纠纷。

4. 措辞的严密性

为避免在合同的履行中产生不必要的争执,也为了避免出现漏洞,使别有用心者找到钻空子的机会,合同的用语应十分准确、严密,不能有模棱两可或含糊不清的情况出现。写作合同,遣词造句是很重要的一环。一句话、一个词甚至一个字用得是否得当,有时都会涉及极大的经济利益,真可谓"一字千金"。

(四)合同的种类

合同可以从不同的角度进行分类。按写作形式划分,有条文式合同、表格式合同、条文与表格结合式合同;按有效期划分,有长期合同、短期合同、一次性合同等。

2020年5月28日,十三届全国人大三次会议表决通过了《民法典》,自2021年1月1日起施行。

《民法典》第三编"合同编"分别对一些常见的应用广泛的合同性质做出了明确规定,它按照业务性质的不同,将合同分为19种。

1. 买卖合同

买卖合同是出卖人转移标的物的所有权于买受人,买受人支付价款的合同。

2. 供用电、水、气、热力合同

供用电合同是供电人向用电人供电,用电人支付电费的合同。供用水、气、热力合同参照供用电合同之规定。

3. 赠与合同

赠与合同是赠与人将自己的财产无偿给予受赠人,受赠人表示接受赠与的合同。

4. 借款合同

借款合同是借款人向贷款人借款,到期返还借款并支付利息的合同。

5. 保证合同

保证合同是为保障债权的实现,保证人和债权人约定,当债务人不履行到期债务或者发生当事人约定的情形时,保证人履行债务或者承担责任的合同。

6. 租赁合同

租赁合同是出租人将租赁物交付承租人使用、收益,承租人支付租金的合同。

7. 融资租赁合同

融资租赁合同是出租人根据承租人对出卖人、租赁物的选择,向出卖人购买租赁物,提供给承租人使用,承租人支付租金的合同。

8. 保理合同

保理合同是应收账款债权人将现有的或者将有的应收账款转让给保理人,保理人提供资金融通、应收账款管理或者催收、应收账款债务人付款担保等服务的合同。

9. 承揽合同

承揽合同是承揽人按照定做人的要求完成工作,交付工作成果,定做人给付报酬的合同。

10. 建设工程合同

建设工程合同是承包人进行工程建设，发包人支付价款的合同。

11. 运输合同

运输合同是承运人将旅客或者货物从起运地点运输到约定地点，旅客、托运人或者收货人付票款或运输费的合同。

12. 技术合同

建设工程合同是承包人进行工程建设，发包人支付价款的合同。

13. 保管合同

保管合同是保管人保管寄存人交付的保管物，并返还该物的合同。

14. 仓储合同

仓储合同是保管人储存存货人交付的仓储物，存货人支付仓储费的合同。

15. 委托合同

委托合同是委托人和受托人约定，由受托人处理委托人事务的合同。

16. 物业服务合同

物业服务合同是物业服务人在物业服务区域内，为业主提供建筑物及其附属设施的维修养护、环境卫生和相关秩序的管理维护等物业服务，业主支付物业费的合同。

17. 行纪合同

行纪合同是行纪人以自己的名义从事贸易活动，委托人支付报酬的合同。

18. 中介合同

中介合同是中介人向委托人报告订立合同的机会或者提供订立合同的媒介服务，委托人支付报酬的合同。

19. 合伙合同

合伙合同是两个以上合伙人为了共同的事业目的，订立的共享利益、共担风险的协议。

二、合同的结构和内容

就合同的结构而言，一份完整的条文式合同应包括标题、合同当事人、正文、附件、落款五个部分。

(一)标题

标题即合同的名称。标题提示合同的性质、种类，一般不可笼统地写为"合同"，而应由合同事项、文种两部分组成。如"住房公积金个人购房担保借款合同""建筑工程承包合同""液化石油气统一管理合同"等。

合同签订日期、合同编号，有时还有签订地点，常用小号字置于标题右下方。

(二)合同当事人

要写明合同当事人双方或几方单位的名称，在标题下方提行写。开头空两格写"立合同单位"或"立合同者"，接着并列写各方单位的名称。为了行文方便，多在单位名称后面加括号，括号内注明"以下简称甲方""以下简称乙方"。根据合同的性质，有的合同可简称

"供方""需方",有的也可简称"买方""卖方",但不能使用"你方""我方""他方"之类的简称。

(三)正文

正文是合同的核心部分,一般包括以下三部分。

1. 签订合同的目的和依据

作为开头语,大多写"根据(为了)……,经双方协商,特订立以下条款,以资共同遵守"。这个意思或详或略,特别是在条款式合同中,是必不可少的。它证明合同经过了"要约"和"承诺"的过程,合乎法律程序。

2. 主体

主体是反映合同主要内容的核心部分,要逐条写明双方议定的条款。按照《民法典》第三编"合同"的规定,合同应具备的主要条款有以下几个方面。

(1)当事人的姓名或者名称和住所。

(2)标的。标的是指合同当事人双方权利和义务共同指向的对象。标的因合同的具体内容而异,它可以是货物,也可以是货币,还可以指劳务或工程项目等。如买卖合同中的标的是产品或商品,借款合同中的标的是货币。

(3)数量。数量是标的的具体化,也是衡量标的的指标、确定权利义务大小的尺度。数量是指合同指标的计量,如产品的数量、借款的数额,也包括计算方法、计量单位(必须用统一的公制单位计量)。

(4)质量。质量是检验标的内在素质和外观形态优劣的标志,如产品的质量要求、包装要求、技术要求、工程项目的标准等。质量标准应遵循国家强制性标准或者行业规定标准,如没有,可由双方协商签订。

(5)价款或报酬。它是签订合同的一方取得对方产品、完成工程、劳务或智力成果所支付的代价和报酬,以货币数量表示。合同中要明确规定价金的单价、总金额、计算标准以及结算方式和程序。

(6)履行期限、地点和方式。履行的期限是双方一致确定的合同兑现时间,即履行合同的时间范围。它是判断合同是否按期完成的标准。履行的地点是指双方履行合同义务的地方,如送货应交代送货地点。履行的方式是指双方履行义务的方式、方法,如购销合同是指一次性完毕还是分期履行;是供方送货,还是需方自提,或者委托代运等,都应具体明确。

(7)违约责任。违约责任又称经济责任或罚则,指当事人一方(或双方)在违反合同条款时应承担的责任。它对合同履行中可能出现的违约行为,预先订立出彼此同意的处罚规则,主要是经济制裁措施,通过偿付违约金、赔偿金、逾期保管费等方式体现出来。违约责任对督促当事人信守履行合同的义务,严肃合同纪律,保障合同顺利履行有重要意义,所以不能写得含糊不清,一定要具体明确、切实可行。

(8)解决争议的方法。此条款要约定在履行合同发生争议时解决问题的方式和程序,要明确注明是通过仲裁解决、协商解决还是诉讼解决。

3. 结尾

一般写明执行合同时发生意外情况的处置办法，注明合同的有效期、份数及分送单位，合同的检查、修订办法，未尽事宜的处理办法等。

（四）附件

附件是合同中必需的但又无法写进具体条款中的事项，用附件形式列于合同后，有补充说明和资料依据的作用。附件是合同的组成部分，同样具有法律效力。

（五）落款

在正文的右下方写明签订合同的双方单位名称和代表姓名，并加盖公章。签约日期在标题中未写的，此处要写全。如有主管部门和鉴证机关公证的，也要写明机关名称，并加盖公章。如有必要，还应注明双方的地址、电话号码及开户银行、账号等，视需要决定详略。

三、合同的写作要求

（一）合同内容

1. 必须符合国家有关的政策、法令

任何一种合同必须按照《民法典》及其他有关的政策、法令拟订，决不允许借合同进行违法活动。例如买卖国家文物、武器、黄色书刊与音像制品等，签订此等合同一概无效。

2. 必须遵守三项原则

签订合同必须根据平等互利、协商一致、等价交换三项原则进行协商。一旦签订合同，双方都必须严格遵守，不得擅自修改或终止履行。如果合同发生纠纷，可以依法向主管机关申请仲裁。如果合同必须修改或终止，应经双方协商同意，另行签订修订或撤销合同的协议书，加盖双方印章方始有效。

（二）合同写作

1. 结构必须完整

结构完整是指构成合同的要素不能或缺，如当事人的名称、法人代表、签章、日期等以及法律规定的一些必要条款。合同结构完整与否关系重大，由于结构上的残缺，尤其是主要条款的不完整而导致合同无效的实例时有发生。即使是采用统一文本的合同，也应逐项仔细阅读，认真填写。

2. 叙述要具体明确

合同是双方当事人权利义务的凭证，因此内容必须表达得明确具体，不能有丝毫模糊不清之处。如对违约责任规定为"任何一方违反合同时，将追究其责任或协商解决之"。这样的表述内容不具体，叙述不明确，条款根本无法执行。

3. 遣词造句要准确，字迹要清楚

合同的语言一定要非常准确，一句话只能有一个含义，一种解释。尤其在容易引起争执的地方，一定要字斟句酌，反复考虑，以免在发生合同纠纷时，双方各执一词。此外，合同如系手写，字迹一定要清楚，标点符号要用得正确，以免引起语句上的不同解释。

四、例文评改

【原文】

购 销 合 同

立合同单位:××饮料厂(以下简称甲方)
　　　　　××纸箱厂(以下简称乙方)

甲方为保证市场供应,提高经济效益,经与乙方商定同意以下几点①,特签订本合同,以资共同遵守。

一、乙方库存的3500个纸箱由甲方全部提出,提货方法:甲方先提出一车,剩余部分由乙方帮助运送②。

二、甲方收货后将货款于2021年1月支付③。

三、上述数量的纸箱作价处理,按每只1.50元计算货款④。

四、库存纸箱的配件可以由乙方配套提供甲方⑤。

五、库存纸箱中如有质量问题而无法使用者,乙方不予计入提货数量之内⑥。

六、此协定自签订之日起生效,双方不准违约⑦。

　　　　　　甲方代表:×××
　　　　　　乙方代表:×××
　　　　　　2021年1月⑧

【评改】

①开头语应体现双方平等协商一致的原则,否则不会受到法律保护。应去掉"甲方"二字,"经与乙方商定同意以下几点"改成"经双方协商"。

②第一条应首先明确该合同的标的数量"甲方向乙方订购纸箱3500个"。其次,"提出一车"的"一车"和"剩余部分"数量不具体。

③汇款时间不具体,缺少交付方式,应注明2021年1月底前通过电汇或现金交付乙方。

④"上述数量"指代不明,是"一车""全部"还是"剩余的"?按全文看是指全部,即3500个。而"1.50元"应改为"壹元伍角整",还应大写总金额。

⑤"配件"概念模糊。这里应指明配件内容,最好能再附上配件的清单,具体说明配件的品种、数量与价格等。

⑥"质量问题"不准确、不具体,应指明哪些情况下属质量问题,如纸箱破裂、受潮变形、黏合不紧等。另外,"质量"一条应写在"标的、数量"条款之后。

⑦缺少违约责任,此条应明确双方各自应承担的具体责任、违约金的具体数额。合同中还应写明鉴证机关、一式几份、合同有效期等。此外,纸箱运输方式、运费支付等也不明确。

⑧落款问题较多:其一,签订合同者应显示出具法人资格,即应有法人单位公章,或双方法定代表人的私章。其二,签订时间必须确切,即年、月、日俱全。其三,如经鉴证,应有公证处公章和公证员的印章等。

【改作】

购销合同

立合同单位：××饮料厂(以下简称甲方)
　　　　　××纸箱厂(以下简称乙方)

为了保证市场供应，提高经济效益，经双方协商，特签订本合同，以资共同遵守。

一、品名和数量

甲方向乙方订购纸箱3500个。

二、质量

纸箱规格为×××、纸质为××××，纸箱无破裂、无受潮变形，黏合紧密。

三、价格和结算方法

纸箱(包括配件××和××)每个1.50元(人民币大写壹元伍角整)，总额为5250元(人民币大写伍仟贰佰伍拾元整)，甲方收到全部货物后，于2021年12月31日前通过电汇或现金交付乙方。

四、交提货期限、地点、方式及费用负担

乙方分两批交货，于2021年1月5日前交付甲方1500个，由甲方自行提货，运费甲方自付；其余2000个于2021年1月15日前，由乙方运到甲方××车间，运费由乙方支付。

五、违约责任

1. 若甲方逾期付款，每延期一天，应偿付乙方延期付款总额1‰的罚金。
2. 若乙方未按质、按量、按时交付产品，则乙方应负甲方损失的责任：经甲方验收，质量不符合标准，乙方应负责返工，并承担因此而发生的费用；乙方未按数量交付产品，则按不足部分产品价值的30%赔偿；交货逾期一天，则按未能按时支付产品价值的10%赔偿。

六、合同期限

本合同自2021年1月5日起至2021年2月15日止，本合同经双方盖章，并由××工商行政管理局鉴证后生效。

七、附则

1. 合同未尽事宜，由双方协商另订附件，与本合同有同等效力。
2. 本合同一式三份，正本二份，双方各执一份，副本一份由鉴证机关存查。

附件：纸箱配件清单

甲方	乙方	鉴证意见
××饮料厂(章)	××纸箱厂(章)	经办人：(章)
地址：××镇××街××号	地址：××镇××街××号	
法定代表人：×××(章)	法定代表人：×××(章)	鉴证机关：(章)
电话：××××××	电话：××××××	
开户银行：××××	开户银行：××××	
账号：××××××	账号：××××××	

2021年1月5日

五、例文评析

例文

买 卖 合 同

字第 号

立合同者　　　　　　　（以下简称　方）
　　　　　　　　　　　（以下简称　方）

兹因甲方向乙方订购下列货品,经双方议妥,条款如下,以资共同遵守。

1. 货品名称、牌号、规格、数量、单位、单价、金额

货品名称	牌号	规格	数量	单位	单价	金额	备注

总金额人民币(大写)

2. 质量标准＿＿＿＿＿＿＿＿＿＿＿＿＿＿＿＿＿＿＿＿＿＿＿＿＿＿＿
3. 包装要求及费用负担＿＿＿＿＿＿＿＿＿＿＿＿＿＿＿＿＿＿＿＿＿
4. 货款交付＿＿＿＿＿＿＿＿＿＿＿＿＿＿＿＿＿＿＿＿＿＿＿＿＿＿＿
5. 交货日期＿＿＿＿＿＿＿＿＿＿＿＿＿＿＿＿＿＿＿＿＿＿＿＿＿＿＿
6. 交货地点＿＿＿＿＿＿＿＿＿＿＿＿＿＿＿＿＿＿＿＿＿＿＿＿＿＿＿
7. 运输方法及费用负担＿＿＿＿＿＿＿＿＿＿＿＿＿＿＿＿＿＿＿＿＿
8. 其他费用负担＿＿＿＿＿＿＿＿＿＿＿＿＿＿＿＿＿＿＿＿＿＿＿＿
9. 违约责任＿＿＿＿＿＿＿＿＿＿＿＿＿＿＿＿＿＿＿＿＿＿＿＿＿＿＿
10. 其他＿＿＿＿＿＿＿＿＿＿＿＿＿＿＿＿＿＿＿＿＿＿＿＿＿＿＿＿

甲方盖章＿＿＿＿＿＿＿＿＿　　乙方盖章＿＿＿＿＿＿＿＿＿
负责人＿＿＿＿＿＿＿＿＿＿＿　负责人＿＿＿＿＿＿＿＿＿＿＿
地址＿＿＿＿＿＿＿＿＿＿＿＿＿地址＿＿＿＿＿＿＿＿＿＿＿＿＿
电话＿＿＿＿＿＿＿＿＿＿＿＿＿电话＿＿＿＿＿＿＿＿＿＿＿＿＿
开户银行＿＿＿＿＿＿＿＿＿＿　开户银行＿＿＿＿＿＿＿＿＿＿
账号＿＿＿＿＿＿＿＿＿＿＿＿＿账号＿＿＿＿＿＿＿＿＿＿＿＿＿

年　月　日签订

【评析】　这是一份由相关部门制定的示范合同。格式比较规范,内容完整合理,便于当事人填写,当中也体现了平等互利原则。

学习情境四　市场调查报告

一、市场调查报告概述

（一）市场调查报告的概念

市场调查报告就是运用科学的方法，有目的、有计划、系统地对市场的供求关系、购销状况及消费情况等进行调查、分析，从而得出科学结论而形成的书面报告。市场调查报告也是调查报告的一种，是市场调查成果的集中体现，是市场信息的重要载体。

（二）市场调查报告的特点

市场调查报告是对市场的全面情况或某一侧面、某一问题进行调查研究之后撰写出来的报告，是针对市场经济情况进行的调查与分析，除具有调查报告的基本特点外，还有其自身的特点。

1. 针对性

针对性是市场调查报告的灵魂。市场调查报告总是针对市场经营中的某一个或某方面的问题，抓住产、供、销中的某一环节有针对性地展开调查，进行分析，然后写成报告，以指导经济工作，解决实际问题。

2. 客观性

市场调查报告要能够真实反映市场的现状。对市场情况的推断和预测，也必须坚持客观性原则，反对虚假、主观臆断。只有客观真实地反映市场状况，做出的结论，提出的建议才是有价值的，也才能真正服务于现实。

3. 时效性

市场状况瞬息万变，市场调查报告必须能迅速及时地反馈信息，企业和经营决策单位才能及时准确地掌握市场各方面的情况，才会不失时机地调整生产和经营，防止盲目生产和无效劳动，带来经济利益。

（三）市场调查报告的作用

在当今市场经济中，企业要立足市场，必须密切注意市场信息。市场调查能最集中、最全面地反映市场信息，及时地为经济管理部门和企业的决策提供依据，对发展企业，繁荣社会主义市场经济，深化改革，具有重要作用。具体说来有以下几点：

1. 获取经济预测信息

市场调查报告所掌握的市场的历史、现状及其发展变化的轨迹，是企业进行经济预测的可靠信息。

2. 为科学决策提供可靠依据

市场调查报告所提供的准确的市场动态信息，可直接为企业决策提供依据，企业可及时研制新产品，改进旧产品，从而使产销需求对路，避免竞争中的风险。

3. 促进企业提高经营管理水平

市场调查报告有助于经营者正确地认识市场，推动企业遵循经济规律，改善经营管理理念，借鉴成功的经验，发挥自身的优势，从而不断提高企业的经营管理水平。

（四）市场调查报告的种类

市场调查报告的范围十分广泛，凡是直接或间接影响市场经营的信息，都是市场调查报告的内容。根据其内容和调查方法的不同,市场调查报告可分为以下几种类型。

1. 对产品情况的市场调查

这类市场调查报告侧重于对产品的产量、质量、品种、规格、用途、功能、使用周期、消费者对产品的评价乃至商标设计、包装、售前售后服务等情况的调查。

2. 对市场需求的市场调查

这类调查重在掌握市场需求,以便进货。还包括调查消费者数量及购买力、购买欲望、潜在需求量和消费者的支出比重及变化趋势。

3. 对销售情况的市场调查

这类调查是使用最广泛、数量最多、容量最大的。它主要反映产品的销售情况,包括销售能力、销售潜力、影响销售的因素以及产品的销售渠道、产品销售人员的情况、产品的储运情况等。这类调查对经济管理部门指挥生产、企业安排生产和商业部门组织进货都有参考作用。

4. 对竞争者情况的市场调查

这类调查着眼于本企业产品与同类产品生产水平和经营特点的竞争情况,如同类企业产品的价格、质量、性能、销售量、市场占有率和覆盖率及变动状况,竞争对手的促销手段、广告投入等。

二、市场调查报告的准备工作

(一)市场调查的步骤

市场调查一般分为以下几个步骤。

1. 明确和选择调查的问题,即确定市场调查的目标。

2. 确定所需情报资料的大致内容、范围,其中包括决定收集信息的资料来源和方法;设计调查表等。

3. 确定调查人员。

4. 现场调查。

5. 整理分析调查材料。

6. 编写调查报告。

(二)市场调查的方式

从市场调查的广度、深度及调查的效率上讲,市场调查的方式主要有以下几种。

1. 普查

普查就是对调查对象进行全面调查的方法。其长处是可获得全面、系统、可靠的资料。但此方法难度较大,费时费力。

2. 抽样调查

抽样调查就是在调查对象中随机抽取部分作为样本调查。采用此方法,不受主观因素的影响,能较为客观地反映情况。

3. 典型调查

典型调查就是从调查对象中选取最有代表性的若干对象进行调查,以达到对总体对象的基本了解。采用此方法,调查对象少,情况汇总快,节省人力、物力和时间,适用于面广量大的调查。

4. 重点调查

重点调查就是从调查对象中选取少数主要对象进行的调查。

(三) 市场调查的具体方法

1. 观察法

观察法是调查人员到现场直接观察、记录调查对象的行为、言辞、表情等,以获得第一手资料的调查方法。此方法简便易行,但观察到的只是事物的表象,不能深入了解其内在联系。在科技高度发展的今天,常可借助照相机、摄像机等现代化仪器设备加以记录,而不一定需要调查人员亲临现场,进行面对面的调查。

2. 询问法

询问法是根据事先确定的调查问题,用口头或书面的方式向被调查者询问,从而取得资料的调查方法。可以通过个人访问、开座谈会、电话询问、邮件调查等方法获得材料。此方法操作简便,所获信息量大,是市场调查中用得最多的方法之一。

3. 实验法

实验法是在一定条件下,通过实验对比,观察研究市场中某些量变的因果关系的调查方法。如改变产品包装、价格、广告等,都可先做小规模实验,以取得第一手资料。此方法需直接见面,信息反馈快。

三、市场调查报告的结构和写法

市场调查报告的结构与一般调查报告的结构相同,篇幅可长可短,写法比较灵活。主要包括标题、正文两个部分。

(一) 标题

标题主要包括公文式和文章式两种。

1. 公文式

公文式标题,一般由调查区域、对象和文种组成,如《河北地区农用设备需求调查》。

2. 文章式

文章式标题或点明报告的主要内容,或阐述作者的观点、看法,或对事物做出鲜明的判断、评价,如《如何分析判断当前商品房价格形势》。有的在正题之外还加上副标题或眉题,如《新的形势新的挑战——东北地区家电产品市场情况调查》。

(二) 正文

正文一般包括前言、主体和结尾三部分。

1. 前言

前言主要包括调查的时间、地点、对象、范围、方法和效果等。常用的方法有:

(1)开门见山,揭示主题。文章开始先交代调查的目的或动机,揭示主题。

(2)交代情况,逐层分析。可先介绍背景、调查数据,然后逐层分析,得出结论。也可先交代调查时间、地点、范围等情况,然后分析。

(3)提出问题,引入正题。提出人们所关注的问题,引导读者进入正题。

2. 主体

这是市场调查报告的核心部分,通常包括:

(1)情况介绍。以陈述的方式写明调查所获得的基本情况,如市场占有情况、生产与消费的关系、产品、产量与价格等具体情况,可以用图表、图像或数字加以说明。

(2)分析结论。根据情况部分所述的基本事实及有关资料,运用解剖分析或归纳推导的方式,进行科学的研究、推断,从分析中得出符合市场发展变化规律的结论性意见。为了层次清楚,可采用小标题的形式。

(3)建议或对策。根据调查资料和研究结论,提出具体的建议和措施,建议和对策应有针对性。

3. 结尾

这部分是全文的结束语,往往与前言相呼应,达到收束、总结全文的作用。有的提出看法和建议,通过分析形成对事物的看法,在此基础上,提出建议和可行性方案;有的展望未来,指明意义。也有许多无此部分,建议对策即为结尾。

四、市场调查报告的写作要求

(一)客观准确

市场调查报告作为市场调研的成果,最基本的特点就是尊重客观实际,用事实说话。在撰写过程中不得带有作者的主观愿望,更不得掺入虚假成分,建议或措施要从资料、事实出发。要始终遵循市场规律,坚持实事求是的原则。

(二)分析有力

市场调查报告在分析情况时不能只是将资料数据罗列堆砌,根据资料就事论事,多简单介绍,少深入细致的分析,观点、结论、建议不鲜明。同时,也不能把收集来的各种资料无论是否反映主题,全部面面俱到地进行分析,这样会使读者读后不明其意。为此作者要综合运用统计学、数学、经济学等学科的原理和方法,通过深入细致的分析、推导和判定,有理有据地发掘出市场活动的有关本质。

(三)观点要新

市场调查报告的主题贵在有新意。要注意随时捕捉市场的新动态、新情况、新变化,反映市场活动中的热点、难点等有启迪或有指导意义的东西。如果观点平平淡淡,没有特色,很难受到欢迎。

五、例文评析

例 文

关于在校大学生网上购物习惯的调查报告

一、问题的提出

随着电脑的普及,网上购物这一方便、快捷的购物形式也被更多人所接受。大学生作为追逐时尚的一代,对网络有着特殊的敏感度,当然对网上购物更容易接受。为了更加清楚地了解大学生网上购物的现状,我们在××财经大学进行了一项关于大学生网上购物的调查。

二、问卷情况

本次调查采用了问卷的形式,调查对象为在校大学生。本次一共在全校范围内发放了120份调查问卷(基本做到随机发放),收回118份,其中有效问卷118份。其中女生68人,男生50人。

三、调查情况分析

1. 网上购物的普及率

在接受调查的118人中有过网上购物经验的有86人,占总人数的72.88%。其中女生有网上购物经验的有54人,网上购物比率为79.41%;男生有网上购物经验的有32人,网上购物比率为64%。由此可见女生网上购物的比率略高于男生,这可能与女生相对而言更加追求商品的多样化以及对商品价格更加敏感有很大关系。同时,没有网上购物经验的32人不选择网上购物的原因主要是网上购物太复杂以及害怕被骗。

2. 大学生的支付能力特征

大学生的生活费主要来自于家庭的供给,并且大学生一般没有储蓄的习惯,因此对生活费的调查可以大致了解到大学生的支付能力特征。调查结果显示,在有网上购物经历的86位被调查大学生中,总体上,50.33%的学生月平均生活费在1000~1500元,33.99%在1500~2000元,其支付水平相对高于没有网上购物经历的群体,这从一定程度上说明大学生网上购物的商品一般都属于非必需品。

3. 网上购物的原因

调查显示因为"网上购物价格低""送货上门""网上产品更加丰富"而选择网上购物的同学占总体的百分比分别为54.80%、65.75%以及57.53%。由此可以看出,大学生选择网上购物主要在于其低成本性及方便性,同时可以选择更多样化的商品。这与大学生有限的消费能力以及求异的心理特征相吻合;另外,"受周围同学、朋友的影响"也占较大的比例,说明大学生消费有较明显的趋同心理,"新鲜好玩"也符合大学生追求新鲜事物的求新心理。

4. 网上购买商品类型

从对有网上购物经验的86位同学的调查发现大学生网上购买商品的类型主要有服装(占53.60%)、图书(占48.37%)和电子产品(占31.80%)等。网上服装类商品品种丰富多样,非常符合大学生追求个性的要求,并且价格也相对较低,自然成为其追捧的对象;另外大学生作为学生对书籍的需求量较大,网上购买也相对方便、便宜、齐全。

5. 购物的满意情况

调查显示42.40%的大学生表示对其购物经历大部分满意,但有44.20%的被调查者选择一般,他们认为部分环节仍需改进。其中有13.4%的被调查者不满意,他们认为质量没保证,实品与网上描述相差大是其不满意的最主要原因,而这正是传统购物的优势;其次是由于运费过高以及网上购物配套服务如物流、支付体系的不完善。这都表明我国的网上购物市场还有很大的提升空间,很多方面仍有待进一步加强与完善。

6. 网上购物的前景

调查中75%的大学生对网上购物这种电子商务手段充满了信心。从问题:您觉得网上购物是否安全、您对物流公司是否满意、您对网上商品满意程度、您对卖家的服务态度是否满意中反映出他们认为网上购物这种新型的购物手段会被更多的人所接受,发展空间很大;仅有少部分人认为网络市场体制与信用机制存在很多缺陷,网上购物不会在短时间内有所发展。

四、网上购物存在的问题及对策

1. 部分网站交易过程烦琐,这成了制约网上购物的因素之一。如果这一点得到改善,将会有更多的人投入到网上购物的大军当中。

2. 网上的信用机制不够完善,信用问题成为人们担忧的一个问题。加强信用机制建设,规范身份认证和身份识别技术的应用,通过宣传教育让人们了解网上信用机制,学会信用评估和鉴别方法,对于促进网上购物的发展具有现实的意义。

3. 网上购物过程中最突出的困难是商品描述问题,网上商家应完善商品信息,使进行网上购物的网民能买到称心的商品。

4. 网上购物的安全性成为网上购物的重要障碍。相关网站应尽力做好客户信息及密码的保护,加强网络监管力度,同时加强网站宣传设施的建设和宣传力度,让消费者了解电子商务网站采用的主要安全机制和作用,努力打消人们对安全问题的担忧。同时建议同学进入网站选购自己所需的物品之前,先要查看售货公司和个人的信用度。

五、对大学生网上购物的建议

对于未尝试的潜在大学生网上购物群体,首先可以通过各种渠道了解其益处,扭转传统消费观念,逐步接受这一新事物,通过亲身体验以正确认识网上购物;对有购物经历但经验不足的大学生,应该不断学习总结网上购物经验,降低自身权益受到伤害的可能性。而当自己的合法权益确实受到损害时,应及时采取积极的措施,主动要求退货或向有关部门投诉等,以有效地保护自己的合法权益。

【评析】 这是一篇有关在校大学生网上购物习惯的调查报告。作者在掌握丰富的第一手资料的基础上,进行了深入的归纳与分析研究。通过调查情况分析,阐述了大学生网上购物六个方面的情况,指出了网上购物存在的问题及对策,最后提出了大学生网上购物的建议。该调查报告有根据,有见地,有针对性,具有一定的参考价值。

能力训练

一、知识题

(一)下面这份商品说明书用条文式的形式写作,请在每一条的开头填写恰当的词语。

牛黄解毒片使用说明书

【   】本品为包衣片,除去包衣后的片心呈棕黄色,有冰片香气,味微苦、辛。

【   】牛黄、大黄、黄芩、冰片等。

【   】清热解毒。用于火热内盛,咽喉肿痛,牙龈肿痛,口舌生疮,目赤肿痛。

【   】口服,一次3片,一日2~3次。

【   】孕妇忌用。

(二)为了增加广告的生动性和感召力,在广告创作中常运用一些修辞方法,试指出下列广告中各采用了什么修辞方法。

1. 何以解忧,唯有杜康。(杜康酒广告)

2. 任劳任怨,只要还剩一口气。(轮胎广告)

3. 一夫当关,万夫莫开。(锁广告)

4. 它工作,你休息。(洗衣机广告)

5. 使头发根根柔软,令肌肤寸寸滑嫩。(白丽香皂广告)

6.春季给您带来沉醉,夏季给您带来欣慰,秋季给您带来甜美,冬季给您带来回味。(新飞冰箱广告)

二、阅读题

(一)通过调整组织结构和变换语言表达方式,将下面的直述式商品介绍改写成"条文式"的商品说明书。

够激情,才能运动——无线蓝牙运动耳机

对于运动爱好者来说,运动时总是枯燥的。音乐是运动时的一剂良药,有了音乐的陪伴运动会事半功倍。JBL UA1.5防汗防掉落,JBL音质都为运动而生,带上它跑起来吧。防脱落设计为运动而生,拥有"防脱落设计"——扭一扭锁得更结实,你会享受安全和舒适的佩戴,只需扭转和锁定,即可轻轻松松畅享运动的乐趣。持久续航,内置两节柱型聚合物锂电池,充满电后可以连续工作八小时。(视个人使用状况、手机设定和周围环境及温度而有所差异)长时间的续航,满足运动需求。防汗,针对运动可能大量排汗的问题,采用防汗且坚固的材料设计,并已通过运动员测试和体验,让您大汗淋漓也能享受运动的快乐感。耐用耳机材质,强劲而柔韧的耳机线提供更大的可靠性,拉力更大,耳机本身构造更贴合耳道,长时间运动也不会产生不适感,轻松完成每个动作。JBL标志性声音,让你享受运动时真实的音乐。腔体优化,JBL UA无线运动蓝牙耳机(新版本)较之前的老版本进行了腔体优化,使腔体更小,佩戴起来更加舒适牢固。包装配件,音量调节+\,长按约2 s切换下一首歌曲。单击播放暂停,控制接听电话。长按3 s以上开关耳机。音量调节—\,长按约2 s切换上一首歌曲。产品名称:JBL UA。保修期:12个月。兼容平台:Android、Windows Phone、iOS。是否线控:是。生产企业:哈曼(中国)投资有限公司。频响范围:10~22000 Hz。颜色分类:黑红、白色、红色、蓝色。佩戴方式:入耳式。耳机类型:无线。有无麦克风:带麦。插头直径:无线。耳机插头类型:蓝牙。缆线长度:20 cm。耳机类别:手机线控耳机、HiFi耳机、运动耳机。

(二)下面两则商品广告是成功的,分析一下这两则广告成功在哪里。

1.台湾空调器的广告——本品在世界各地的维修工是最寂寞的。

2.香港电扇广告——实不相瞒,我厂电扇的名气是吹出来的。

(三)分析下面这则广告有何特点,在创意上有哪些新颖之处。

怎样留住健康——复方阿胶浆广告

首先,感谢所有给我们来信的朋友们!

这不是一次简单的征答活动,而是广大读者挖掘自己灵魂深处的过程,不管你们选择了什么,你们都是强者,因为你们敢于选择!当我们整理了所有来信,我们发现竟有92%的读者选择了健康。

有位哲人说过,健康是1,其他一切都是0。有健康,每增加一个0,人生的精彩就会增加一个数级;而健康一旦倒下,金钱、地位等都只是无源之水。

拥有健康,才可能拥有一切。

既然选择了健康,怎样才能让健康长驻呢?

请将您的独到见解再次来信告诉我们。

三、技能题

(一)请修改下面合同中的条款,并说明修改的理由。

1. 经甲方验收,不符合质量标准,乙方应负责任。
2. 交货期限:10月底左右。
3. 交货地点:×××市机械厂附近。
4. 每季度结算一次。
5. 甲方必须提供一定的场所和必需的营业设备。
6. 卖方承担大部分短途运费。
7. 本合同的有效期,自签订之日起,到合同执行完毕止。
8. 甲方购买乙方苹果约10万公斤,视质量好坏,按国家牌价结算。

(二)请根据合同的写作要求,对下面一则合同进行修改。

合　同

立合同人
瑞安市纺织厂第四车间(甲方)
瑞安市第一建筑公司生产科(乙方)
为建设瑞安纺织厂第四车间仓库,经双方协商,订立本合同:

1. 甲方委托乙方建造车间仓库一座,乙方全面负责建成。
2. 建造费(包括材料费、人工费)8.5万元。
3. 甲方在订立合同后先交一部分建造费,其余在仓库建成后抓紧归还所欠部分。
4. 工期待乙方筹备就绪后立即开始,力争3月中旬开工,8月上旬交活。
5. 建筑材料由甲方负责。
6. 本合同一式二份,双方各执一份。

瑞安市纺织厂第四车间(章)
主任:才立仁(章)
瑞安市第一建筑公司生产科(章)
科长:董玉生(章)

四、写作题

(一)根据下面材料写一份合同。

牡丹江市综合贸易公司向湛江市家用电器厂购买三角牌WAC型电炒锅1200个,三角牌ART型电饭煲1800个,三角牌TBE型电水壶2400个。合同于2021年12月1日签订,合同有效期1年,上述产品分四批交货。

(二)参照"广告"一节的例文,为某校欲开办的物业管理员、家政服务员培训班拟写一份报刊广告,版面设计要新颖、独特。

(三)为自己用过的某一本教材写一份出版说明。

(四)根据下列材料在学校进行调查,将调查的结果写成一篇市场调查报告。

大学生运动和消费情况调查表

1. 你喜欢运动吗？（　　）
   A. 是　　　　　　　　B. 否
2. 你运动的目的是（　　）
   A. 娱乐　　　　　　　B. 健身减肥　　　　　　C. 竞技
3. 你认为在体育方面花点钱值得吗？（　　）
   A. 完全值得　　　　　B. 不太值得　　　　　　C. 不值得
4. 你的体育消费主要用于哪些方面？（可多选）（　　）
   A. 看体育比赛　　　　B. 购买运动服装和器材　C. 去健身中心锻炼
   D. 订阅体育资料　　　E. 其他
5. 以下三个方面，请你根据个人感受和重要性排序（只写序号）（　　）。
   A. 买门票观看体育比赛　　　　　　　　B. 买运动服装和器材自己锻炼
   C. 进收费的健身中心接受指导
6. 你愿意购买体育锻炼所需的运动服装和器材吗？（　　）
   A. 愿意　　　B. 不太愿意　　　C. 不愿意　　　D. 不表态
7. 你愿意选择的运动品牌是（　　）。
   A. 国产品牌　　B. 国外品牌　　C. 无所谓
8. 你愿意选择的国产品牌是（　　）。
   A. 安踏　　　　B. 李宁　　　　C. 361°　　　　D. 其他
9. 你愿意选择的国外品牌是（　　）。
   A. Adidas　　　B. Nike　　　　C. PUMA　　　　D. 其他
10. 选择运动服装或器材时，你最关注的是（　　）。
    A. 价格　　　　B. 质量　　　　C. 品牌　　　　D. 其他
11. 你每年拿出多少钱用于体育方面的消费（　　）。
    A. 10元以下　　B. 11～100元　　C. 101～500元　　D. 500元以上
12. 你体育消费的资料来源是（　　）。
    A. 自己挣的　　B. 父母给的　　C. 生活费节约下的　　D. 其他
13. 你父母对你用于体育方面的消费态度（　　）。
    A. 赞成　　　　B. 不赞成　　　C. 无所谓
14. 如果你认为自己的消费水平高（如果你认为低，请跳至下一题），它受哪些因素影响？（可多选）（　　）
    A. 觉得体育消费值得　　　　　B. 家庭条件好
    C. 受同学影响　　　　　　　　D. 对体育感兴趣
    E. 体育消费的环境好　　　　　F. 其他
15. 如果你认为自己的消费水平低，它受哪些条件限制？（可多选）（　　）
    A. 觉得体育消费不必要　　　　B. 经济条件不允许
    C. 缺乏体育消费的环境　　　　D. 对体育运动不感兴趣
    E. 其他

模块五 学业文书

学习任务

1. 了解毕业论文的概念、特点、种类及毕业论文写作前的准备工作。
2. 学习毕业论文的结构和内容。
3. 掌握毕业论文的写作要求。
4. 学会撰写经济论文。

思政任务

1. 通过本模块的学习,引导学生做真事,说真话,讲诚信,杜绝学术不端。
2. 培养严谨治学的态度,树立良好的职业道德与职业素质。

情境导入

凌晨 2 点求助导师!
高校学生毕业论文因王力宏、薇娅事件受牵连

网上近日爆料,因王力宏劣迹被爆出,一位音乐系的高校学生无辜躺枪,因为他的毕业论文正好与王力宏的某篇作品有关。吓得这个学生深夜两点都没有睡着觉,连夜给导师发消息询问解决的办法……

此外,因薇娅被追缴税款和罚款共计 13.41 亿元,东南大学成贤学院学生与其有关的毕业论文选题触雷……网友自嘲:昨天还在对论文写王力宏的小伙伴幸灾乐祸,今天就轮到自己了,苍天饶过谁啊!

实际上,在选题的时候,往往还要注重论文选题的意义。如果从意义方面而言,它可能不仅仅指学术研究意义,还要看在其他方面是否有意义,比如现实意义——一篇论文是否能够传承和弘扬艺术文化等。这种劣迹艺人的作品没有传承和弘扬的价值。所以说,选题从"意义"方面而言,或许会对论文有影响。

(资料来源:腾讯新闻)

毕业论文是各类高等院校的应届毕业生按教学计划要求,向学校提交的反映学习成绩、表述科研成果的论文,它是学生毕业前所完成的一项具有总结性、习作性、考察性的独立作业。毕业论文在学校学习中有着不可取代的重要作用。本模块的主要学习内容就是毕业论文的写作。

基础知识

学习情境一　毕业论文

一、毕业论文概述

(一)毕业论文的概念

毕业论文是高等学校的应届毕业生,综合运用自己所学的专业基础知识和基本理论知识,就所学专业领域里的某一现象或理论问题阐明见解或表述研究结果的文章。

毕业论文的撰写是综合地、高标准地检测学生知识和能力的有效手段,是本、专科毕业生必须完成的大型综合性独立作业,是大学阶段全部学习成果的总结,是高等学校的一个重要的教学环节。

(二)毕业论文的特点

1. 理论性

这是毕业论文的灵魂,作者往往运用抽象思维的方法,在对丰富、复杂的材料进行分析综合的基础上,寻找出带有普遍意义的规律并加以论述,形成由概念、判断、推理组成的一个完整体系。

2. 培养性

撰写毕业论文是本、专科毕业生必须完成的作业。它的目的主要是考查和培养学生运用已学知识发现、提出、分析并解决问题的能力,实际操作能力,实验能力及学生查阅资料和撰写文章的能力。

3. 创见性

本、专科毕业生的毕业论文虽然不要求具有学术论文那样高的独创性,但也要求在本专业范围内,对课题有自己的独到见解,而不是简单地重复、模仿或抄袭别人的东西。

4. 科学性

毕业论文的论题必须正确,应用的材料必须确凿无误,论据必须正确可靠,论述必须具有逻辑严密性。而且,毕业论文的实际操作环节必须坚持严谨缜密的治学态度。

(三)毕业论文的分类

毕业论文按学生所学学科和研究方向的不同,可以分为文科毕业论文和工科毕业设计报告两种。

1. 文科毕业论文

文科毕业论文是高等院校社会科学类的应届大学毕业生,针对某一课题,综合运用自己所学专业的基础知识、理论知识和基本技能写出的论述性文章。撰写文科毕业论文的目的主要在于学习研究问题的方法及撰写社会科学论文的方法,锻炼科研能力和论文写作能力。

2. 工科毕业设计报告

工科毕业设计报告是高等院校工科类的应届大学毕业生,根据专业培养目标,在专业课教师的指导下完成的一份带有总结大学阶段学习成果性质的大型综合性独立作业。应届毕业生撰写工科类毕业设计报告的目的,是训练综合运用所学的基础理论、专业知识和基本技能去分析问题和解决问题,从而获得从事科研工作的初步能力。专科院校毕业生特别要注重理论知识转化为实践环节的能力的培养。

二、毕业论文的写作步骤

(一)确定论文方向和题目

毕业论文写作的第一步是确定一个既是所学专业,又是自己比较熟悉、感兴趣的论文方向,并在掌握初步资料的基础上,逐步确立论文的具体题目和论文研究阐述的角度。选择自己在专业学习中的强项问题或自己感兴趣的专业问题作为自己的论文方向。

论文方向的确定,除了上述的基本要求外,还应该关注社会实践中出现的新现象、新业务、新问题,或是注意了解理论界的新观点和新问题,这样才能保证毕业论文具有一定的创新性和现实意义。

有了论文的方向,不等于就有了恰当的课题。论文题目的确定,应当充分考虑个人的时间、资料准备情况和研究能力,并能充分发挥自己的优势和长处,这样研究和写作起来才能得心应手。从研究阐述的角度出发,寻找问题,发现问题。要在本学科领域的空白处寻找突破口;在学科领域的空缺处寻找突破口;在多学科发展的交叉点寻找突破口;在学科领域的热点中寻找突破口。只有这样才能寻找到最佳选题。

例如:《论亚洲金融风暴对我国民用商品贸易的影响》《给心灵另一个世界——试论徐志摩诗歌中的意象运用》这两篇论文,题目明确具体,研究论证角度清晰,资料信息也比较容易获取。但是如果把前者改为《论亚洲金融风暴对我国贸易活动的影响》,后者改为《试论徐志摩诗歌》,其所涉及的范围之广,研究写作难度之大是可想而知的,显然不是一篇毕业论文所能完成的。

(二)收集、筛选及整理资料

选题和资料的收集、筛选及整理紧密相关。在题目及论证角度确定之后,应以题目为中心,制订一个收集资料的计划。在收集过程中要全面占有资料,尤其是已有的课题方面的研究成果应尽可能收集,同时要尽可能地收集第一手资料,还要收集反面资料。

收集资料时,首先要明确哪些资料是有用的、不可或缺的;哪些资料是必须首先了解的、急需的。只有这样,才能有目的地进行资料收集。一般来说,论文资料的收集应从以下三类资料入手:

(1)核心资料,即研究对象本身的资料。

(2)背景资料,即对核心资料起参考、比较、深化作用的资料,包括已有的研究成果资料和相关的参照资料。

(3)具有方法论意义的理论资料。

例如:《浅析陈染作品的现代表现手法》这一选题,其核心资料应是陈染的作品及对陈染作品的研究书目、篇目;背景资料是那些有关女性文学研究的书目、篇目;具有方法论意义的理论资料就是那些有关现代作品创作技巧和精神分析的书目、篇目。

收集资料或是通过社会调查,或是收集文献资料。前者是获取第一手资料的主要方法,虽然比较零散,但却是对研究方向或题目的感性认识;后者是获取系统化、理论性信息的主要途径和方法,这类资料既能对研究和行文有一定的理论指导意义,也能增强论文内容的理论性。要想快速并行之有效地查验资料,就要熟悉图书分类法,善于利用目录、索引、文摘等检索工具,善于利用年鉴、手册等工具书。

收集好资料后,首先必须对资料消化吸收、融会贯通,针对论文方向和题目展开重点研究,以形成自己的观点,提出独到的见解;其次要对资料进行归类,即按照资料的性质不同进行分类,分类后对资料进行简单概括,以便找出资料与观点见解、资料与资料之间的关系,为编写提纲做好准备。

(三)编写提纲

提纲是论文写作的设计图。编写提纲的目的一方面在于反复考虑论文的逻辑构成,疏通思路,全面安排,把材料组织成一个完整的理论体系;另一方面能尽早同指导教师沟通,便于指导教师进行比较具体的指导,保证论文写作的顺利进行,以免耽误时间、浪费精力。

提纲的编写主要有以下几个方法与步骤。

1.拟定标题。拟定标题时,应力求简单、具体、醒目,揭示论题。需要注意的是,编写提纲的标题一般是最后确定的标题。

2.用主题句列出全文的基本论点,以明确论文中心,统领全文。

3.合理安排论文各部分的逻辑顺序,用标题或主题句的形式列出,设计出论文的结构和框架。论文的结构层次安排一般常用并列式、递进式或因果式,在一篇论文里它们往往是综合运用的。

4.将论文中的各大部分,逐层展开,扩展深化,设置项目,并结合收集的材料,进一步构思层次,形成近似论文概要的详细提纲。

5.将每个层次分成若干段落,写出每个段落的论点句子,并依次整理出需要参考的资料,如卡片、笔记等,标上序号,排列备用。

6.检查整个论文提纲,做出必要的修改,即增加、删除、调整等。

(四)撰写初稿,力求写出新意

根据指导教师的意见和自己拟定的写作提纲撰写论文的初稿。在写作时应力求新意。或纠正通说,补充新说;或体现新的观点、新的成果;或用新材料、新方法改换分析论证角度,写出有价值、有新意的论文。

初稿的撰写有两种方法:一是从头到尾,不间断、不停顿、一气呵成,写完初稿,然后再从头仔细推敲,加工修改;二是根据文章的层次结构,一部分一部分地撰写、推敲、加工修订,全文各部分写完后,再合并起来通读,最后统稿完成。写作时要注意适度把握论文的写作速度,不宜一味求快,应做到纲举目张,顺理成章,井然有序,详略得当。

(五)征求意见,反复修订

毫不夸张地说,优秀的毕业论文都是改出来的。初稿完成后,不仅要让指导教师提出意见,还要听取其他同学及有关人员的意见,重新阅读有关的参考资料,从观点、材料、结构、语言等各个方面寻找缺陷、错误,反复进行修改,直到满意为止。

修订初稿时应考虑以下几个方面:

1. 检查观点

应侧重检查观点(包括题目)是否正确,是否站得住脚,是否有新意,是否表达清楚。重要提法是否有片面之处,是否故作肆意极端之言,是否步人后尘毫无新意。

2. 验证材料

要验证材料是否确凿、有力,是否能相互配合说明论点,是否发挥了论证力量,是否符合逻辑。

3. 调整结构

中心是否突出,层次与部分是否清楚,段落划分是否合适,开头、结尾、过渡照应如何,全文是否构成一个完整而严密的整体。

4. 修改语言

一要改得通顺;二要改得精练,把可有可无的字句删去;三要合乎文体,注意文题相符;四要检查行文格式、文字书写、标点符号等有无错误。实际修改时,要做到边吟边改,边抄边改,反复修改,抄改结合,直到满意为止。这样,一篇完整的、较成功的毕业论文就完成了。

三、毕业论文的结构和内容

(一)标题

标题应能反映论文的中心内容,让人一看就能大体了解论文的内容。如:《探析新时代空乘专业的就业前景》。标题不宜过长,如有必要可采用正副双行标题。如:《中国需要人工智能——关于国内人工智能的趋势》等。

写论文时,应注意不要把毕业论文的题目定得太大,以避免与论文的实际内容不符。如《浅谈我国证券市场的现状及如何管理》这个题目就太大,如果说是"浅谈",则无论是现状还是管理都浅尝辄止,不容易写出深度。

(二)署名

在论文标题的下面署作者姓名和指导教师姓名。有统一封面的,作者姓名和指导教师姓名写在封面的指定位置上。

(三)目录

有些毕业论文篇幅较长,文内又有若干小标题,为方便阅读,可列出目录,标明页码。但也可以不列出目录。

(四)摘要

摘要是对论文内容的简短陈述,提示论文的主要观点、见解、论据或概括介绍论文的主要内容。摘要的文字要简明、确切。毕业论文的摘要,应放在正文的前面;有统一封面的,通常指定在封二页填写摘要。自然科学毕业论文摘要的主要内容包括:研究目的、对象、方法、结果、结论及其意义等。其中,研究对象、结果是每篇摘要必不可少的内容。文科毕业论文的摘要,通常是用简要的文字对内容进行概括,比较完整地反映论文要点,特别要突出有创见的内容。毕业论文摘要的字数应在300字左右。

(五)关键词

关键词又称主题词,是指用来表达论文主题内容信息的词语或术语,其目的是为文献检索提供方便。主题词一般3~8个。

(六)正文

正文是论文的主体和核心,毕业论文的正文一般由绪论、本论、结论构成。

1. 绪论

绪论是毕业论文的开头部分,它要求简洁说明论题的主旨,撰写本论文的目的及意义、研究范围、研究方法,有的还对本论、结论作扼要提示。

2. 本论

本论是论文的主体。应对研究的课题做全面的分析、论证,详细说明作者的观点。本论是展开论题、表达作者研究成果的部分。

毕业论文经常采用分列小标题或标示层次序码的方法,来安排本论部分的结构层次;或者把从属于基本论点的若干分论点并列起来,逐个加以论述;或者从不同的角度、不同的方面对论题展开论述;或者用层层推进的方式来展开论述。

当然,本论部分没有什么固定的结构方式,应根据具体情况采用适当方法科学地安排层次。由于不同学科研究的内容不同,毕业论文本论的写法有很大差别。理论型论文一般包括论点、论据、论证三个部分。论点是作者对所论述的问题提出的观点;论据是作者建立自己观点的依据,包括正确、完整的科学理论,真实确凿的数据、图表;论证是作者用论据说明论点的过程,即作者运用归纳、演绎、类比等逻辑分析方法,用论据科学地说明论点的正确性。实践性论文是以实践为基础,进行实验、试验和观察,其内容包括装置、材料、方法、结果与讨论。对结果讨论是正文的重点,讨论要以实践结果及科学理论为依据,论证有哪些成果、哪些缺点、有什么新发现以及对前景的展望。

3. 结论

结论是本论部分阐述的必然结果,是本论要点的归纳,是课题研究的答案。结论既要照应绪论,又要写得简明概括。

(七)参考文献

写毕业论文,常常需用引文。一般情况下,作者要在正文中所用引文的后面加注码,在正文之后按注码依次注明作者、书名、出版社名称、出版年月、版次、页码;如果引文出自学术论文,应注明作者、引文题目、期刊名称、年份和期号、页码;对毕业论文有参考价值的其他主要参考文献,也应在正文之后一一注明。

四、毕业论文的写作要求

(一)选题要慎重

毕业论文的选题必须符合不同专业培养的总体要求,要围绕专业课的内容来做。论文的内容,强调的是对所学专业领域内某一课题的研究和设计的成果,以训练学生综合运用所学知识独立分析问题、解决问题的能力。因而,一定要以所学专业理论、知识和基本技能为选题内容,不得超出这个范围。论文题目不宜太大,涉及范围不能太广,否则,时间有限,力不从心,论述不深刻,是写不出优秀的毕业论文的;如果能以小见大,抓住重点,找出其难点和症结所在,把问题讲深讲透,并提出自己独到的见解,这样的毕业论文就有价值。

(二)见解要独到

在写作过程中,对所选材料既要充分利用,又切不可拘泥,要将其有效地纳入自己文章的思维领域,让材料为我所用。同时注意充分发挥自己写作的主观能动性,对论文的主题、结构、内容等都应有自己独到的把握,从而保证发挥出最佳写作水平。

(三)论证要严密

议论要切题,要紧扣中心,用论据充分揭示论点,这是论证中始终应注意的问题。为此,要注意研究论点和论据之间的内在联系,使用合适的分析方法,这样的论证才合理、严密,才能避免"空泛议论,堆砌材料、观点加例子"等类似的毛病出现。

五、毕业论文的答辩

答辩是毕业论文这一实践教学过程的最后一个重要环节。学生要做好答辩的准备,认真进行答辩。毕业论文的成绩由文章成绩和答辩成绩组成,最后由评审小组、评审委员会鉴别评定。

论文答辩小组一般由三至五名教师及有关专家组成,对文章中不清楚、不详细、不完备、不恰当之处,答辩小组的教师一般会在答辩中提出来。

一般来说,教师、专家所提出的问题,仅涉及该文的学术范围或限于文章所阐述的问题之内,而不是对整个学科的知识的全面考查。

毕业论文答辩的主要目的是审查文章的真伪,审查学生知识掌握的程度,审查文章是否符合格式要求,以帮助其完善不足,进一步提高科研和写作能力。学生通过答辩,让教师、专家进一步了解文章立论的依据,了解自己处理课题的实际能力,这是学生通过答辩获得锻炼和提高的难得机会,应把它看作是治学的起点。

(一)答辩的准备工作

学生可以从下列问题中,根据自己的实际情况,选取几个问题,做好汇报准备(第1~3题必选),时间一般不超过10分钟。内容最好烂熟于心,答辩时做到不看原稿,语言简明流畅。

1. 为什么选择这个课题(或题目),研究、写作它有什么学术价值或现实意义。

2. 说明这个课题的历史和现状,即前人做过哪些研究,取得了哪些成果,有哪些问题没有解决,自己有什么新的看法,提出并解决了哪些问题。

3. 文章的基本观点和立论的基本依据。

4. 学术界和社会上对某些问题的具体争论,自己的倾向性观点。

5. 重要引文的具体出处。

6. 本应涉及或解决但因力不从心而未接触的问题,因认为与本文中心内容关系不大而未写入的新观点。

7. 本文提出的见解的可行性。

8.定稿交出后,自己重新审查新发现的缺陷。

9.写毕业论文(作业)的体会。

10.本文的优缺点。

总之,要做好口头表述的准备,表述时不是宣读论文,也不是宣读写作提纲和朗读内容提要。

(二)答辩的程序

1.学生做说明性汇报。一般 5~10 分钟。

2.毕业答辩小组提问。

3.学生答辩。一定要正面回答问题或做出辩解,一般允许准备 10~20 分钟。

4.评定成绩。答辩会后答辩小组商定答辩成绩,交系、院学位委员会审定小组审定。

(三)答辩的注意事项

1.带上自己的论文、资料和笔记本。

2.注意开场白、结束语的礼仪。

3.答辩时坦然镇定,声音洪亮而准确,使在场的所有人都能听到。

4.听取答辩小组成员的提问时精神要高度集中,同时,要将答辩教师所提的问题一一记在本上。

5.对答辩教师提出的问题,要在短时间内迅速做出反应,以自信而流畅的语言、肯定的语气,不慌不忙地做出回答。

6.对答辩教师提出的疑问,要审慎地回答,对有把握的疑问要回答或辩解、申明理由;对拿不准的问题,可不进行辩解,实事求是地做出回答,回答时态度要谦虚。

7.回答问题要注意的几点:

(1)正确、准确。正面回答问题,不转换论题,更不要答非所问。

(2)重点突出。抓住主题、要领,抓住关键词语,言简意赅。

(3)清晰明白。开门见山,直入主题,不绕圈子。

(4)有辩有答。有坚持真理、修正错误的勇气。既敢于阐明自己独到的新观点和真知灼见,维护自己的正确观点,反驳错误的观点,又敢于承认自己的不足,虚心接受意见,积极修正错误之处。

(5)答辩技巧。要讲普通话,用词要准确,要声音洪亮、吐字清楚,语调要抑扬顿挫,可辅以手势说明问题;用词力求深刻生动,要有说服力、感染力,力争给教师和听众留下良好的印象。

六、毕业论文的评定标准

(一)优秀

1.观点正确,中心突出,能密切联系实际。

2.论据充分、准确,论证符合推理,分析问题全面、深刻,逻辑性强,层次分明。结构严谨;科学性较强,有自己的见解,有一定的现实意义。

3.文笔流畅,书写符合格式。

(二)良好

1. 观点正确,中心明确,能联系实际。
2. 能抓住实质问题,分析较为全面、中肯,有理有据,层次分明,结构完整。
3. 语句通顺,书写符合格式。

(三)中等

1. 观点正确,中心较明确,能联系实际。
2. 分析时基本能用论据说明论点,结构比较完整。
3. 语句基本通顺,书写基本符合格式。

(四)及格

1. 观点基本正确,有中心。
2. 分析时虽注意用论据说明论点,但欠全面、准确,层次尚清楚。
3. 书写基本符合格式,但文句有语病。

(五)不及格

凡属下列情况之一者,成绩均属不及格:

1. 观点有明显错误。
2. 理论上有原则性错误,或基本上没有掌握已学的专业知识、技能。
3. 文章无中心,主要论据失真或论据、论点、结论不相一致,文字表达能力差。
4. 文章无中心,逻辑混乱,文字表达能力差,书写潦草以致看不明白。
5. 抄袭他人成果,或由他人代笔。

七、例文评析

浅析×××东戴河旅游物业管理存在问题及对策研究

贺丽喆

摘要:本文主要以×××物业管理企业的东戴河项目的现状出发,通过对该物业小区的实地考察,从小区内物业管理工作及相关业务中存在的问题进行分析,针对旅游物业面临的季节性问题提出建议、做好突发事件预案定期演练、举办安全宣传活动提高人们的安全意识、开展特色的社区文化活动等几个方面来对所发现的问题进行解决,研究并预测未来旅游物业管理的发展趋势。

关键词:物业管理、旅游物业、问题、对策

引 言

随着近年来人们生活水平的不断提高,人们对旅游等活动的热情越来越高涨,旅游产业也随之兴起,旅游物业管理已成为物业管理中非常重要的组成部分。由于物业管理在国内的发展时间较短,还是一个尚未成熟的朝阳产业,并且由于旅游物业的业态特殊性,因此在其物业管理方面还有很多需要完善和探索的地方。

本文通过查阅大量的资料,以各位专家学者的学说作为参考,对旅游物业管理中存在的许多问题进行了研究。综合专家学者的意见,要找出并解决旅游物业管理中存在的问题,就要深入到旅游物业项目中去,设身处地地去发现项目中存在的问题,找出其根源并提出解决对策,从而让旅游物业能够向更加良好的方向发展。

一、旅游物业及×××东戴河旅游物业项目概述

(一)旅游物业的概念及分类

1.旅游物业的概念

随着社会的发展,人们的生活水平不断地提高,人们对旅游的热情越来越高涨,旅游度假也随之兴起。旅游物业的开发也应运而生,并成为房地产开发的重要领域之一。所谓旅游物业,是指与旅游房地产相结合的以旅游为目的的物业管理经营模式,其特点是,能够实现旅游功能,为业主提供良好的服务,并使其物业增值保值。由于旅游物业与传统的物业有所差别,导致其所提供的服务不尽相同。

2.旅游物业的分类

旅游物业的开发结合了旅游开发区、旅游景区等优越的自然条件及地理位置,其种类也是多种多样的。如旅游景点物业、旅游商务物业、旅游度假物业和旅游住宅物业等。为了满足人们旅游度假的需求,开发者还设立了酒店式公寓、海景住宅物业、风景民俗度假村,等等。

(二)旅游物业管理的特点

旅游物业由于其自身的特殊性,所以有很多不同于其他物业的特点。下面我们就简单地说一说旅游物业管理的特点。

1.旅游物业具有一定的季节性

旅游物业具有一定的季节性。它不同于传统的物业,不具有常年居住的特性。大多数的旅游物业都会与旅游项目相结合,也会受到旅游淡旺季、法定假期等因素的影响。当旅游旺季到来时人潮火爆,而旺季过后又会相对平淡。这就给旅游物业的后续管理带来了一定的难度。

2.旅游物业提供的服务不同于传统物业

旅游物业所提供的服务与其他的物业有很多的不同之处。由于游客和业主大多追求高消费的服务,所以物业所提供的服务不再那么单一,而是变得十分多样化。例如他们可能需要提供餐饮服务、定时的保洁服务和各种增值服务,等等。所以要求物业管理人员的专业性和个人素质也是非常强的。

3.旅游物业更具投资价值

旅游物业更具备投资价值,现在大多数旅游物业都会建立酒店式公寓类的住房,以"拎包即可入住"的标准,开发精装修的住房。旅游物业升值空间巨大,具有非常好的发展前景。让许多业主不但在休假时可以享受五星级酒店般的服务,还可以在平时得到一笔投资收入。

4.旅游物业更具文化特色

旅游物业更具文化特色。一个开发良好、管理制度完善的旅游物业,往往可以成为一个景点甚至一个城市的文化代表。具有丰富文化活动的物业不但可以给业主及游客带来更加完美的生活体验,还可以为整个项目甚至城市带来更多的商机和投资。

（三）×××东戴河项目概述（略）

（四）×××东戴河物业概述（略）

二、×××东戴河项目出现的问题及原因分析

（一）旅游物业前期介入工作不到位的问题及原因分析

1. 别墅主体和高层防水层设计不合理的问题

建筑物的主体设计不合理所造成的问题是非常严重的,因为物业主体一旦建成,在日后发现问题就很难解决。所以在这方面一定要予以重视。×××东戴河大一期项目中由高层和别墅两个部分组成,精装修拎包即可入住是该旅游项目的一大亮点。房屋的主体建筑一直是物业管理中非常重要的一部分,并且从古至今房屋对于我们人类来说都是十分重要的。房屋有一项非常重要的功能,就是可以为我们遮风挡雨,免受恶劣天气给我们带来的影响。如果房屋因为防水做得不够合理而造成漏水渗水,相信一定会给我们的日常生活带来许多烦恼。

2. 园区内道路规划和道路排水设计不合理的问题

园区内的道路不但承载了疏通车辆的重担,也可以给业主和游客指引方向。好的道路排水系统不但可以使园区内环境变得整洁,也可以有效地减少道路的安全隐患。旅游物业和普通物业相比,特点之一就是常住人口较少,而流动的人口较多。在这样的情况下就更应该注重园区内道路规划问题。当时我们在实习期间有一项任务就是巡查园区,我们经常会遇到这样一种情况,很多游客甚至是住了很久的业主依然找不到自己住的楼在哪里,当然并不排除有路痴的游客找不到回家的路。如果园区内的道路规划更加明显清楚一些,这种情况一定可以有效地减少。

道路的排水好坏会直接影响车辆的通行安全和人行道路的畅通,排水位置的设计和排水口位置的选取也值得在前期规划时考虑。除了由于设计不合理导致的雨天雨水倒灌问题,还有就是地下车库防水层的问题,即使不在雨季反潮也是十分严重的。由此可以看出这种沿海的特殊地理位置防水一定要做好,不然带来的损失是无法估量的。

3. 园区内景观设计缺陷以及标识不明确产生的问题

园区内如果能够拥有好的景观设计就像是锦上添花,但是如果景观设计不够合理就会起到相反的作用。东戴河项目的景观设计还是十分不错的,有精致的河上小拱桥,园区中央的人工湖上有木质亭台楼阁。可以说是环境十分优美了。再加上夜晚的灯光映射真的很让人享受。美中不足的就是人工湖,湖水清理得不是很及时,在炎热的夏季,晚上异味儿格外明显。湖内还种植了水草,虽然这样可以让湖水看起来更富有生机,但是它也成了蚊子的聚集地。

还有一个比较重要的点,就是警示标语标牌做得不是很完善。东戴河园区内的人工湖,水还是比较深的。但是在湖边周围并没有明显的警示牌,这是非常大的安全隐患。

4. 园区内绿化植物选取不合理的问题

要想把一个园区的绿化做好,一个重要方面就是植物品种的选取。在东戴河项目,绿化工作做得还是非常不错的。但存在某些植物品种的选取不合理的问题。园区种植了大量果树,而果树需要定期喷洒农药,容易对人造成伤害；另外园区很多果树种在河边,游客

采摘时有可能会不慎落入水中。果实落入水中不及时清理的话,会腐败发酵造成水体污染,对小区内环境也会造成影响。所以园区内应尽量避免选择落果类的植物。

5.公共场所配套设施不完善

一个完整的物业由楼房主体和相关的配套设施、设备组成,好的房屋主体可以给人们带来舒适、安全的居住环境,相关的配套设施、设备则会让人们的日常生活变得更加舒心。旅游物业更是如此,因为旅游项目大多远离市区,地理位置较为偏远。一个可以容纳3000人左右的项目至少要有商店、居民服务站、文化室等。而东戴河项目一期到三期至少有5500户已经售空,居住人口能达到一万人以上,相关的配套设施需要更加完善和齐全。这一点东戴河项目做得还是不错的,开设了超级市场、洗浴中心、五星级酒店、健身娱乐场所等。尤其是健身娱乐场所和五星级酒店项目尤其突出,东戴河项目的健身会所对业主免费开放,里面的项目丰富多样,有台球、高尔夫球、乒乓球、桌上足球和射箭等,任由业主们自由选择。

但在项目中仍有一些美中不足的小问题,值得改进。首先就是医务室过于偏远和简陋,一旦出现突发事件无法保证及时救助。另一点就是商店、超级市场等的配备问题,该项目的超级市场类型相对还不是很齐全,而且距离一些业主房屋比较远,加上商店比较少,易造成市场垄断,漫天要价。

(二)旅游物业安全管理中存在的问题及原因分析

无论出行或是游玩,安全一直是人们放在第一位的。拥有一次安全且舒心的旅行是人们心驰神往的事情。对于旅游物业来说,关于突发事件的处理和安全方面的宣传是必不可少的。

1.旅游物业管理中的食品安全问题

俗话说得好,民以食为天。食品安全问题在沿海旅游区的安全管理中是非常重要的。人们常说,唯有美食和好的风景不可辜负。人们去沿海地区游玩,肯定少不了享受海鲜等美食大餐。防止食物腐败变质、预防食物中毒是重中之重。

在东戴河旅游物业小区中还没有配备农贸市场,所以经常会见到很多小贩在街边贩卖的情况。对于旅游物业来说提供餐饮也是旅游物业管理中非常重要的一部分,而东戴河物业提供的餐饮服务相对单一,如果在这方面加以改善,不但可以增加物业经营收入,还可以有效地管控旅游物业所涉及的食品安全问题。

2.旅游物业管理中突发事件等应急措施处理的问题

在旅游物业中常会遇到一些突发事件。如人们在非游泳区游泳的问题。非游泳区大多未开发完全或者环境不适合游客在里面进行游泳等活动,如果宣传、警告、监督不到位,很可能造成人员伤亡。还有就是如果遇到游客溺水应该如何组织救援,是否能在有效的救援时间内组织施救等都需要提前进行演练。如果遇到海蜇、水母将游客咬伤应如何进行处理,是否有应急药品,等等,这些问题也都需要旅游物业的工作人员提前进行考虑并制订相应的处理方案。要做好宣传工作,让游客们更好地了解相关知识。

3.旅游物业管理缺乏安全宣传的问题

对于旅游物业来说,关于安全方面的宣传是非常必要的。因为旅游物业不同于一般的物业,它自身的特性决定了它在安全方面的要求和涵盖面更广。

我所实习的项目在安全方面的宣传做得就很少,安全宣传活动也几乎不进行。造成这种现象的原因可能是组织活动的人力、物力暂时不能满足活动的需要,也可能是物业人员的居安思危意识相对薄弱,存在侥幸心理。

(三)旅游收入受季节性影响较大,而应变措施不完善的原因分析

旅游物业有一个非常明显的特点就是季节性问题,这个问题是非常具有挑战性和值得思考的。旅游物业大都和所在地区的旅游项目相结合,会受到旅游项目的季节性影响。由于我国的假期制度、工作制度等方面的原因,客流量必定会随着各种假期进行大幅度的变化。旅游旺季如何招揽更多的游客,在最佳时机赚取更加丰厚的利润;在客流量巨大的同时,工作量也大大提升,如何合理安排工作人员的工作时间和工作量;如何能够更好地安排和接待大客流;等等,都是需要解决的问题。而到了旅游淡季的时候,又会出现客流量非常稀少、门可罗雀的惨淡景象。这时,又该用哪些办法减少损失呢?客流量的多少直接影响了旅游物业公司的经济状况,并且这种季节性所带来的现象,是难以抗拒的。那么接踵而来的问题就是,如何在旅游淡季招揽更多的游客。旅游物业人员要开动脑筋,想出更好的活动和项目,来缓解这种情况的产生。

东戴河项目属于沿海旅游项目。不可避免的情况是,适合来海滨旅游的夏秋两季游客非常火爆,甚至会出现一房难求或者房价高涨的现象。这种情况下,物业管理人员的工作量激增,很多员工因工作量巨大而选择辞职。这就给旅游旺季的物业管理带来了巨大的压力。而到了淡季,人流量就少得可怜。有业主反映,到了冬天,他们基本上不会来这里居住。东戴河项目还有几个分项目处于未开发完的状态,业主沙滩等也还没开放,这造成了因不能合理利用当地自然资源,使业主享受不到应有的待遇而造成的客流量损失。并且,在淡季的时候,举办的活动相对较单一,在广告宣传上的投入也比较少,和旅游机构的合作也并不多。导致淡季人数骤减,有时候不得不以裁员等方法来减少公司损失。如何在淡季招揽更多的游客,又有哪些方法可以弥补旅游淡季所带来的经济损失,是物业行业需要认真思考的。

(四)有特色的社区文化活动较少的问题及原因分析

随着社会的进步,人们的生活水平不断提高。人们对于物业的要求也不再是有房可住这么简单了。人们变得更加注重精神文化方面的享受。在精神文明建设的伟大道路上,物业管理公司也应该肩负起责任,而不只是保持环境卫生、秩序维护、车辆安保等日常管理这么简单。开展社区文化活动,不但反映了一个小区的整体形象,也可以展现业主的素质和修养,更能够考验物业管理人员的能力和团队精神。

能够很好地开展社区文化活动,可以给物业和业主创建一个沟通桥梁,让冰冷的钢筋水泥城市充满人情味儿,更好地拉近业主和物业之间的距离,增进彼此的友谊。如果这方面可以更好地改善,可以为日后的管理工作打下良好的基础,让物业管理企业和业主之间的关系变得更加和谐。

三、解决×××东戴河项目问题的方法及对策

(一)做好前期介入和接管验收工作

1.注意房屋建筑主体设计及园区规划设计的合理性

由于物业产业在中国发展的时间还不是很长,物业公司管理水平参差不齐,大多数的

物业管理仍然停留在后期管理的层面上,而并没有对前期管理引起重视,导致很多物业在后续的管理过程中"后遗症"很严重。在物业公司进行物业管理的过程中,有很大一部分投诉的原因为开发商和设计施工单位在物业未开始建造之前的前期规划设计考虑不周,而且这样的问题一旦发生就很难补救,解决起来十分困难。物业公司夹在中间两面为难,很多工作会变得很难开展。所以物业公司的前期介入工作是十分必要的,开发商也应该予以重视与支持。

2. 增强物业管理公司和开发建设单位之间的配合

前期介入的工作如果只有物业管理公司自己单方面的开展是无法顺利实施的,只有得到了开发建设单位的配合才能更好地发挥作用。物业建成之前,开发建设单位的设计与规划大多考虑的都是建造方面的问题,而不考虑日后管理方面的问题。如果开发建设单位能够在物业的规划阶段就与物业联手,通过物业公司的丰富管理经验,从业主日后使用的角度出发来改进规划设计中存在的不合理之处,建造起来的物业一定会更加人性化,可以有效地减少物业管理"后遗症"的出现。

3. 提高物业管理人员的素质,注重人才培养

由于物业行业管理水平参差不齐,很多物业公司管理人员的专业素质不是很强。要想加快物业管理的发展进程,就要注重人才的培养。前期介入这项工作具有很强的专业性,物业管理公司要想将前期介入方面的工作有所提高和加强,就需要吸引具有很强专业素质的人才来接任这样的工作。只有物业公司注重人才的培养、提高员工的素质才有实力担此重担。物业管理公司也可以做一些校企合作的项目,从校园中物色人才,好好培养接班人。

4. 做好接管验收工作

除了做好前期介入工作以外,物业公司也应该把好接管验收的第二道关。接管验收也是物业管理中非常重要的工作,它强化和补充了前期介入工作的内容。接管验收让物业公司在物业投入使用之前,了解物业的各部分细节,一旦发现之前没有察觉的漏洞,便可以及时向开发商提交整改意见。这样做还能够为业主在未入住之前把好关。提前检查工程质量好坏,也可以为公司日后的管理打下良好的基础。在双方交接的过程中,可以明确自身的权责,避免日后给公司带来不必要的麻烦和投诉。

旅游物业项目建造大多比较奢华,投资数额巨大,物业需要精心规划设计才行。如果重视前期介入和接管验收等方面的工作,一定可以设计出更加人性化、适合人们居住游玩的项目,并有效减少因前期考虑不周而产生的损失。

(二)做好突发事件处理预案定期预演,举办安全宣传活动,提高人们的安全意识

对于旅游物业来说安全问题不容小觑。旅游物业的安全管理不同于传统物业的安全管理,因为旅游物业与旅游项目相结合。在旅游项目中可能发生的安全隐患也都在物业管理的考虑范围之内。所以在安全方面有以下几点建议:

1. 做好突发事件的处理预案并定期进行演练

正所谓"未雨绸缪""居安思危",做事应该提前有计划,不打无准备之仗,才会不留隐患。旅游物业的安全管理也是如此。要对旅游项目中可能发生的安全问题提前做好准

备,对可能发生的安全问题做好解决预案。并定期让工作人员进行预演,才能让工作人员随时做好准备,有更强的警觉性和应变能力。

东戴河旅游物业项目临近海边,要十分注意沿海旅游的安全问题。比如:遇到游客溺水时,应如何营救。工作人员以及救生人员要提前做好演练,学习急救知识。定时、定点、定人在海边巡逻,及时发现危险并将其排除。设立急救站点,提供更及时、更好的急救,把握救援的最佳时机。遇到游客在非游泳区游泳的情况,应及时进行制止,指派相关人员进行看守。为避免危险的发生,必要时制定相关监管、处罚措施。如遇到海蜇、水母咬伤游客等情况,工作人员应当给予怎样的救援与帮助,也都需要提前做好预案。药物和抢救设备也都应该提前准备好。

2.加强对相关工作人员的专业化培训

要想在安全方面做到事半功倍,很重要的就是对物业管理人员的专业化培训。对于旅游物业这种比较特殊的物业管理类型来说,对相关人员在安全方面要求很严格,除了需具备治安、消防、电梯、防火等方面的安全管理知识以外,还要具备和旅游项目相关的救援知识。

3.举办与安全相关的宣传及活动,提高人们的安全意识

高素质的工作人员和有计划的突发事件处理预案,只能是在事情发生时给予及时的帮助和救援。但是如果业主和游客能够知道更多的安全知识,有安全防范意识的话,那么一定会让危险远离自身。

旅游物业可以举办一些安全方面的活动,比如安全知识竞赛等,让游客和业主都参与进来,这种老少皆宜的活动不但拉近了业主和物业人员之间的距离,更有助于日后管理。可以在餐厅中做一些有趣的卡通告示,告诫游客注意食品安全,防止食物中毒,等等。也可以在人群密集的地方设置一些展板,展示生动有趣的安全方面的案例,让业主和游客在耳濡目染中学习安全知识。这种方式持续时间长,可以节省人员和场地的开销,起到的宣传效果也很不错。

(三)关于旅游物业面临的季节性问题的建议

旅游物业要面临的季节性问题一直是无法避免且难以解决的,因为季节性问题是客观存在的,并且很难改变。对于这样棘手的问题,旅游物业应该如何改善呢?主要的是要分析自己所在旅游项目的季节性特点是什么,这样的季节性问题会带来怎样的客流量变化,给物业带来怎样的影响。

1.合理利用当地的自然资源开展活动

旅游物业要利用当地的自然资源,在旅游旺季时更好地招揽游客。以我所在的项目为例,所处地理位置在东北地区,且属于沿海地带。可以根据四季分明的特点,利用好夏秋两季,进行海滨旅游项目的开展。而到了冬春两季则可以以滑雪等方面为主体开展活动。这样不但可以增加旅游旺季时的收入,还可以有效缓解旅游淡季时的亏损,同时让游客在旅游淡季时也可以享受到不同的旅游体验和新鲜感。

2.增加受季节影响较小且具文化特色的活动项目

以我所在的项目为例,它地处海滨城市且是四季分明的沿海地带。它要面临的季节性问题,便是夏季客流量比较大,属于单峰季节性。这种依靠自然环境而不是依靠人文环

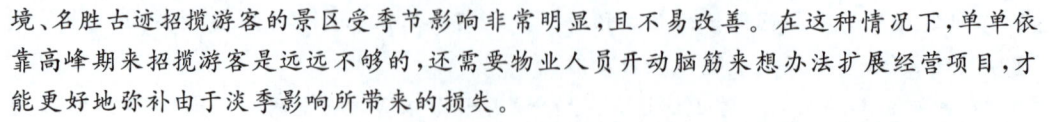

境、名胜古迹招揽游客的景区受季节影响非常明显,且不易改善。在这种情况下,单单依靠高峰期来招揽游客是远远不够的,还需要物业人员开动脑筋来想办法扩展经营项目,才能更好地弥补由于淡季影响所带来的损失。

比如东戴河项目中,有五星级的铂域酒店,该酒店每年的接待量所带来的营业额是非常可观的。东戴河项目在海边还有主题教堂和景观,可以带来婚纱拍摄取景和海边婚礼等项目的额外收入。还有健身会所,也可以带来不菲的收入。

3.利用价格调整和广告宣传来弥补季节性影响的经济损失

对于旅游物业来说,市场价格对其影响是很大的。物业公司可以根据价格和消费人群等的特点来控制季节对旅游物业的影响。比如在旅游旺季和旅游黄金周的时候适当调高价格,因为这个季节旅游的人大都是平时工作比较忙的年轻人,他们对于价格不是很在意。这样可以更好地在旅游旺季得到更丰厚的收益。而在旅游淡季可以适当地调低价格并加大宣传力度,再结合和旅游公司等的合作,来促进消费。这样可以有效地减少季节给旅游物业带来的影响。

(四)开展具有特色的社区文化活动

随着时代的发展、人们思想的进步,具有特色的社区文化活动已经慢慢地成为人们生活中不可缺少的一部分。开展具有特色的社区文化活动,也是增进业主和物业公司感情的一种好方法。可以提高业主的文化素质,拉近业主与物业公司的距离。这个重担自然而然落在了物业管理公司的肩上。但现如今大部分社区文化开展得不是很顺利,因为物业管理公司本身属于自主经营型的企业,而开展各种活动都是需要经费的。

四、未来旅游物业管理发展趋势

伴随着经济的飞速发展,物业管理这个行业也在中国的经济浪潮中不断成长,有着蓬勃发展、蒸蒸日上的势头,物业行业也必将成为第三产业中的中流砥柱。旅游物业与旅游行业联手,也将成为第三产业中不可小觑的一匹黑马,不断发展。

(一)建立具有特色的品牌化旅游物业管理模式

在激烈的市场竞争中,建立具有特色的品牌化物业管理模式,必将成为未来旅游物业管理的一种趋势。品牌效应也是一个企业有利的竞争力,对于属于第三产业的物业行业来说,好的品牌形象是一个公司的服务品质、企业价值、团队素质的最好代名词。

旅游物业只有顺应发展方向,借助依山傍水的有利自然资源环境和条件,多花心思在项目的规划设计上,创造出具有自己品牌特色的项目,设计出更人性化的管理模式,才能发展得更加迅速,创造出更加丰厚的收益。物业管理行业除了管理以外,更在于"服务"两个字上,只有找准了消费者的需求和喜好,才能更好地得到消费者的信赖和拥戴。

(二)向低碳环保的原生态型物业发展

对于每天都生活在钢筋水泥的大都市里的人们来说,回归自然已经成为人们所追求的梦想。而旅游物业恰恰可以以此为契机,将旅游物业的项目打造得更加贴近大自然。依靠优越的自然地理环境,保护原生态,尊重大自然,尽可能地保持原来的地形地貌,创造出"山水相间、浑然天成"的旅游物业项目。

"保护生态环境,建设绿色家园"的目标需要依靠全社会共同努力,对于发展中的物业管理行业来说也应该参与其中,贡献自己的力量。在规划和建设旅游物业项目的时候,尽量引进绿色环保的设备,如尽可能利用太阳能、风能的设备,降低能源消耗。在全社会倡导绿色出行、建立绿色回收站、低碳环保的生活理念,让人们在享受绿色假期的同时,也能为绿色环保做出贡献。

(三)向专业化、人性化、特色化发展

在物业管理行业不断发展的今天,要想让这个行业快速、健康地发展,需要引进专业、优秀的人才。物业行业应该走越来越专业化的道路,规范行业内标准,使整个行业内的企业有准可依。让大规模的企业起表率作用,带动中小型企业平稳发展。可以成立专业化的小分队,对从事物业管理的工作人员进行专业化的指导和培训。因为具有专业化素质的物业管理企业,更能适应市场发展,赢得更多消费者的爱戴。专业的物业管理企业既能给业主提供好的服务,也能让企业自身发展得更好。当物业企业的专业素质达到一定高度时,一定会设计出更加人性化的物业管理方案。

物业管理的日常工作就是和形形色色的业主打交道。物业公司的主要经济来源是业主交纳的物业费。唯有建立人性化的管理模式,树立亲情化的服务理念,才能和业主有更好的沟通,提高业主的满意度,改善业主和物业这种"相爱相杀"的局面。工作人员和业主有非常好的良性沟通,是减少误解和投诉的根本,如此一来,物业费用的交纳率肯定也会随之提高,物业的发展和运营也会更顺畅了。所以人性化的管理是物业行业不断发展的法宝。

时代的进步让物业管理行业不再只是日常管理那么简单,追求个性和特色化的物业管理更能得到业主们的青睐。而且,有特色的物业管理模式也可以协助政府部门宣传精神文明建设。物业管理公司也可联手社区,开展具有特色的文化娱乐宣传活动,提高人们的文化素质。比如,宣传自觉保护环境卫生的环保精神。环境卫生除了环卫工人打扫以外,主要需依靠每个人来爱护。绿化环境主题的活动、安全主题的活动、防火防震等贴近人们生活的活动都可以深入到物业管理中。这样才能让物业管理行业更好地发展起来。

结 论

近年来随着人们生活水平的不断提高,人们对旅游的热衷和喜爱带动了旅游物业的发展和崛起。但目前旅游物业管理技术还不是很成熟,还有很多值得我们研究和探索的地方。本文以×××东戴河的旅游项目为例,研究了现在旅游项目中存在的问题和不足之处,并对这些问题运用以小见大的方法,扩展到整个旅游物业行业。从前期介入、应急措施、季节性影响和社区文化等几个方面深度剖析,并对这些问题提出了相应的解决方案。给以后的旅游物业项目提供了一些建议和指导,并且从整个物业管理行业的大环境发展中预测了未来旅游物业的管理模式和可持续发展的方向。最后希望物业管理行业经过不断的蜕变,走上更加辉煌的道路。

【评析】 该论文通过对×××东戴河项目的实地考察,从旅游物业管理的现状出发,以小见大,从小区内物业管理业务中存在的问题、应急措施及突发事件的处理方案、安全宣传问题、社区文化活动、增值服务等几个方面进行研究及分析,通过实地观察以及考察研究找出问题所在,研究并预测未来旅游物业管理的发展趋势。该论文选题能较好地联系工作实际,对指导现实工作有一定的参考作用。特别是能够结合相关的案例进行论证分析,具有一定的实用价值。纵观全文,观点鲜明,结构完整。作者在资料收集上花了不少工夫,但在理论的深度和部分论据的引证上还存在一定的欠缺之处。该论文文字表述不够简练,存在口语化现象。

学习情境二　毕业设计

一、毕业设计概述

(一)毕业设计的概念

毕业设计是应届大学毕业生,针对某一个具体课题,综合运用自己所学的专业知识、理论知识、基本技能表述专业设计情况的一种应用文体。

毕业设计相当于一般高等院校的毕业论文,是评定学生毕业成绩的重要依据。

(二)毕业设计的特点

1. 科学性

在描述对象上,论文内容只涉及科学和技术领域的命题;在描述内容上,论文的内容要具有合理性和可信性。科技论文不能凭主观臆断或个人好恶随意取舍素材或得出结论,而应有足够的、可靠的和精确的实验数据、现象观察或逻辑推理为依据。

2. 逻辑性

毕业设计不是数据的简单堆砌,而应做到脉络清晰、结构严谨、推论合理、演算正确、符号规范、文字通顺、前后照应、自成体系。

3. 创新性

毕业设计在所提示的事物现象、属性、特点、规律及其运用上要有所创新,而不是重复、模仿或抄袭别人的工作。

(三)毕业设计的分类

毕业设计主要分为工程(工艺)设计、设备(产品)设计和活动策划文案设计三大类。

1. 工程(工艺)设计

工程(工艺)设计具有整体性,涉及工程的整体布局,主要是工艺规程设计,也包括主要设备的选型和专用设备的设计以及其他辅助设施的设计等。

2. 设备(产品)设计

设备(产品)设计又分为单体设备设计和零部件设计。设备设计具有局限性,主要对某一具体设备和零部件的规格、形式、传动结构等进行设计。

以上两类设计,都因不同的工科专业而有不同的内容和要求,乃至不同的设计角度。比如:某个发酵工厂或车间的设计,发酵工程专业的毕业生主要进行发酵工艺流程的设计和主要发酵设备的造型设计;工程民用建筑专业的毕业生主要进行厂房的建筑设计;工业电气自动化专业的毕业生则主要进行整个工艺流程的自动化设计,或进行某个重要设备的自动控制的设计。

3. 活动策划文案设计

主要是调研活动、宣传活动和促销活动等的设计。包括活动环境分析、总目标、内容和措施、方案与实施、费用预算、日程安排等。

二、毕业设计的结构及格式

写毕业设计,就是用文字和图示把毕业设计成果表达出来,这是毕业设计过程的最后一个重要环节。

毕业设计一般由前置、主体、附录、评阅四个部分组成。

(一)前置

一般由封面、任务书、摘要、目录等组成。

1. 封面

封面主要包括院校名称、设计人的姓名、专业、年级、设计题目、指导教师、评阅教师、论文完成日期等信息。

2. 任务书

任务书是由指导教师填写的,在毕业设计伊始给设计人下达毕业设计任务的书面材料,包括设计题目、基本要求、文字及图表内容、主要参考文献等信息。

3. 摘要

摘要即概括地陈述论文研究的目的与对象特性、观点、方法以及最后得出的主要结论,是对毕业设计的内容不加注释和评论的简述,它包含论文所有的重要信息,结构严谨,表达准确简明,可独立使用,字数在600字以内。

4. 目录

目录又叫目次,可以反映文稿的结构和主要内容,也便于读者迅速找到本文中所需要的内容,是毕业设计不可缺少的组成部分,由章节序号及其名称和相应起始页码组成。

(二)主体

一般由前言、正文、结论、致谢和参考文献等组成。

1. 前言

前言又称引言或绪论,简要说明研究工作的目的、范围、相关领域的工作和知识空白、理论基础和分析、研究设想、研究方法和实验设计、预期结果和意义等。

2. 正文

正文是论文的核心部分,占主要篇幅,主要包括:调查对象、实验和观测结果、计算方法和编程原理、数据资料、经过整理的图表、形成的论点和导出的结论等。要求客观真实、准确完备、条理清晰、逻辑严密、语言简练。

在毕业设计中,虽然这部分内容是核心,但由于专业不同而有很大的差异。不同专业,各有侧重,各有详略。

3. 结论

结论是论文的总体最终论断,不是各章的小结,它应该准确、完整、明确、精确地概括论文的主要成果、存在问题、创新程度、理论和实践意义、深入研究的建议等。

4. 致谢

致谢是论文的一个独立部分,但不是论文的必需部分。致谢的内容,是向对该文的形成做出贡献的组织或个人予以感谢,语言要求诚恳、恰当、简短。要确信所有你要感谢的那些人都同意你的感谢形式,最好事先征得他们的同意。

5. 参考文献

参考文献应在毕业设计的最后一页,规范详尽地列出论文引用资料的名称、作者、出版社、出版日期、引用起止页码等。

(三)附录

附录是论文的附件,不是论文的必需组成部分,是论文研究内容的可选择的补充内容。

(四)评阅

评阅是导师、评阅人、答辩委员会对毕业设计及其论文的综合评定,分别由三方填写。

三、毕业设计的写作要求

撰写毕业设计,总的要求是指导思想明确,内容正确,概念清楚,数据可靠,文通字顺,书写工整,图纸齐全整洁,符合规范。具体来说,应注意以下几点。

(一)选题恰当适宜

毕业设计课题,或由指导教师预先确定,或是命题与自选题相结合,或由学生自主指定。但不论是哪种选题方式,所选课题的难易程度都要适中,选题角度都要恰当。如果是自主选题或半自主选题(即在教师指定的较大的课题下确定较小的具体题目或在教师规定的众多具体题目中选定一个),学生应从主客观条件出发,结合个人的专业特长、专业兴趣,根据毕业设计的基本要求,选择最适合自己的能充分发挥自身优势的课题。选题是决定毕业设计成败的关键。

(二)力求有所创新

写毕业设计,一般都要参考和继承前人的成果,应在接受别人成果的基础上有所改进,有所创新。在写毕业设计时,要突出自己在设计中的独到之处和有特色的地方。

(三)表述准确严密

写毕业设计时,所用词语要平实准确;论述要注意逻辑性和科学性,应避免绝对化的表述词句;文字说明必须与图纸一致,并能准确地说明图示。

(四)文面规范整洁

从文面上讲,毕业设计要做到:字迹清晰美观、图示规范、干净整洁、层次分明。

四、例文评析

例 文

茯苓大豆膳食纤维营养面包的研制及最佳配方的确定

陈宇宵

摘 要 茯苓有明显的抑制肿瘤生长的作用,可以改善排尿量少等症状,能促进尿中电解质的排出,如:K^+、Na^+、Cl^-等;还有保护肝脏器官、降低血糖含量等作用。大豆膳食纤维可以使血液中胆固醇的含量降低,可以预防很多心血管疾病,还可以改善肠道菌群、调节肠道的功能、有效预防结肠癌。并且能够调节血糖浓度和胰岛素的分泌,有效预防糖尿病。

本实验通过水、大豆膳食纤维、茯苓的单因素实验,确定水、大豆膳食纤维、茯苓的最佳添加范围;通过水、大豆膳食纤维、茯苓的正交实验得出该营养面包的最佳配比;用质构仪测定单因素实验中面包的硬度、弹性、咀嚼性、胶着性、内聚性;用菜籽置换法测定其体积,得出比容。通过水、大豆膳食纤维和茯苓的单因素实验和正交实验,对比面包的质构图表和感官分析图表,确定茯苓大豆膳食纤维面包的最佳配方为:水64%、大豆膳食纤维2%、茯苓4%、食盐1%、黄油4%、色拉油2%、白砂糖15%、酵母3%,此条件下制得的面包口感适中,孔隙均匀,组织细腻,色泽金黄。

关键词:茯苓;大豆膳食纤维;营养面包;单因素实验;正交实验

1. 引言

现如今,人们越来越重视食品的安全以及营养问题,随着食品工业的发展,人们用更先进的技术和精密的设备去改良食品,增加食品中的营养物质。营养性食品的研究已经成为国内外的研究热点。营养性食品或饮料是一种提供"增值营养"的产品,它们并不满足普通食物或配方所提供的营养,而是要加入更多对人体有益的营养物质。营养性食品在市场上比重占得越来越大,将会形成逐年飞速增长的趋势。因为越来越多的消费者开始关注食品的健康营养功能,如果食品中含有益生菌、膳食纤维、维生素和矿物质等成分,那么这不仅可以给消费者提供每日所需的卡路里,还能够补充消费者日常膳食所缺的营养元素,或改善消费者的身体健康状况。

本课题想通过实验研制一种营养性食品——茯苓大豆膳食纤维营养面包。通过水、大豆膳食纤维、茯苓的单因素实验,确定其最佳添加范围;通过正交实验得出面包的最佳配比;用质构仪测定单因素实验中面包的硬度、弹性、咀嚼性、胶着性、内聚性;用菜籽置换法测定其体积,得出比容。通过水、大豆膳食纤维和茯苓的单因素实验和正交实验确定茯苓、大豆膳食纤维对面包的影响。

1.1 茯苓概述

茯苓为多孔菌科真菌茯苓的干燥菌核,有利水渗透、健脾宁心的作用,对于水肿尿少、脾虚食少等症状有良好的效果。茯苓在中国、日本、韩国、新加坡和马来西亚等国广为应用。茯苓有明显的抑制肿瘤生长的作用,可以改善排尿量少等症状,能促进尿中电解质的排出,如:K^+、Na^+、Cl^- 等;还有保护肝脏器官、降低血糖含量等作用。每100克茯苓中,含有碳水化合物(克)82.60、脂肪(克)0.50、磷(毫克)32.00、硒(微克)4.55、锰(毫克)1.39、钙(毫克)2.00、铜(毫克)0.23、蛋白质(克)1.20、镁(毫克)8.00、核黄素(毫克)0.12、锌(毫克)0.44、铁(毫克)9.40、钾(毫克)58.00、钠(毫克)1.00、烟酸(毫克)0.40、纤维素(克)80.90。茯苓含有面包中所缺少的各种矿物质元素,是药食同源目录里面的一种食物,如果将其加入面包中,能提高面包的营养价值。

1.2 大豆膳食纤维概述

膳食纤维是高分子多糖的一种,并且人体的酶难以将其分解消化,作为一种功能性食品基料,在食品加工生产方面被广泛应用,在诸多天然膳食纤维原料中大豆膳食纤维是最受欢迎的一种,因为大豆膳食纤维物美价廉,来源广泛。临床医学的大量研究实验证明:大豆膳食纤维可以使血液中胆固醇的含量降低,可以预防多种心血管疾病;还可以改善肠道菌群,调节肠道的功能,增强肠道蠕动,使排便通畅,可以有效预防结肠癌;并且能够调节血糖浓度和胰岛素的分泌,有效预防糖尿病。虽然膳食纤维不能被人体吸收,但它却可以增加胃部的饱腹感,也是肠道细菌最喜欢的营养物质,为肠道细菌提供营养,让它们更好地消化肠道内的物质。大豆膳食纤维还可以预防身体过度肥胖、增强巨噬细胞的生理功能、提高人体对抗疾病的能力。每100克大豆膳食纤维中,含有蛋白质(克)24.04、水(克)7.22,膳食纤维(克)64.52。大豆膳食纤维含有面包所缺少的膳食纤维,补充了面包的不足。此外,大豆膳食纤维的来源丰富,并不稀缺,可以轻易获得,而且价格便宜,食用安全,是膳食纤维中性价比最高的一类。

1.3 营养面包的研究现状

功能性食品的研发是如今食品行业的一个热点,越来越多的食品都降低了糖和油脂的含量,并且在食品中增加更多营养物质,其中,对于营养面包的研究更是热点,因为面包是食用量非常大的快捷食品之一,为了减少进食时间或者单纯为了获取卡路里,面包是充饥的最佳选择之一。如果在面包中加入一些其他的物质,在充饥的同时,不仅节约了时间,还能摄入更多的营养,一举多得。

面包比馒头方便食用,不易老化;比起其他糕点含油、含糖量低,且茯苓和大豆膳食纤维的添加量也不高,对面筋和面包品质的影响有限。每100克面包粉中,含有蛋白质(克)14.0、脂肪(克)1.2、碳水化合物(克)76.5、膳食纤维(克)0.6~0.8、矿物质(克)0.35~0.45,由此可见,面包粉中缺少矿物质和膳食纤维,如果加入茯苓和大豆膳食纤维,正好可以补足面包粉的不足,提高面包本身的营养价值,也可以使人们在日常更多地摄入这两种物质。

通过查阅文献发现,国内对于这两种材料组合的面包研究几乎没有,这是一款新型的复合面包,具有一定的研究价值。

2. 材料与方法

2.1 材料与设备

2.1.1 实验材料

面包粉:新乡市新良粮油加工有限责任公司;大豆膳食纤维:平顶山金晶生物科技股份有限公司;茯苓粉:广东逢春制药有限公司;食盐:市售;黄油:威士兰乳业有限公司;酵母:安琪酵母有限公司;白砂糖:成都太古糖业有限公司;色拉油:市售。

2.1.2 仪器与设备

和面机:佛山市小熊厨房电器有限公司;电烤箱:河北欧美佳食品机械有限公司;Brookfield CT3型号质构仪:美国 Brookfield 公司;电子天平:余姚市纪铭称重校验设备有限公司;500毫升烧杯:蓝山科教实验仪器有限公司;250毫升量筒:蓝山科教实验仪器有限公司。

2.2 主要方法

2.2.1 茯苓大豆膳食纤维营养面包的生产工艺及操作要点

原辅料称量和混合→面团搅拌→一次醒发→搓圆→整形→二次醒发→烘烤→冷却→成品。

2.2.1.1 原辅料的处理

先将面包粉进行过筛处理,放入盆中备用;水加热到 30 ℃;将酵母和部分糖用 30 ℃、酵母用量七倍的水溶解待用;黄油溶化后待用。该面包的制备中,不添加任何面包改良剂,如:乳化剂、氧化剂、酶制剂、无机盐、填充剂等,是为了更好地研究茯苓、大豆膳食纤维对面包品质的影响,以免面包改良剂影响实验结果。

2.2.1.2 面团的调制与搅拌

首先,按配方要求先将已经处理好的面粉、大豆膳食纤维、茯苓、盐、色拉油和部分糖加入和面盆中,用筷子慢速搅匀。其次,加入静置一段时间后完全活化的酵母和部分糖混合液,在面盆中接着搅拌。然后,将温水加入和面盆,搅成面团状。最后,往和面盆中加入溶化的黄油,用手将面揉成团,至和面盆表面光滑且无面粉后,放入和面机中搅拌 30 分钟至面筋形成良好,此时面团拉伸开如透明手套状,面团搅拌已经达到最佳程度。

2.2.1.3 一次醒发

将面团放入烤盘中,然后送至烤箱中,在温度 30 ℃的条件下醒发 1 h,为防止面团水分散失,将其装进保鲜袋中再放入烤箱中,并且在烤箱中放入一盆水调节烤箱内部湿度。

2.2.1.4 分块及整形

把面团分割成三个小面团,每个约重 100 克。将其放置在不锈钢操作台上,并用手工进行搓圆,使每个面坯表面光滑且无褶皱,静置 3~5 分钟。

2.2.1.5 二次醒发

将成型后的面坯放入烤盘中,然后送入烤箱中,在 40 ℃的条件下醒发 30 分钟。将面团用保鲜膜罩住,防止水分过度散失,并且在烤箱中放入一盆水,用以调节烤箱内部湿度。

2.2.1.6 烘烤

先将烤箱温度调至上火 180 ℃,下火 165 ℃,待烤箱内温度恒定之后,将面团刷上蜂蜜后放进烤箱烘烤 18 分钟,烤至表面金黄色且颜色均匀即可出炉。

2.2.1.7 冷却、包装

将面包冷却大约 20 分钟,至室温 25 ℃左右,再用塑料薄膜袋进行包装即为成品。

2.2.2 茯苓大豆膳食纤维营养面包的单因素实验

在预实验的基础上,每个配方中基本配料(以面包粉 200 克为基础,其他原料占面包粉总量的百分比:食盐 1%、黄油 4%、色拉油 2%、白砂糖 15%和酵母 3%)保持不变。其他因素固定,改变单一量(水添加量、大豆膳食纤维添加量、茯苓添加量)来衡量对茯苓大豆膳食纤维营养面包产品的感官、硬度、内聚性、弹性、胶着性、咀嚼性和比容的影响。

2.2.2.1 水添加量对面包的品质影响

以面包粉 200 克为基础,加水量设定为面包粉基础的 52%、55%、58%、61%、64%和 67%六个水平,分别制作面包。用质构仪测其硬度、内聚性、弹性、胶着性、咀嚼性,用菜籽置换法测定比容,并进行感官评价。

2.2.2.2 大豆膳食纤维添加量对面包的品质影响

面包粉为 200 克不变,以面包粉和大豆膳食纤维总量为基础,确定加水量为该总量的

64％,大豆膳食纤维添加量设定为面包粉基础的 2％、4％、6％、8％、10％ 和 12％ 六个水平分别制作面包。用质构仪测定其硬度、内聚性、弹性、胶着性、咀嚼性,用菜籽置换法测定比容,并进行感官评价。

2.2.2.3 茯苓添加量对面包的品质影响

面包粉为 200 克不变,以面包粉和茯苓总量为基础,确定加水量为该总量的 61％,茯苓添加量设定为面包粉基础的 2％、4％、6％、8％、10％ 和 12％ 六个水平,分别制作面包。用质构仪测定其硬度、内聚性、弹性、胶着性、咀嚼性,用菜籽置换法测定比容,并进行感官评价。

2.3 产品最佳工艺参数正交实验

在单因素实验基础上,对水添加量、大豆膳食纤维添加量、茯苓添加量三个因素的添加量进行 L9(33)正交实验。正交实验因素水平见表1。

表 1　　　　　　　　　　　　　正交实验因素水平

水平	因素		
	A 加水量/％	B 大豆膳食纤维用量/％	C 茯苓用量/％
1	61	2	2
2	64	4	4
3	67	6	6

2.4 检测方法

2.4.1 感官评分标准

面包感官评分标准见表2。

表 2　　　　　　　　　　　　　面包感官评分标准

项目	评分	评分标准
表皮色泽	20	颜色呈现浅黄色、色泽均匀、有光泽,14～20 分;颜色深、光泽差且不均匀,7～13 分;色暗无光泽有斑点,0～6 分
外观形状	15	表面饱满、形态良好,11～15 分;中间低、一边低不对称或顶部过于平坦,6～10 分;收缩变形,0～5 分
内部组织	10	组织细腻、壁厚一致,7～10 分;有气孔、壁厚不一致,4～6 分;有较多气孔、组织粗糙、壁厚,0～3 分
触感	10	表皮光滑柔软,有弹性,7～10 分;表皮粗糙,柔软无弹性,4～6 分;表皮粗糙发硬,无弹性,0～3 分
气味	15	有面包香味,11～15 分;面包香味不足,6～10 分;有酸味或生面味,0～5 分
口味和口感	30	面包香味浓郁、恬淡适口,21～30 分;过甜或过咸、口味不好,11～20 分;发酸、有黏牙感,0～10 分
总分	100	

2.4.2 质构特性检测方法

将面包在室温下放置20分钟后,取同一位置的面包切成厚度为 3 厘米的方块,采用

TPA 模式,TA25 型圆柱形探头,对面包进行质构特性测定。测试速 0.5 毫米/秒,目标距离 10.0 毫米,触发点负载 7 克。

2.4.3 面包比容的测定

GB/T 20981 2007（略）。

3. 结果与分析

3.1 单因素实验结果与分析

3.1.1 水不同添加量对面包感官和硬度的影响（略）

3.1.2 水不同添加量对面包比容的影响（略）

3.1.3 水不同添加量对面包咀嚼性、弹性的影响（略）

3.1.4 水不同添加量对面包胶着性、内聚性的影响（略）

3.1.5 大豆膳食纤维不同添加量对面包感官和硬度的影响（略）

3.1.6 大豆膳食纤维不同添加量对面包比容的影响（略）

3.1.7 大豆膳食纤维不同添加量对面包咀嚼性、弹性的影响（略）

3.1.8 大豆膳食纤维不同添加量对面包胶着性、内聚性的影响（略）

3.1.9 茯苓不同添加量对面包感官和硬度的影响（略）

3.1.10 茯苓不同添加量对面包比容的影响（略）

3.1.11 茯苓不同添加量对面包咀嚼性、弹性的影响（略）

3.1.12 茯苓不同添加量对面包胶着性、内聚性的影响（略）

3.2 产品最佳工艺参数正交实验结果（略）

4. 结论

经单因素实验和正交实验确定茯苓大豆膳食纤维营养面包的最佳配方参数为:水(面包粉总量为基础)64%、大豆膳食纤维(面包粉和大豆膳食纤维总量为基础)2%、茯苓(面包粉和茯苓总量为基础)4%、食盐 1%、黄油 4%、白砂糖 15%、酵母 3%。按此配方生产的面包色泽金黄、面包松软、孔隙均匀、组织细腻、口感适宜,是营养价值很高的面包。

参考文献(略)

【评析】 该毕业设计通过水、大豆膳食纤维、茯苓的单因素实验,确定水、大豆膳食纤维、茯苓的最佳添加范围;通过水、大豆膳食纤维、茯苓的正交实验得出该营养面包的最佳配比;用质构仪测定单因素实验中面包的硬度、弹性、咀嚼性、胶着性、内聚性;用菜籽置换法测定其体积,然后得出比容。通过水、大豆膳食纤维和茯苓的单因素实验和正交实验,对比面包的质构图表和感官分析表,确定茯苓大豆膳食纤维面包的最佳配方。该学生能运用所学知识和参考资料,完成了规定的设计任务,实验方案可行,数据处理可信,分析条理清晰,其结论有一定的参考价值。写作格式规范,层次清晰,逻辑性较强。技术用语准确,符号统一,编号齐全,文献引用正确。不足之处是没有进行空白对比实验,无法比较各因素添加前后的面包品质变化。

能力训练

一、知识题

（一）思考下列问题。

1. 你所学专业目前科研中有哪些前沿性问题？
2. 你所学专业目前科研中有哪些亟待解决的或热点的问题？
3. 你所学专业目前科研中已成立的学说有哪些需要补充或纠正的问题？

（二）查阅专业资料。

1. 你所学专业有多少种期刊？
2. 你最喜欢哪种专业期刊？该期刊你最喜欢什么栏目？为什么？
3. 将最近3至4期专业期刊中你最喜欢的栏目的资料，分类编成小资料卡或小文集，并写出阅读心得。

二、阅读题

选择与你所学专业相关的或是你感兴趣的研究方向，然后通过限制题目外延的方法，选择适合本人完成的论题。（至少完成三个练习）

例如：

《浅谈房地产网络营销现状》
《浅析房地产企业的网络营销战略》
《房地产企业绿色营销策略探讨》

三、技能题

下面是一篇论文，请从题目、内容、结构、语言方面进行评析，并概括出写作提纲，归纳出摘要、关键词。

浅谈航空公司营销模式的转变

戚秋变

引言（略）

一、国内营销的传统模式

（一）代理人营销模式（略）

（二）电子客票的营销模式（略）

（三）电话营销模式（略）

二、航空公司营销模式转变的原因分析

（一）航空旅客出行需求升级

近年来在航空旅客出行需求升级刺激下，中国航空公司开始重新调整市场经营策略，航空游客数量保持快速增长势头。2016年，我国航空旅客运输量为10亿人次，较上年增长11.1%。随着国际经济复苏和回升，出境游客数量也保持快速增长势头，到2016年达到了 1.02 亿人次,较上年增长 19.3%。其中海外游、自由行成为国内旅游市场新发展态势,游客数量快速增长。2016 年,国际航班团队游客占比下降 29.8%,国际旅客量增长 19.3%。预测和分析未来航空游客需求变化,提高航空产品设计针对性和有效性,以更好满足日益增长的出游需求,这要求航空公司必须要从供给到需求、从营销到服务,都要进行业务模式创新和发展。

(二)航空公司行业竞争突围

一直以来,航空公司在民航运输产业链中处于终端位置、话语权缺失的境况。航空市场消费终端客流量受到较大控制,OTA、BTA、Google 等已具备较强的流量吸引力,这要求航空公司必须要主动出击,积极谋求业务转型和发展新的客流量。与此同时,新媒体的发展为航空公司发展客流量创造了良好条件,例如电子商务、粉丝经济、扫码加群等,都是发展新客户的渠道。

全服务航空公司与低成本竞争日益冲突,航空公司正在大力发展电子商务、数字化平台,航空业内部同质化竞争日益激烈。目前,航空公司客运业务正面临着跨行业零售机票业务的挑战,越来越多的企业开始实施跨界业务竞争策略,纷纷涉足机票销售领域,通过跨界客户资源来进行销售模式创新,为客户提供个性化、定制化的机票销售服务,这种业务模式要求航空公司必须要整合不同渠道客户资源,不断扩大客户规模。乘客对航班服务质量要求不断提高,例如机场硬件配套设施不完善导致服务质量下降、二三线城市机场资源供给不足、空域限制导致延误率上升、民航主管部门实行严格的准点率政策、航班旅客服务投诉等,这都促使航空公司改进航空服务质量。在可预期的将来,航空公司角色和定位也会发生巨大变化,逐渐向终端消费市场倾斜,从被动分流向主动获取流量转变,从位移服务供应商转向航空生态供应链核心转变,以不断提升行业竞争力。

(三)航空生产经营转向个体需求管理

航空公司在提供主业服务过程中,主要通过优化配置航运资源,在此基础上开展产品创新、航线优化、舱位控制、广告宣传等经营策略,本质上来看这是航空公司航运资源从供给端向需求端流动,营销模式和方法主要以 4P 营销理论为指导,采用多种营销模式并存的经营策略。

为不断提升航空公司市场占有率、为乘客创造更好的服务体验和价值,在信息化、数字化发展背景下,航空公司必须要以客户需求为导向进行营销模式创新,以更好适应当前航运市场发展变化,不断提高市场竞争力。营销管理要全面把握客户需求,采用大数据、云计算、互联网、智能化技术,准确了解客户航运服务需求,对客户群体进行需求分类,针对不同客户群提供有针对性的航空服务和产品,与客户保持良好的沟通和互动,不断提高航空公司营销精确性和资源利用效率,通过与客户建立良好的沟通和合作关系,改善客户服务体验,夯实市场竞争地位。

(四)互联网对航空业经营与旅客消费的影响

目前,人脸识别、自动泊车、机上 WiFi 的技术运用,引发了新一轮商业竞争;人工智能化技术可以有效提高学习效率,通过机器学习和分析,从海量知识库中精确找到学习对象和内容,对其进行模拟、分析、提炼和优化,从长远角度来看,人工智能技术对航空公司营销模式也会产生深刻影响。在未来可预期内,大数据技术、移动互联网、智能化技术以及物联网技术,都会在航空营销中发挥巨大的作用,在提高营销精确性、增加航空公司服务附加值、营销智能化等方面表现出明显优势,为航空公司业务发展注入强大的动力。

三、互联网+背景下航空公司市场营销的发展趋势

(一)与电商平台合作

互联网的快速发展,对人们生产、生活方式产生了巨大冲击和影响,互联网已成为社会生活不可或缺的工具。利用互联网渠道和工具,航空公司可以有效提高营销服务精确性和有效性。航空公司也是率先与互联网相结合的产业,其充分利用B2B、B2C等电子营销渠道,为广大消费者提供航空信息咨询和服务,乘客可以在互联网上查询航班信息、购买机票,有效提高航空公司服务水平,为乘客提供更好的服务体验。另外,互联网还具有传播快速、受众范围广的特点,可以为航空公司开展品牌宣传提供新的工具和平台支持,有效扩大市场覆盖范围,达到经济效益与社会效益统一提升的目的,另外还能够提高航空公司品牌影响力,发展更多新的客户。

(二)航空营销一体化

总体来说,国内航空公司市场营销经历了三个主要发展阶段。第一阶段,互联网还未得到普及和推广,航空公司营销主要借助自有销售渠道;第二阶段,随着信息技术不断进步和发展,逐渐形成了比较完善、系统的机票营销渠道,航空业开始启动市场化改革,并在20世纪80年代进入价格拉锯战,各航空公司纷纷发展自己的业务代理渠道,不断提升市场占有率,不断丰富和完善机票销售网络,这也给航空公司带来了更大的经营成本,与此同时,社会信息技术的进步也给航空公司带来了更多的发展机会;第三阶段是进入21世纪以来,航空公司与互联网相结合,利用电子商务平台创新营销模式,建立一体化航空营销模式,通过利用互联网平台开展票务营销,有效降低销售成本、提高销售经济性。这样可以让航空公司将更多的人财物资源投入到核心业务上,优化配置集团内部资源,建立更加快捷、服务全面的营销体系。客户可以根据自身需要灵活选择电话、网络订购机票,查询航班班次信息。在整合集团营销资源情况下,航空公司内部管理架构日益完善,经营效益显著提升。

(三)与移动互联网的合作

移动互联网作为新兴媒介工具的代表,成为越来越多航空公司市场营销重要渠道,它们纷纷将其作为提升竞争力的有效途径。目前,国内航空业中有超过90家航空公司都与新浪、腾讯建立了战略合作关系,纷纷推出了自己的官方微博和APP。目前,国内移动互联网平台快速发展和普及,比较有代表性的有微信、微博APP等,移动互联网有完善的信息功能和条件,可以为用户提供个性化的信息服务。航空公司要提高营销精确性和有效性,必须要充分利用这些移动互联网工具。相信在不久的将来,航空公司将会全面进入"微"时代,谁能够准确把握市场机会,站稳脚跟,就一定能抢占更多市场份额,不断提高公司经营效益。

四、互联网+背景下航空公司市场营销模式的转变路径

(一)线上线下营销渠道相融合

1.实现线上线下渠道信息高度共享

利润最大化是企业主要经营目标,利润创造需要各个生产经营环节紧密配合。对航

空公司来说,要优化配置线上、线下渠道资源,实现两个渠道营销信息共享,发挥信息系统的作用,整合各方面资源,提高营销整合效应。

首先,航空公司要建立自己的信息管理系统。信息系统建设要顺应大数据发展趋势,整合线下线上营销渠道,提高信息资源利用效率。线上信息管理系统要将票务、航班、会员等信息整合到同一个数据库中,线下营销渠道提供机票销售、会员信息等最新信息,利用大数据技术提高营销渠道利用效率。一方面,航空公司要加强内部信息安全管理,加大信息系统管理和维护投入,及时升级和更新软件,避免因技术漏洞导致企业信息外泄。另一方面,信息管理部门要与营销部门加强沟通和合作,确保业务信息能够及时更新和共享。内部信息平台运营和维护需要各部门共同参与,线上渠道要实现信息、资金、物流资源一体化管理和调配,线下渠道要统筹财务、人力、销售等部门资源,建立跨部门、跨平台的营销合作机制。

其次,行业内部要加强信息共享和沟通。企业之间要保持良好的沟通和信息交互,互通有无,提高行业信息资源利用效率。从广义上来看,行业信息利用者包括供应商、分销商、客户以及服务商等,可以通过利用信息技术手段和网络,建立行业信息数据库和共享机制。在实际中,航空公司要将自有信息系统与第三方运营商的数据库有效连接起来,通过建立信息共享机制提高营销服务水平。

2.建立与乘客沟通互动的机制

除了整合线上线下信息渠道资源,打造高度共享的信息利用机制和一站式信息服务平台,航空公司还要与乘客保持良好的沟通关系,建立线上、线下一站式互动平台。在线上渠道,要做好市场细分和客户定位工作。除了为旅客提供航班信息、票务信息以及服务介绍之外,还可以针对一些热点景区、目的地为游客提供观光攻略等,建立旅游论坛,搜集和响应游客提出的各种问题。另外,提供论坛评分功能,访问者可以对航空公司服务、旅游服务进行打分并发表服务体验。定期举办有奖征文、抽奖活动,提高乘客参与互动积极性。对共享类的服务和产品,可以通过发布链接、分享高关注度游记等方式奖励里程积分,一般在论坛上发帖、留言的网民可以得到优先体验航空公司产品的机会,这为航空公司推广新产品、新服务创造了良好条件,同时也可以进一步促进与乘客的互动,更好把握客户服务需求变化。在线下渠道方面,要为线上运营提供有力支持。

(二)建立立体化的渠道销售模式

在互联网快速发展背景下,航空公司营销模式发生了巨大变化,逐渐从过去扁平化营销模式向金字塔式全方位营销模式转变。利用现有网络渠道实现各方互利共赢目标,这既可以有效提高资本利用效率,还可以不断扩大营销渠道和市场范围,在竞争激烈的市场环境下生存发展,不断整合内部经营资源,促进航空公司业务健康有序发展。航空公司要充分利用电子商务平台资源,与移动信息平台建立长期合作关系,大力发展APP用户,与微博、微信等新媒体工具建立多位一体的营销渠道体系。

(三)树立平台运营观念,大力发展网络销售入口

航空公司要充分利用互联网营销渠道,树立良好的平台化运营思想和观念,打造多位一体的航空信息服务渠道体系。树立平台化的运营思想和观念,需要以用户需求为导向,建立网络直销渠道,充分发挥互联网信息传播功能和优势。在平台建设过程中,要与百

度、腾讯等网络公司建立合作关系,提高网络服务水平和质量,整合政府、机场、客户以及第三方支付资源,为客户提供更加便捷的航空信息查询服务。为了充分利用网络销售入口资源,航空公司要根据自身经营情况选择与专业营销平台在互利共赢的基础上开展合作,与去哪儿网、途家网、携程网等签订战略合作协议。利用这些平台的客户资源,不断拓展营销渠道和范围,带来更好的经济效益。

(四)对实现个性化与精准营销的有益探索

1.粉丝营销

粉丝们既可以带来积极能量,也可能会造成负面影响。因此,航空公司要与广大粉丝保持良好的沟通和互动,引导粉丝朝着正确的方向发展。在传统媒体环境下,航空公司很难对旅客粉丝背景进行有效识别,而借助新媒体工具可以对粉丝进行跨界标签,获取更多旅客背景信息,这就是互联网+所体现的优势。通过对不同航线旅客需求、行为规律进行分析,航空公司可以为粉丝开通专用航班,这样为追星族创造更好条件。航空公司还可以将粉丝团队组织起来,借助其庞大的数量开展精确营销。

2.主题营销

航空公司要不断创新和完善产品体系。当前,大多数航空公司都是以卖座位为主,营销效果不理想。这是因为,对于乘客来说航班服务不是其出行的全部需求,虽然航班会进行其他营销活动,但是不能覆盖旅客所有的出行服务需要,因此营销效果要大打折扣。如果航空公司能够推出丰富的产品和服务,即使机票更贵一些也能吸引不少乘客关注。

结论(略)

参考文献(略)

四、写作题

(一)根据自己所学专业,利用所学知识,查找相关资料,拟写一篇毕业论文的详细提纲。

(二)结合学校或所在班级的某项活动,拟写一份活动策划书。

(三)结合本学年学习的内容拟写一篇学科小论文。

模块六 诉讼文书

学习任务

1. 了解诉讼文书的种类。
2. 学习诉讼文书的结构和内容。
3. 学会撰写诉讼文书。

思政任务

1. 通过本模块的学习，引导学生形成正确的世界观、人生观和价值观。
2. 增强风险防范意识，培养严谨的敬业精神。

情境导入

女排运动员朱婷称被诽谤提起刑事自诉，法院已立案

中国女排运动员朱婷称今日头条用户"排球人生"等5人捏造事实、通过网络对其诽谤，向法院提起刑事自诉。12月27日，河南省郑州市惠济区法院官网发布消息称，已依法立案。

据惠济区法院网站：12月3日，自诉人朱婷委托的诉讼代理人到该院提交刑事自诉状及证据材料，以今日头条用户"排球人生""顽童说球""柯南话乒乓"和微信订阅号"排球Dialogue"，新浪微博ID"第一球迷胖哥"5人捏造事实、通过网络诽谤自诉人朱婷且情节严重为由，要求以诽谤罪追究5被告人的刑事责任、赔礼道歉并赔偿有关财产损失。

惠济区法院审查过程中，通知自诉代理人补充了相关证明材料，依职权调取了有关证据。经审查，朱婷的自诉符合《中华人民共和国刑事诉讼法》相关规定，于2021年12月27日依法立案。

（资料来源：光明网）

从上面的报道中可看出,在网络中,常有人视网络为法外之地,为达某种目的造谣生事。而遭遇诽谤的人则可以通过向人民法院提交诉状,请求法院审理案件,从而达到维护自身合法权益的目的。本模块主要学习的内容就是诉讼文书的写作。

基础知识

学习情境一　起诉状

一、起诉状概述

(一)起诉状的概念

起诉状是法律文书中应用最广泛的一类文书,它是指在诉讼过程中,公民、法人或非法人团体为了维护自身的合法权益依法向人民法院提起诉讼的法律文书。

在诉讼过程中提出诉讼者,即为原告,被诉讼者为被告。原告诉讼时应向人民法院提交诉状,并具有正本和副本,其中正本一份,副本份数根据被告人数确定,有一个被告就有一个副本。根据诉讼法的规定,自己书写诉状确有困难而又没有请人代书的当事人可以口头诉讼,并由人民法院制作笔录。

(二)起诉状的种类

起诉状根据其所适用的不同性质的诉讼程序,可分为民事起诉状、刑事自诉状和行政起诉状。

(三)起诉状的格式

起诉状分为首部、正文和尾部。首部包括标题和当事人的基本情况,正文包括诉讼请求、事实和理由、证据和证据资料来源,尾部为落款、日期、附件等内容。

二、民事起诉状

(一)民事起诉状的概念

民事起诉状是指公民、法人或其他组织,认为自己的民事权利和义务受到侵害或者与他人发生争执时,为维护自己的合法权益,依据事实和法律,按照法定程序,向人民法院提起民事诉讼时制作并使用的法律文书。

(二)起诉的条件

1. 原告必须是与本案有直接利害关系的公民、法人或其他组织

凡是有诉讼权利能力的人都可以作为民事诉讼当事人,既可以成为原告,也可以成为被告。但要成为一个具体案件的原告,还必须与本案有直接的利害关系。即原告请求人民法院予以确认和保护的,发生争议或受到侵害的民事权益必须是自己的或依法受自己保护的民事权益,如果与本案没有直接的利害关系,即属于当事人不合格,就不能作为原告向人民法院起诉。

2. 有明确的被告

所谓明确的被告,是指原告认为侵犯了自己权益或与自己发生争议的公民、法人或者其他组织必须明确,不能泛泛而指。如果没有明确的被告,原告的请求就无人承认,法律关系就无法证实,人民法院也就无法开始审判活动。

3. 有具体的诉讼请求和事实、理由

所谓具体的诉讼请求,是指原告要求人民法院予以确认或保护的民事权益的内容和范围必须具体,即原告通过诉讼要求达到什么具体目的。如果原告不提具体诉讼请求,人民法院也无从进行审理和裁判。所谓事实,是指原、被告之间法律关系发生、变更、消灭的事实,以及被告侵权的事实或与原告发生争议的事实。同时还包括证明案件事实存在的证据事实。所谓理由,就是原告向人民法院提出具体诉讼请求的主要依据。如果原告提不出具体诉讼请求的事实和理由,法院就难以做出正确的判断,就有可能导致败诉。

4. 属于人民法院受理民事诉讼的范围和受诉人民法院管辖

诉讼必须向应当作为第一审受理本案的人民法院提起,案件的性质必须属于《中华人民共和国民事诉讼法》的受理诉讼范围。

以上四个条件缺一不可,不符合其中任何一个条件,起诉均不能成立。

(三)民事起诉状的结构和内容

民事起诉状通常是由首部、正文和尾部组成。

1. 首部

首部包括标题和当事人的基本情况。标题要居中书写,标明"民事起诉状"。当事人的基本情况应当注意两点:一是同案原告为两人以上的,应当逐一写明。同案被告为两人以上的,应按责任大小的顺序写明。如果原告和被告之间有亲属关系,还应当写明他们之间的亲属关系。二是原、被告是法人或其他经济组织的,在"原告"这个称谓下面,要写明单位的名称(名称应当写全称,不能随便简写,并且应当与其公章上的字样相一致)和所在地,并写清楚该单位的法定代表人或主要负责人的姓名、职务、电话,企业性质、工商登记核准号,经营范围和方式,开户银行、账号。

2. 正文

正文包括诉讼请求、事实与理由、证据和证据资料来源三方面内容。

(1)诉讼请求。诉讼请求要明确具体,合法合理。要写明请求人民法院解决什么争执,满足什么要求,而不能笼统地写"请求人民法院秉公而断"或"依法判决"之类的句子。请求内容应该合乎法律有关规定,不能提出无理要求。另外,诉讼请求还应简明,各自独立的请求事项要分别列出,最后一项通常为诉讼费用的负担要求。

(2)事实与理由。事实与理由是民事起诉状的核心内容。这部分事实要按事件的基本要素叙写清楚,即时间、地点、人物、事件、原因、结果这六要素要齐全。叙述事实要客观,既要明确反映出有利于自己的事实和证据,还要反映出不利于自己的事实和证据,不能主观臆断,随意夸大或缩小事实,要抓住关键和主要情节,突出双方的争执焦点。

理由要明确,着重论证纠纷的性质,被告应负的法律责任,原告诉讼请求的合法性。最后有针对性地引用相关法律条文,以获得法律上的支持。

(3)证据和证据资料来源。要注意以下三点:一是证据的名称应当规范,必须符合法律规定;二是不仅要写明证据的名称,还要写明证据的资料来源;三是涉及证人证言的,应当写明证人的姓名和住址。

3. 尾部

尾部包括结尾和附件。结尾主要应当写明致送受诉法院名称、起诉人签名或者盖章、年月日等。附件应当写明民事起诉状的副本份数、附送证据的名称及件数等。

(四)例文评析

例 文

民事起诉状

原告:张××,女,35岁,汉族,×省×县×乡×村农民。
被告:张××,男,38岁,汉族,×省×县×乡×村农民。
诉讼请求:
要求与被告共同等额继承父母遗产4间新瓦房,各得2间。
事实与理由:

原告张××与被告张××系兄妹关系,两人自幼由父母抚养成人。兄妹二人先后于2008年和2012年成婚,婚后,被告住妻子家,原告住丈夫家,均与父母分开生活。父母靠工资维持生活,退休后靠退休金养老,从不要子女提供经济资助。原、被告家原住4间旧式瓦房,2013年父母用多年积蓄的4万元钱,将4间旧式瓦房翻建成4间新瓦房,室内装修也比较讲究。新瓦房由父母居住。

2018年2月,母亲病故,办理丧事所花费用全部由父亲支付,兄妹二人均未出资。2020年8月,父亲突发心脏病住院治疗,兄妹轮流到医院护理,尽了子女孝敬父母的义务。数月后父亲去世,兄妹二人共同负责办理丧事,所花费用由二人平均负担。

父母去世后,被告一家突然搬回家居住,独占了父母遗留下来的4间新瓦房。原告得知后,对被告的行为提出批评,并要求与被告共同等额继承父母的遗产4间新瓦房,各得2间,同时原告自愿放弃继承父母家衣物的权利。被告断然拒绝了原告提出的要求,因此引起纠纷。

原告认为,被告独占父母遗产的做法是错误的,独占的理由是荒唐可笑的。《民法典》第一千一百二十六条规定:继承权男女平等。第一千一百二十七条规定:遗产按照下列顺序继承:(一)第一顺序:配偶、子女、父母……根据该规定,原、被告都是第一顺序继承人,都有权继承父母的遗产。父亲生病住院期间,原、被告都尽了照顾老人的义务,而且平均负担了办理丧事的费用,二人所尽义务大体相当。根据权利与义务一致的原则,继承的权利应当是平等的。被告辩称:我们乡下人从来都是由儿子继承父母的遗产,哪有女儿回娘家继承遗产的道理……这是几千年的老规矩,不能改变。这种说法荒唐可笑,不值一驳,是封建思想的表现,违反我国法律规定,不能成立。

证据和证据资料来源:
1. 证人姓名和住址
2. 证据材料三份
(1)×乡×村村民委员会主任王××的证明材料一份;
(2)××乡×村×组组长张××的证明材料一份;
(3)原、被告的姑母张××(住×乡×村)证明一份。
以上三份材料均能证明原告所述案情属实。

根据上述事实和证据、理由和法律依据,请依法判决,以实现原告的诉讼请求。
此致
××县人民法院

起诉人:张××
2021年8月17日

附件：本起诉状副本一份

【评析】 这份民事起诉状基本符合民事起诉状的写作要求。诉讼请求写得既明确、具体、合理、合法，又简明扼要；纠纷发生的来龙去脉交代得非常清楚，重要事实情节如遗产情况、对父亲尽赡养义务等情况以及争执焦点，写得清楚明白；列举的证据确实，理由充分，于法有据，并指出被告不让原告继承父母遗产的说法违反国家法律规定，不能成立，为实现诉讼请求奠定了基础，提供了法律和理论上的依据。

三、刑事自诉状

（一）刑事自诉状的概念

刑事自诉状是法律规定的刑事自诉案件的受害人或其法定代理人依法直接向人民法院控告被告人的犯罪行为，要求追究被告人刑事责任或者附带民事责任的诉讼文书。

在刑事案件中，还可以提起附带民事诉讼。提起附带民事诉讼有两种情况：一是被害人由于被告人的犯罪行为而遭受物质损失的，在刑事诉讼过程中，有权提出附带民事诉讼；二是如果是国家财产、集体财产遭受损失的，人民检察院在提起公诉时，可以提起附带民事诉讼。

（二）刑事自诉案件的适用范围

1. 告诉才处理的案件。
2. 被害人有证据证明的轻微刑事案件。
3. 被害人有证据证明对被告人侵犯自己人身、财产权利的行为应当依法追究刑事责任，而公安机关或者人民检察院不予追究被告人刑事责任的案件。具体来说，刑事自诉案件包括：轻伤害案、侮辱他人诽谤他人案、暴力干涉婚姻自由案、重婚案、破坏现役军人婚姻案、虐待家庭成员案、遗弃案等。

（三）自诉的条件

1. 提起自诉的主体必须是被害人或者其法定代理人。一般而言，自诉由被害人提起。根据《中华人民共和国刑事诉讼法》第八十八条规定：被害人死亡或者丧失行为能力的，被害人的法定代理人、近亲属有权向人民法院起诉。

2. 提起自诉必须要有明确的被告人。自诉人向人民法院提起自诉时应当提供确定的被告人的姓名、性别、住址、工作单位等个人情况，对象要明确，要方便法院通知被告人应诉，以利于提高诉讼效率。

3. 案件应当属于人民法院直接受理的范围，受诉的人民法院对该案必须有管辖权。即案件须是法律明确规定允许自诉人提起自诉的案件。

4. 应当有具体的诉讼请求，有足够证据证明被告人犯罪的事实。诉讼请求是自诉人提起自诉的目的所在。因此，为了维护被害人的合法权益，被害人或其法定代理人、近亲属应在自诉状中写明具体的诉讼请求。此外，还应有足够的证据证明犯罪事实，若没有足够的证据，就无法认定被告人的罪责，也就达不到惩罚犯罪的目的。

5. 自诉应当在追诉时效期限内提出。《中华人民共和国刑事诉讼法》第十五条规定，已过追诉时效的犯罪，不追究刑事责任；已经追究的，应当撤销案件。

以上几个是提起自诉必须具备的条件，缺一不可。自诉人只有同时具备这几个条件时,才可以向人民法院提起诉讼,从而要求人民法院对犯罪事实进行审理,以追究被告人的刑事责任。若不具备以上条件,人民法院就会不予受理或驳回起诉。

(四)刑事自诉状的结构和内容

刑事自诉状由首部、正文和尾部组成。

1. 首部

包括两项内容:标题和当事人的基本情况。

(1)标题:应居中写"刑事自诉状"。附带民事起诉的,诉状名称写"刑事附带民事自诉状"。

(2)当事人的基本情况:应依次写出自诉人、被告人姓名、性别、年龄、民族、出生地、文化程度、职业或工作单位和职务、住址等内容要素。先写自诉人,后写被告人,前后顺序不能颠倒。当事人基本情况的规定要素,应当按规定的顺序书写,不能随意增添或减少,不能颠倒顺序。如是刑事附带民事自诉,则当事人部分应分别称为自诉人及附带民事原告人和被告人。

2. 正文

(1)案由。案由即所控告人犯了什么具体罪名。

(2)诉讼请求。诉讼请求应写明要求人民法院追究被告人刑事责任的请求,如果有附带民事诉讼的,应分条写明要求被告人赔偿损失的项目和具体数额。

在撰写诉讼请求时,要注意划清罪与非罪的界限。被告人的行为如果不构成犯罪,则不能作为起诉的请求事项。例如:"被告人骂了我三声,推了我一下,请求依法判处。"即使被告人的行为属于不道德的行为或违反纪律的行为,例如做了影响他人婚姻自由的事,但还不是用暴力干涉他人婚姻自由的都不构成犯罪,因而不能提起刑事诉讼。附带民事赔偿的,也应实事求是,不能脱离实际,过高索赔。

(3)事实与理由。事实与理由应当分两部分叙写。事实部分应写明被告人犯罪的具体事实,理由部分应当以案件事实为基础,以有关法律规定为准绳,阐明起诉理由。

叙写事实应当注意:一是叙写事实应当实事求是,如实反映案件情况;二是应当依据法律严格区分罪与非罪的界限,切忌将非罪材料写入犯罪事实;三是叙写犯罪事实应写明被告人实施犯罪的时间、地点、动机、目的、手段、情节和危害结果等。提起附带民事诉讼的,还要写清楚由于被告人的犯罪行为导致被害人遭受的物质损失的情况。

阐述理由应当注意:一是依据事实,说明被告人犯罪行为的性质、危害;二是完整、具体、准确地引用法律条款(提起附带民事诉讼的,还要引述民法条款,证明被告人应该承担的民事责任);三是向人民法院重申自己的诉讼请求。

(4)证据和证据资料来源。刑事自诉状中列举证据是十分重要的内容,不仅关系到事实与理由能否成立,而且关系诉讼的胜败。《中华人民共和国刑事诉讼法》第二百一十一条规定,缺乏罪证的自诉案件,如果自诉人提不出补充证据,经人民法院调查又未能收集到必要的证据,应当说服撤回自诉,或者裁定驳回。因此,自诉人在列举证据时应当注意:证据与犯罪事实要有客观联系,证据的名称要规范,证据的资料来源、件数要清楚,证人的姓名要准确,住址要详细具体。

3. 尾部

(1)致送人民法院的名称。

(2)自诉人签名、日期。

(3)附件。写明所附刑事自诉状副本的份数和其他证据情况。

(五)例文评析

例 文

刑事自诉状

自诉人(附带民事诉讼原告人):张××,男,36岁,个体工商户。

被告人(附带民事诉讼被告人):陈××,男,24岁,无业。

案由:故意伤害

诉讼请求:

1. 追究陈××故意伤害的刑事责任;

2. 判决陈××赔偿自诉人经济损失18000元的民事责任。

事实及理由:

2020年6月29日上午,陈××、何××(已死亡)与王××等人到自诉人经营的饭馆寻衅。自诉人劝阻,陈××等人非但不听,反而共同殴打自诉人,致自诉人受伤。经医院治疗,花去医药费16000元,并支付交通费200元,误工费1800元,各项经济损失共计18000元。经司法鉴定,自诉人伤势为轻伤。

案发后,王××主动认错,并支付医药费10000元。自诉人决定不再追究王××的责任。

陈××故意伤害自诉人,应当追究刑事责任;同时由于给自诉人造成经济损失,亦应承担民事赔偿责任。请依法判决。

此致

×××人民法院

自诉人:张××

2021年10月10日

附:1. 本诉状副本1份;

  2. 证据材料4份。

【评析】 这份刑事自诉状写得合乎规范,最大特点是事实部分表达清楚,将被告人犯有故意伤害的始末缘由进行了概括,重点突出。

四、行政起诉状

(一)行政起诉状的概念

行政起诉状是公民、法人或者其他组织认为行政机关和行政机关的工作人员的具体行政行为侵犯其合法权益,按照行政诉讼法的规定向人民法院提起诉讼,要求依法裁判的诉状。

(二)行政起诉状的特点

1. 起因的单一性

行政起诉引起争议的对象专指国家行政机关或其工作人员的具体行政行为,不在此范围内的不能提起行政诉讼。

2. 被告的恒定性

起诉人,即原告是专指受国家行政机关或其工作人员具体行政行为侵害的公民、法人或其他组织,被告的国家行政机关不能提出起诉。

3. 起诉程序的规范性

行政诉讼的起诉有两种程序:一种是申请行政复议,对复议决定不服才向人民法院起诉;另一种是原告直接向人民法院起诉。

(三)行政起诉状的结构和内容

行政起诉状包括首部、正文、尾部。

1. 首部

首部包括标题和当事人基本情况。

(1)标题。一律居中写明"行政起诉状"。

(2)当事人基本情况。必须分别写明原告和被告的有关情况。原告要写明姓名、性别、年龄、民族、籍贯、地址等情况,原告是法人或其他经济组织的,在原告这个称谓下面,要写明单位的名称(名称应当写全称,不能随便简写,并且应当与其公章上的字样相一致)和所在地,并写清楚该单位的法定代表人或主要负责人的姓名、职务、电话;企业性质、工商登记核准号;经营范围和方式;开户银行、账号。由于人民法院受理行政诉讼案有管辖的范围,被告栏要写明被告机关或组织的全称、地址,以及其法定代表人或负责人的姓名、职务。

2. 正文

正文是行政起诉状的核心内容。这一部分的格式虽与民事起诉状相同,但其内容应紧扣行政诉讼的特点来写。

正文内容包括三项:诉讼请求,事实与理由,证据和证据资料来源。

(1)诉讼请求。诉讼请求是正文的第一项内容,即原告提起行政诉讼要解决的问题,要达到的目的。根据行政案件的特点,原告所提出的诉讼请求主要有:部分或全部撤销处罚决定;变更处罚决定;提出赔偿损失等。诉讼请求要表述明确、具体,原告可以针对被告具体行政行为的性质以及自己的权益受损害的程度,依法提出恰如其分的请求。请求如有多项,应分行列出。

(2)事实与理由。这部分要写清楚提出诉讼请求的事实根据和法律依据。

事实是人民法院审理案件的依据,起诉状必须写明被告侵犯起诉人合法权益的事实经过、原因及造成的结果,指出行政争议的焦点。如果是经过行政复议后不服提出起诉的,还要写清楚行政复议机关做出复议决定的过程和结果。叙述时一要客观,二要抓住关键情节。

理由是在叙述事实的基础上,依据法律法规进行分析,论证诉讼请求合理合法。例如,对被告侵犯起诉人人身权和财产权的案件,原告要着重论述被告实施的具体行政行为所依据的事实不真实、证据不充分;或者违反了法定程序,所适用的法律有错误;或者被告纯属超越职权范围、滥用职权的行为;或者该行政处罚过重,侵害了原告正当权益等。其理由应根据案件的不同而有所侧重,但引用法律、法规条文必须准确,理由务必充分。

《中华人民共和国行政诉讼法》第五条规定:"人民法院审理行政案件,对具体行政行为是否合法进行审查。"所以,行政起诉状中陈述的事实和阐明的理由应以具体行政行为是否合法为重点。

(3)证据和证据资料来源。虽然《中华人民共和国行政诉讼法》规定"被告对做出的具体行政行为负有举证责任,应当提供做出该具体行政行为的证据和所依据的规范性文件"。但是,这并不等于说原告就不需要举证。原告同样负有举证责任,还要说明证据的资料来源。举出证人的,要写明证人的姓名和住址,以供法院查证核实。如果证据是法律引文或文件,要注明文件出处。所以,这部分内容要求原告就诉讼请求、列举的事实、阐述的理由所举之证据进行叙述时,应当详细、分明,以便人民法院在办案过程中核对查实。

3. 尾部

尾部内容包括:

(1)致送人民法院的名称;

(2)起诉人签名、日期;

(3)附件。写明所附起诉状副本的份数等情况。

(四)例文评析

例文

行政起诉状

原告:王××,男,汉族,生于1967年7月13日,广东省韶关市人。户籍所在地:广东省韶关市××区××镇×××村委会前村一队1号,身份证号码:××××××××××××219。住址:广东省韶关市××区××街6号。

被告:韶关市××区人民政府,地址:韶关市××区××路7号。

法定代表人:赵××,韶关市×××区人民政府区长

诉讼请求:

请求依法判决撤销被告韶关市××区人民政府于2021年3月13日做出的韶×府征补字(2021)第3号《韶关市××区人民政府房屋征收补偿决定书》。

事实与理由:

原告王××是位于韶关市××区爱国街6号房屋的合法产权人(房地产权证号:粤房地证字第××××号)。该房屋为原告全家六口老小唯一住宅所在地。2021年9月24日,原告在韶关市××区人民政府获知自己的上述房屋已被被告征收并准备强制拆除,并从法院获得韶×府征补字(2021)第3号《韶关市××区人民政府房屋征收补偿决定书》(下称《房屋征收补偿决定书》)的复印件。原告不同意被告的上述《房屋征收补偿决定书》。此后便数次口头向被告提出异议和抗议。被告通过相关部门与原告多次协调,均未达成一致意见。

原告认为,原告的房产属于私有合法财产,其物权受到国家宪法和法律的保护。被告

为商业开发的目的,在未与原告协商并达成协议的情况下,擅自决定征收原告的房屋,违反了国家的相关法律和政策,侵犯了原告的合法权利。如果被告将上述《房屋征收补偿决定书》付诸实施,则将导致原告全家老小流离失所、家破人亡的严重后果。原告为保护神圣的住宅的合法权益不受侵犯,特向人民法院提起上述诉讼,请求人民法院为民做主,依法公正判决。

  此致
韶关市中级人民法院

具状人:×××
2021 年 8 月 13 日

  【评析】 这份行政起诉状项目齐全,陈述的事实和阐明的理由清楚、明白,基本符合要求。

学习情境二　上诉状

一、上诉状概述

(一)上诉状的概念

上诉状是民事、刑事、行政案件的当事人或者他们的法定代理人,不服一审法院的判决或裁定,在法定的上诉期内,向原审法院的上一级法院提出要求撤销、变更原裁判所提交的书状。

上诉状根据案件性质的不同,可分为民事上诉状、刑事上诉状和行政上诉状三类。

我国法律规定,案件审理实行两审终审制。当事人对第一审的判决、裁定不服,有权提出上诉,任何人不得以任何借口剥夺其上诉权。

(二)上诉的条件

1. 上诉人和被上诉人必须是第一审判决、裁定所指向的当事人,包括原告、被告、共同诉讼人、诉讼代表人、有独立请求权的第三人以及判决承担民事责任的无独立请求权的第三人。
2. 当事人提起上诉的判决、裁定必须是法律规定允许上诉的第一审判决、裁定。
3. 上诉必须在法定期间内提出。
4. 上诉必须提交上诉状。

(三)上诉的期限

上诉状必须在法定上诉期限内写出并提交上级人民法院才具有法律效力。

民事、行政上诉期限有两种,一是对判决提起上诉的期限为十五日;二是对裁定提起上诉的期限为十日。刑事上诉期限为:对一般刑事案件判决的为十日,裁定的为五日;对杀人、强奸、抢劫、爆炸和其他严重危害公共安全犯罪的死刑案件上诉期限为三日。期限从判决书送达后的第二日起算。逾期写出和送达的上诉状,不具有法律效力。

二、上诉状的结构和内容

上诉状由首部、正文和尾部三部分构成。

(一)首部

首部包括标题和当事人基本情况。

1. 标题

标题应当居中写明"民事上诉状""行政上诉状""刑事上诉状"等名称。根据案件性质确立上诉状的名称。

2. 当事人基本情况

上诉人和被上诉人基本情况要写明姓名、性别、年龄、民族、籍贯、职业或工作单位、住址等情况。当事人是法人、其他组织或行政机关的,还应写出名称、地址、法定代表人的情况。但需注意要在上诉人和被上诉人之后注明在原审中的地位。如:上诉人(原审原告人或原审被告人):张××,女,××岁……;被上诉人(原审被告人或原审原告人):刘××,女,××岁……公诉案件无被上诉人,不能写被上诉人是人民法院。

(二)正文

正文包括案由、上诉请求和上诉理由。

1. 案由

一般用下列程式语句:"上诉人因……一案,不服××人民法院××××年××月××日××字第××号的民(或刑)事判决(或裁定),现提出上诉。上诉的请求和理由如下。"由此引出上诉的理由和请求。

2. 上诉请求

首先要综合叙述案情全貌,接着写明原审裁判结果。其次指明是对原判全部或哪一部分不服。最后写明具体诉讼请求,是要撤销原判、全部改变原判还是部分变更原判。可以表述为:"请求上级法院依法撤销×××人民法院××××年××月××日〔 〕刑初字第××号刑事判决书中第×项,维持第×项。"

3. 上诉理由

主要是针对原审裁判而言,而不是针对对方当事人。针对原审判决、裁定,论证不服的理由,主要是以下三方面:(1)认定事实不清,主要证据不足;(2)适用法律不当;(3)违反了法定程序。在反驳时,应提出正确的事实依据和法律依据。理由是上诉的关键,请求是否成立,取决于理由是否充分。上诉状的针对性和说理性在这里应得到最有力的体现。

(三)尾部

尾部包括四项内容。

1.致送法院的名称。上诉状写好后,可以直接递交二审法院,也可以通过原审法院转交上一级人民法院。

2.上诉人签名盖章。

3.具状日期。

4.附件。顺序依次列出:上诉状副本×份,书证×件,物证×件。如有证人,还要写出证人的姓名和住址等。

三、上诉状与起诉状的区别

(一)诉讼原因不同

起诉状是针对被告侵犯原告的合法权益的行为,向人民法院提起的诉讼。上诉状则是针对原审人民法院尚未发生法律效力的判决或裁定,向原审人民法院的上一级人民法院提起的诉讼。

(二)诉讼中的作用不同

提交起诉状引起第一审程序的发生,做出的判决、裁定可上诉;提交上诉状,引起第二审程序的发生,做出的判决、裁定是终审的,不可再上诉。

(三)处理程序不同

起诉状由受理人民法院进行审理,依法做出判决、裁定。上诉状必须由上诉人民法院进行二次审理,依法做出终审判决、裁定。

四、例文评析

例 文

民事上诉状

上诉人:任××,女,37岁,汉族,××人,市××公司副总经理,住××市××区××路×号。

被上诉人:史××,男,40岁,汉族,××省××县人,××市××厂推销员,住××市××区××路×号。

上诉人因离婚一案,不服××市××区人民法院2021年5月10日〔2021〕民初字第××号民事判决书的第二项判决,现提出上诉。

上诉请求:

请依法撤销××市××区人民法院2021年5月10日〔2021〕民初字第××号民事判决书的第二项判决;

改判婚生女儿史××(13岁)由上诉人抚养。

上诉理由:

原审判决说:"鉴于原告收入丰厚,有足够的经济力量培养孩子成人,因此,本院认为,孩子归原告抚养有利于下一代健康成长。"据此将婚生女儿史××判归被上诉人抚养。上诉人认为此项判决不当,判决的理由不能成立。理由是:第一,上诉人一直照顾孩子的生活和学习,孩子与上诉人结下了深厚的母女情谊;相反,被上诉人近10年来在××厂担任推销员,经常出差在外,有时几个月不回家,对孩子的生活、学习从来不问,与孩子也没有什么感情。因此,上诉人认为,孩子由被上诉人抚养不利于孩子成长,由上诉人抚养则有益于孩子的身心健康,有利于培养孩子成人。第二,上诉人的经济收入也不低,完全有能力培养孩子成人。关键不在谁有钱,而在于谁抚养孩子有利于孩子健康成长。被上诉人说他有钱,可以雇保姆照顾孩子,法院也认为这种说法有道理,试问保姆照顾有母亲照顾好吗?这种说法显然不合情理。

孩子归谁抚养,应当考虑孩子的意见。最高人民法院1993年11月3日印发的《关于人民法院审理离婚案件处理子女抚养问题的若干具体意见》第5条规定:"父母双方对10周岁以上的未成年子女随父或随母生活发生争执的,应考虑该子女的意见。"原审法院根本没有征求孩子的意见,就主观决定由被上诉人抚养。孩子听说随父亲生活,哭了好几天,说不愿意与父亲一起生活,愿意与母亲一起生活。请上诉人民法院按照最高人民法院的上述"意见"办事,考虑孩子的意见,将孩子改判归上诉人抚养。

此致
××市中级人民法院

上诉人:任××
2021年5月15日

附件:本上诉状副本1份

【评析】 该上诉状的书写符合要求。上诉缘由表述得清楚明白,上诉请求明确具体、合理合法,上诉理由能够针对原判决不当之处进行分析论证,并引述司法解释条款作为依据,说理充分,具有较强的说服力。

学习情境三 答辩状

一、答辩状概述

(一)答辩状的概念

答辩状是民事和行政案件的被告一方或被上诉一方,针对原告或上诉人的指控,就其起诉状或上诉状中的事实理由和诉讼请求,进行答复和辩护的书状。

民事和行政诉讼法规定,被告收到人民法院送达的起诉状副本后,15日内应提交答辩状;人民法院收到答辩状后,应在5日内将答辩状的副本发送原告;被上诉人收到原审法院送达的上诉状后,15日内应提交答辩状。民事诉讼法又规定,当事人不提交答辩状,不影响人民法院对案件的审理。

(二)答辩状的种类

答辩状是与诉讼状、上诉状相对应的文书。根据审判程序可分为:一审程序中的答辩状,是被告针对原告的诉状提出的;二审程序中的答辩状,是被上诉人针对上诉人的上诉状提出来的。根据法律适用的范围可分为:民事答辩状和行政答辩状。

二、答辩状的结构和内容

答辩状包括首部、正文和尾部三部分。

(一)首部

首部包括标题和当事人的基本情况。

1. 标题

写明"民事答辩状"或"行政答辩状"。

2. 当事人的基本情况

写明答辩人姓名、性别、年龄、民族、籍贯、职业或职务、单位或住址等内容。答辩人是法人或其他组织的,应写明法人或组织的名称、所在地址,然后写明法定代表人姓名、职务、电话,再写企业性质、工商登记核准号、经营范围和方式、开户银行、账号。

(二)正文

正文包括答辩缘由、答辩理由、诉讼请求三部分。

1. 答辩缘由

主要写明对何人起诉或上诉的何案提出答辩,对何时收到起诉状副本,可写可不写。具体写法如"答辩人因原告×××提起××××(案由)诉讼一案,现答辩如下",或者写"答辩人因××一案,现提出答辩如下"。

2. 答辩理由

这是答辩状的主体部分,或者说是关键部分。它要根据起诉状或上诉状的内容来确定。这部分要针锋相对地逐项反驳原告在起诉中提出的请求事实和理由,或者针对上诉人在上诉状中提出的上诉请求和理由进行答辩,并相应地提出相反的事实、证据和理由,以证明自己的理由和观点是正确的,提出的意见和要求是合理的。

一审答辩状和二审答辩状的写作目的和方法略有不同。一审答辩状的写作目的是对原告的起诉进行反驳。二审答辩状的写作目的是要求二审法院维持一审裁判,驳回上诉,写作方法要采用反驳,即根据一审法院查明案件事实和审理情况,对上诉理由逐条驳斥,证明一审裁判的正确性。答辩可根据不同的案情采取不同的写作方法:起诉事实不实的可以重点采用叙述的方法叙述真实情况;起诉超过法定诉讼有效期限的,重点分析原告的起诉超过诉讼有效期间,已经丧失实体诉权的理由;原告资格不合格的,则重点分析原告的资格问题。写答辩理由时,对原告起诉状中真实的材料、正确的理由、合理合法的请求,应予以概括肯定,不能诡辩。

对于行政答辩状,要注意侧重行政行为依据的事实,然后写清楚行政行为的实施所依据的法律规定或政策文件。

3. 诉讼请求

在提出事实、法律方面的答辩之后,引出自己的答辩主张,即对原告诉状中的请求是完全不接受,还是部分不接受,对本案的处理依法提出自己的主张,请求法院裁判时予以考虑。

(三)尾部

尾部包括三项内容。

1. 致送机关,分两行写。如:此致×××人民法院。
2. 答辩人签名、日期。
3. 附件,写明:(1)本答辩状副本×份;(2)证物或书证××(名称)×件。

三、答辩状的写作要求

(一)要有针对性

原告人或上诉人在起诉状或上诉状中列出的事实和理由,是其提出诉讼请求的论据,驳倒其所列论据,他的请求自然不能成立。因此,答辩状一定要有针对性,针对对方提出的事实和理由进行辨析和反驳。切不可抛开对方提出的问题另做文章。

(二)要尊重事实

事实是判案的基础,事实是客观存在的,如原告无理,就一定会歪曲事实,或者隐瞒事实真相。答辩状对此最有力的反驳,就是揭示事实真相情况,并列举出证据。原告有时采用避重就轻,为我所用的办法陈述事实,答辩状要准确进行揭露,把不利对方的事实部分突出出来。如果原告尊重客观事实,真实反映事实真相,答辩状就应承认,绝不能强词夺理,无理狡辩。

(三)要熟悉法律

法院判决和裁定,以法律为准绳。撰写答辩状应当熟悉并熟练运用有关法律条文,使自己的理由和主张建立在合法的基础之上。同时,要指出起诉状或上诉状中引用法律上的错误之处,指出其行为的不合法性。提起诉讼就是在弄清事实的基础上,让法院判断谁的行为合法,谁的行为违法。

(四)要抓住关键

一个案件常常涉及许多人和事,时间可能跨度很大,但无论多么烦冗复杂,总有一个或几个关键部分。撰写答辩状是针对起诉状或上诉状的诉讼请求而进行的答复和反驳,应当避开枝节,抓住双方在案件中争执的焦点,在关系到胜诉和败诉的关键问题上下功夫,争取主动。这就要求答辩状的撰写者,充分研究事实,掌握证据,分清主次,从而进行有目的的辩驳。

四、例文评析

例 文

民事答辩状

答辩人:××市发电厂　　地址:××市××区××街××号
法人代表:刘××　　职务:厂长
委托代理人:陈××　　××律师事务所律师

答辩人就××村要求赔偿环境污染的损失一案,提出答辩如下:

起诉状控告我厂锅炉排放大量烟尘,污染了环境,使该村的粮食和蔬菜产量下降,蒙受了巨大损失,这是不实之词。事实是我厂早已采取措施,有效地降低了烟尘排放量。根据调查,该村的粮食产量,在某些年度,由于种种原因,确有所减少,但总的来看,还是略有上升。至于蔬菜,也只是在个别季节产量下降,但未有普遍减产现象,这说明我厂锅炉排放的烟尘不多,对该村农田的危害不大。

起诉人还诉称,该村的鱼池也受到严重污染,难以整治,要求我厂申请同等面积的土地,另造一个新鱼池。事实是诉状中所指的鱼池,只是一条自然形成的水沟,不是人工开凿的鱼池,岂能要我厂重起炉灶。

基于上述理由,对起诉人提出的赔偿××万元的要求我厂难以接受,但考虑到工、农关系和该村受到损失的情况,我厂可以酌情予以补偿,请法院予以裁决。

此致
××区人民法院

答辩人:××市发电厂
××××年××月××日

附件:1.本状副本一份
   2.证明材料两份

【评析】 这是一份关于经济赔偿的答辩状,其格式和内容符合答辩状的写作要求。本文能有的放矢地针对原告提出的事实和理由进行答辩,以证明自身无太大责任,既反驳了原告不符的事实,又提出了解决纠纷的主张和要求。如果所述事实确凿无误,这份答辩状是颇具说服力的。

学习情境四　申诉状

一、申诉状概述

(一)申诉状的概念

申诉状是指民事、刑事、行政案件的当事人、被害人及其家属,对已经发生法律效力的判决、裁定认为确有错误,向人民法院或人民检察院提出申请复查纠正的书状。

依据案件的不同性质,申诉状分为刑事申诉状、民事申诉状和行政申诉状三类。

申诉状一方面可以及时纠正司法机关的错误,监督司法机关的工作;另一方面有利于维护当事人的合法权益。

(二)申诉状和上诉状的区别

申诉状和上诉状的性质和目的是相同的,都是对原审判决或裁定不服,要求重新审判或裁定,以纠正错误,但二者是两种不同的诉讼书状。

1. 提出的主体不同

上诉状的提出主体必须是当事人及法定代理人,如果是委托代理人或近亲属则需当事人同意;申诉状提出的主体没有限定必须是当事人,只要是具有权益的人都可以提起诉讼,而不是必须征得案件当事人的同意。

2. 所针对的原审判决或裁定的实施情况不同

上诉状是针对未发生法律效力的一审判决和裁定提出的;而申诉状是针对已经发生法律效力的判决和裁定提出的。

3. 提出的时限不同

上诉状必须在规定的上诉期限内提交才具有法律效力,超过期限者无效;而申诉状的撰写和提交没有时间限制。提交申诉状后,原判决或裁定虽然不能停止执行,但可以在判决、裁定执行中的任何时间提出申诉状。

4. 呈送的对象有区别

上诉状只能向原审人民法院的上一级人民法院呈送(可通过原审法院转送);而申诉状既可向原审法院呈送,也可向上一级法院呈送,还可提交人民检察院。

5. 提出后能否引起诉讼程序发生的条件不同

上诉人依法提出上诉,必定引起二审程序的发生,不管当事人提出的上诉是否合理,二审法院都要对案件进行审理;而申诉人把申诉状送出后,经人民法院或人民检察院审查,认为原判决和裁定确有错误,则可引起审判监督程序的发生,对原案进行再审;如果经审查认为原裁决没有错误,申诉无理,则由人民法院驳回原诉,就不会引起审判监督程序的发生。

二、申诉状的结构和内容

申诉状由首部、正文、尾部三部分构成。

(一)首部

首部包括标题和当事人的基本情况。

1. 标题

根据不同案件的性质,分别写为"刑事申诉状""民事申诉状""行政申诉状"。

2. 当事人的基本情况

申诉人基本情况与其他诉状相同。但应注意,刑事自诉案与民事案件的当事人申诉都应将被申诉人的情况列出,而刑事公诉案的申诉只写申诉人,不写被申诉人。如果是刑事案件的在押人申诉,应写明现押处所。

(二)正文

正文包括案由、申诉理由和申诉请求。

1. 案由

写明何人因何案,不服何法院何字号的判决、裁定而提出申诉。一般用"申诉人×××因××一案,不服×××人民法院〔××〕×字第××号刑(或民)事判决(或裁定),特提出申诉"的语句,引出正文。

2. 申诉理由

这是申诉状的主要部分,应从以下几个方面有选择地阐明申诉理由。

(1)指出原审认定事实有误。原判决有误,常常在认定事实上有问题,如:没有把事实搞清就下结论,或原判决所认定的事实不符合实际,或所认定的事实缺乏证据等。如果是这样,那么申诉状就要有理有据地指出,并如实、全面、准确地把事实真相讲清楚,而且要提供充足而有说服力的证据。尤其对影响到判决和裁定的关键事实或情节,更应如此。

(2)提供新发现的事实和证据。申诉理由要新,不可以完全重复原审起诉状或上诉状的理由。原判决和裁定生效以后,只有又发现了审判时没有掌握的新事实和新证据,而这些事实和证据又能有效地否定原判决和裁定,申诉人才可以把新事实和证据列出来,以此作为根据,要求纠正原判决和裁定。

(3)提出原审裁决适用法律不当。认定事实没有出入,而适用法律不当,也会在案件性质和罪名确定上发生错误,造成量刑的畸重畸轻和裁定的偏差。如果是这样,申诉状就要写清原审判决或裁定什么地方适用法律错误,为什么错误,应当怎样正确援引法律等。

(4)指出原审过程违反诉讼程序。如果原审存在违反诉讼程序的情况,足以影响判决和裁定结果时,就要在申诉状中明确指出其违反程序的具体事实,并且引用法律阐明如何正确执行诉讼程序的理由。

3. 申诉请求

在充分阐明申诉理由后,用简洁的语言说明原来的处理有何错误或不当之处,并提出请求事项。如:提出要求撤销或变更原判决或裁定,或者要求查处或再审,以纠正原判决或裁定的错误之处。

(三)尾部

尾部包括三项内容。

1. 申诉状呈送对象:用"此致×××人民法院""此致××人民检察院""此致××人民法院(原审法院)转送××人民法院(上一级人民法院)"等语句表达。

2. 申诉人签名盖章、具状日期。

3. 附件。写清申诉状副本、向上一级人民法院申诉所附的原判决书或裁定书、新发现的事实证据等。

三、例文评析

例 文

民事申诉状

申诉人:何××,女,59岁,汉族,××省××市××县人,××县建筑公司合同工人,住××省××市××县××街10号。

被申诉人:孙××,男,28岁,汉族,××省××市××县人,××县商业局职工,住××省××市××县××街4号。

申诉人何××,不服××地区中级人民法院(2021)民上字第45号民事判决,特提出申诉,理由如下:

一、我和孙××(被申诉人之父)婚姻关系存续期间所买的房子,房款是我独自筹措的,事后也是我独自承担偿还的,有债权人霍××、马××等人的证明。

二、买房子时,我的故夫孙××公开表态,不与我共买此房。并请沈××代写了不愿与我共买房的声明,声名的内容请见代写人沈××的书面证明。

三、夫妻关系存续期间所得的财产,则理解为包括双方或一方的劳动所得。本案中的房子如属这样的性质,其产权应为夫妻共同所有。我买房子虽在我们的夫妻关系存续期间,但买房用款不是劳动所得,而是借债支付。还债又是在我故夫孙××死后。一、二审判决引用法律根据时,只引用《民法典》第一千零六十二条即"夫妻在婚姻关系存续期间所得的下列财产,为夫妻的共同财产,归夫妻共同所有",而根本不提第一千零六十三条中"下列财产为夫妻一方的个人财产:即其他应当归一方的财产"。而我所买的房子,正属于"其他应当归一方的财产"。因此,我认为一、二审的判决把上述房产作为我们夫妻共同的财产是没有法律根据的,是应该改正的。

鉴于上述几点理由,请省高级人民法院按审判监督程序,调卷再审,以维护法律公正,保护公民的合法权利。

此致
××省高级人民法院

申诉人:何××
2021 年 11 月 2 日

附:1.购房证明材料8份
  2.房屋产权证复印件1份
  3.一、二审判决书副本

【评析】 这篇民事申诉状篇幅虽然不长,但重点突出。它着重对事实的关键内容进行了澄清,对事实的性质用法律进行了分析,扣得较准。行文条理清楚,语言简洁,语气得体。

能力训练

一、阅读题

(一)阅读所给材料并回答问题。

××县××乡××村李××与邻居张××,素无冤仇,平时无多来往,也没争吵过,系一般邻居关系,2021年××月××日下午,张××与李××同时到达井边用公用吊桶打水,因互不相让发生纠葛。张××先骂李××,李××抢过吊桶打水,张××很生气,在回家的路上,张××一不小心跌倒死亡。经××县人民法院审判,以过失杀人罪判处李××有期徒刑一年,李××不服,要求撤销一审判决。

问:
1.李××应该用哪一种法律文书做出请求?
2.写作中应注意什么问题?
3.根据材料代李××写上述文书。

(二)写作答辩状常用以下两种技法。

一是针锋相对法:即以对方的错误之处为靶子,针锋相对地逐项反驳,常从四个方面——以事实不当、理由不当、举证不当、语言逻辑错误为靶子进行反驳,使其诉讼请求不能成立。

二是避虚求实法:即避开对方虚假的理由直接陈述实实在在的事实,也就是你说你的,我说我的。

请问下面这个案例中答辩状用的是哪一种方法?

【案例】

民事答辩状(节录)

答辩人:宝山县玻璃制品厂　　　地址:宝山县××号

法人代表:赵庆　　　　　　　　职务:厂长

委托代理人:王雨泽、朱英奇,宝山县律师事务所律师

向阳啤酒厂对我厂指控经济纠纷一案,不服宝山县人民法院的判决,提出上诉。为此,我厂做出答辩如下:

向阳啤酒厂的上诉状,首先一口咬定与本经济案无关,真如上诉状所言:"真是咄咄怪事,滑天下之大稽"。最简单的根据:2021年向阳啤酒厂盖公章,承认、证实向阳啤酒厂已欠贷款64406.90元,怎能说明向阳啤酒厂不是当事人呢?反诬告宝山县人民法院违反法定程序,错列当事人。纯属无视国法,拿法律当儿戏的严重错误行为。

综上所述,原审人民法院认定事实清楚,判决合法、合理。请求二审人民法院依法驳回上诉人上诉,维持原判。

此致

××区人民法院

答辩人:宝山县玻璃制品厂

附件:民事上诉状(节录)

二、技能题

评析下面两则例文,并指出其中的不足之处。

【案例一】

诉　状

被告人:马××(私营企业人民商场负责人)

电话:×××××××

原告人:××市工商行政管理局

法定代表人:孟××(局长,电话:×××××××)

委托代理人:李××(干部,电话:×××××××)

案由:被告人违反合同约定,不履行合同义务。

事实:原告人于××××年××月××日与乐××签订财产租赁合同,将旅游购物城一栋两层营业大厅(建筑面积为1588.43平方米),租给乐××经营,约定租期为六年,年租金18万元,自××××年××月××日至××××年××月××日止,租期届满,租金总额为108万元,于每年8月30日以前按年交清当年租金。同时设定违约金100万元及其他权利义务。

被告人马××经原告人同意,在被告人保证完全遵守、全面履行上述合同条款约定的权利义务的条件下,于同年××月××日成功从乐××手中转包了该营业大厅。

被告人接手承租后,不能按时足额履行合同义务,经多次催收,继续拖欠租金不交,至今仍拖欠原告人租金44万元,取暖费16374.4元。经原告人与被告人多次协商均无结果,现诉至人民法院,提出以下请求,望人民法院依法保护原告人的合法权益。

诉讼请求:

1. 被告人清偿拖欠的租金共计44万元,欠交租金银行同期贷款利息25670.5元,欠交××××至××××年度取暖费16274.4元,以上三项共计481944.9元。

2. 被告人违约,使合同不能履行,应向原告支付违约金。

3. 终止合同。

4. 本案诉讼费由被告承担。

此致
××人民法院

具状人:××市工商行政管理局
××××年××月××日

【案例二】

民事上诉状

上诉人(原审原告):王××,女,30岁,汉族,××县人,××县教育局干部,住××县××街12号。

被上诉人(原审被告):××县劳动服务公司,地址:××县××街5号。

法定代表人:陈述　职务:经理

上诉人因索还借款一案不服××县人民法院2021年8月10日〔2021〕民字第×号民事判决书的判决,现提出上诉。上诉的理由和请求如下:

原判认为,被告所借原告现款人民币5000元,应如数归还,但就有关逾期由被告偿付原告违约金问题,系当时原告和被告双方私下订立,不合法律程序,也不具有法律效力。故只清还本金,不付月息。

上诉人认为,原判决裁定不付月息是不正确的。尽管我与被上诉人订立的《借款协议书》没有通过有关部门,但根据《民法典》规定,当事人双方享受权利和履行义务的自觉自愿、公平合理等原则,被上诉人在《借款协议书》中承认应予偿付月息,而有关条文规定,也是自愿的。这就是说,我与被上诉人订立《借款协议书》是有法律依据的,也是符合法律有关规定的。裁定案件应"以事实为根据,以法律为准绳",偿付月息并非我本人强加于被上诉人的,而是被上诉人自愿的,这是铁铮铮的事实。原审以不合法律程序为由,判决不付给我月息,未免武断。为维护本人合法权益,请求二审人民法院撤销原判,重新审理此案。

此致
××市中级人民法院

上诉人:王××
2021年8月14日

附件:1. 本状副本一份
　　　2. 证明材料两份

三、写作题

（一）根据下面的材料，写一份起诉状。

达威有限责任公司口述：我公司于××××年10月5日，通过招标，与天青公司签订了安装电采暖设备的合同。所需电暖气100台，安装调试运行均由该公司负责，总计费用55万元。10月12日该公司派人来安装，10月20日完工。我公司10月28日付款。安装后，自11月25日开始，暖气就陆续出现不散热现象，开始打电话，天青公司来人修理、调整，但后来就干脆不来了，让我们自己解决。但合同上写道：设备保修一年，在一年内无偿更换。可他们根本不履行。我们找了几个专业人员，大家都认为是暖气设备的质量太差，所以，我们要求退货，但该公司不肯。我们觉得损失太大，所以要起诉，不但要求退货，还要赔偿我们的经济损失。

（二）根据上面的材料和下面的材料，为天青公司写一份答辩状。

天青公司认为，达威有限责任公司所述理由不实。达威有限责任公司认为设备质量有问题，不是事实，暖气之所以不散热，是因为达威有限责任公司使用不当，电压不稳造成的，对这类问题，不属于公司承担责任的范围，以上事实有公司的维修记录及供电公司的证明为证。

模块七　社交礼仪文书

学习任务

1. 了解社交礼仪文书的种类。
2. 学习社交礼仪文书的结构和内容。
3. 学会撰写社交礼仪文书。

思政任务

1. 通过本模块的学习，让学生感受到中华文化的魅力，树立民族自信。
2. 形成良好的品格和个人修养，认同并践行社会主义核心价值观。

情境导入

一封来自太空的"感谢信"

9月17日，神舟十二号载人飞船成功返回地球，为期3个月的飞行任务，创下了中国航天员最长太空驻留时间的纪录。

被视为中国航天事业"国宝"的神十二航天员们平均年龄已达52岁，其中聂海胜57岁、刘伯明55岁和汤洪波46岁。英雄年过半百，如何使他们的耐受性得到提高，适应高强度的太空工作，不仅是神舟十二号飞行任务面临的巨大挑战，更是航天事业保障工程的艰巨任务。然而，我们普通人却很难知道航天员如何在太空做健康管理工作。

一封来自"中国航天员科研训练中心"写给华润江中的《感谢信》，让我们得以了解航天健康保障工程的部分细节，透露了一些不为人知的航天员滋补保养的小秘密。

华润江中旗下的"参灵草"是此次神舟十二号航天员的专用滋补品，同时也从神舟十号、神舟十一号再到此次的神舟十二号，连续三次，从在轨运行15天、33天到90天，为航天员保驾护航。

华润江中与中国航天员科研训练中心长期合作，共同用中医药为航天员健康保驾护航。此次，参灵草助力神舟十二号航天飞行的顺利完成，让国人又一次感受到了中医的国宝价值和魅力。中医瑰宝的参灵草正与中国航天员科研训练中心一起,互为探索、共同创新和砥砺前行,共同奋进新时代,共筑航天强国梦。

[资料来源:中华网(有删节)]

从上面的材料中可看出,人们可以通过书信表达感谢,沟通感情。撰写书信时运用礼貌性用语,有助于人们自觉提高文化修养与精神素质。本模块的主要学习内容就是社交礼仪文书的撰写。

基础知识

学习情境一　礼仪信函

一、礼仪信函概述

(一)礼仪信函的概念

礼仪信函是人们在社交活动中,用邮寄和电信手段传递的表达感情的礼仪文书。

(二)礼仪信函的特点

1. 篇幅短小,一般在几十字至百字。
2. 内容明确,针对什么事,一目了然。
3. 语句热情、诚恳、有度,让对方感受到发函者的礼貌、友好和诚意。

(三)礼仪信函的种类

礼仪信函的种类很多,从传递方式上看,目前使用的有传统的无线电报、传真、电子邮件、移动电话发送的短信息、邮局寄送的信件等;从传递内容上看,有祝贺类、邀请类、致谢类、慰问类等。

1. 祝贺类信函

祝贺类信函是发信方,因节日、庆典、开业、晋升、获奖、升学、参军、乔迁、婚寿等喜事,向受信方表达祝贺之情的社交礼仪文书。

写这类信函,要求热情洋溢,感情真挚,贺词有度,篇幅短小。

2. 邀请类信函

邀请类信函是人们为了举办各种联谊活动、纪念活动、交往活动向受信方表达郑重邀请的社交礼仪文书。

写这类信函,要求诚挚恳切,简单明了,要把参加活动的内容、时间、地点、食宿办法、交通路线等有关问题具体写明。

3. 致谢类信函

致谢类信函是人们为了感谢对方的帮助、支持、关心而使用的社交礼仪文书。致谢类信函一般包括感谢信和表扬信两种,有个人写给组织的,个人写给个人的,组织写给组织的,组织写给个人的。

写这类信函,要求充满感激之情,写明为什么事感谢、表扬,对什么人感谢、表扬,对帮助者的所为,要以充满感激、崇敬的心情加以评价,突出其高尚的思想和精神,用语要真诚朴素,恰到好处,不虚夸、不粉饰。

4. 慰问类信函

慰问类信函是指国家政府机关、企事业单位、政党社团及个人向国内外有关单位或个人表示慰问、致哀的社交礼仪文书。

慰问类信函是要向受信方表达问候关怀,惋惜哀痛的情感,让受信方体会到温暖和真情。所以,写这类信函,所言之词要质朴真挚,慰问有度,致哀类信函更要避免触痛对方的情感。

二、礼仪信函的结构和内容

传递感情的礼仪信函所表达的内容虽不同,但其内容的结构形式是相同的,一般由以下几部分构成。

(一)题目
点明是哪一种礼仪信函,写给谁的。

(二)称谓
收看信函的对象。

(三)正文
写明发此信函的原因、事由,要表达的情感,向对方提出的希望、要求等。

(四)结尾
写祝颂、鼓励、安慰之词,这些词也可省略。

(五)落款
写发信人的单位或姓名,发信时间。

三、例文评析

例文 1

外媒:世界政党政要纷纷致电祝贺中共二十大

据拉美社 10 月 17 日报道,中国媒体 10 月 17 日报道,中国收到了来自越南、老挝、古巴等国家政党的贺电,祝贺中国共产党第二十次全国代表大会召开。据报道,这些国家的政党祝愿这次盛会取得成功,并借此机会重申加强友好关系与合作的意愿。

老挝人民革命党中央委员会表示,老挝政府和全国各族人民珍视老中传统友谊,愿同中国党、政府、人民一道,继续巩固和发展全面战略合作伙伴关系。

古巴共产党中央委员会强调了此次大会的重要政治意义,并肯定中国共产党久经考验、充满智慧,带领中国人民捍卫国家主权、独立和统一。此外,古巴共产党中央委员会表达了对大会圆满成功的真诚祝愿,并相信大会的成果将成为激励世界进步力量的新动力。

越通社 10 月 16 日也刊文表示,在中国共产党第二十次全国代表大会隆重召开之际,越南共产党中央委员会向中国共产党中央委员会致贺电。

越共中央在贺电中强调:"中共二十大是中国党和人民政治生活中具有重要历史里程碑意义的一件大事。我们坚信,大会将提出一系列重大路线方针,为胜利实现 2035 年基本实现社会主义现代化、本世纪中叶建成富强民主文明和谐美丽的社会主义现代化强国的目标锚定前进方向。"

贺电贺函还有来自阿根廷、南非、斯里兰卡、巴勒斯坦、吉尔吉斯斯坦、蒙古国、俄罗斯、哈萨克斯坦、罗马尼亚、伊拉克、毛里塔尼亚、埃塞俄比亚、刚果（布）、科摩罗、乌拉圭、美国、塔吉克斯坦等国的政党政要。

[资料来源：参考消息网（有删节）]

【评析】 从上面的材料可看出，国家、政党之间通常通过贺电、贺函表达祝贺，沟通感情。本模块的主要学习内容就是社交礼仪文书的撰写。

例文 2

"中国民俗学关键词学术研讨会"邀请函

_____先生/女士：

为了更好地推进中国民俗学理论建设，建立中国民俗学话语体系，深化"一流学科建设"中的民俗学学科的内涵建设，加快和繁荣中国哲学社会科学，中央民族大学民俗学学科特举办"中国民俗学关键词学术研讨会"。会议具体事项如下：

会议主题：中国民俗学关键词

会议时间：20××年11月24—25日（24日为外地学者报到时间）

外地会议代表报到地点：中央民族大学西门西200米中协宾馆

会议地点：中央民族大学

会议论文：以论文形式参会，参会代表撰写一个民俗学关键词文章或提供关键词论文摘要，于11月20日前提交。会议论文字数不限。

参会代表费用：

(1)为会议特邀代表提供往返差旅费。

(2)会议代表餐费由会议方提供。

会议联系人：

关×× 电话：1881130××××

周×× 电话：1301182××××

论文提交邮箱：67622××@qq.com

中央民族大学文传学院民俗学二级学科

中央民族大学民社学院社会学一级学科

20××年10月23日

（资料来源：中国民俗学网）

【评析】 这是一份很正式的邀请函，作者把会议主题、邀请目的、会议召开的时间、地点、内容、对与会者的要求等，分条列项，明确表述，被邀请者一目了然。

例文 3

感谢信

华润江中制药集团有限责任公司：

2021年6月17日，神舟十二号载人飞船发射取得圆满成功，航天员聂海胜、刘伯明和汤洪波顺利进驻天和核心舱，中国人首次进入自己的空间站。

贵单位承担的配套产品"参灵草"在轨工作正常、性能满足任务要求、状态良好，有力保障了载人空间站飞行试验任务的顺利开展。在此,向贵单位创造的卓越成绩致以诚挚的敬意,对贵单位长期以来对中心工作的大力支持表示诚挚的谢意!

成就来之不易、奋斗伴随艰辛。在后续任务中,挑战更多、考验更大,我们有信心、有能力走好空间站阶段的每一步。让我们一起抓住机遇,合作共赢,奋进新时代、筑梦空间站,不断刷新中国高度、创造中国奇迹。为实现中国梦、航天梦再立新功、再创辉煌!

中国航天员科研训练中心(公章)
2021 年 6 月 23 日

(资料来源:中华网)

【评析】 这封来自"太空"的感谢信,表达了航天员们对参灵草为航天员们"保驾护航"的谢意。语言朴实,措辞中肯,字里行间洋溢着感激之情与昂扬的斗志。

例文 4

××××中秋暨国庆慰问信
——致全体汉语教师志愿者

亲爱的全体汉语教师志愿者:

在一年一度的中秋佳节和国庆即将来临之际,国家汉办志愿者中心全体工作人员谨向你们致以节日的问候和美好的祝福!

作为汉语教师志愿者,你们满怀激情、热情、感情和对汉语国际推广工作的光荣感、使命感、责任感,在异国他乡勇敢起步、努力适应,一点点提高教学技能,一次次展示中国风采,做到了爱岗敬业、辛勤耕耘、默默奉献;你们在丰富自己人生的同时,也架起了中外友好交流的桥梁。

亲爱的志愿者们,祖国亲人和国家汉办一直牵挂着你们,也时刻企盼年轻的你们托起年轻的事业,为汉语国际教育书写新的篇章!恭祝大家中秋、国庆健康快乐!平安如意!

国家汉办志愿者中心
××××年 9 月 21 日

【评析】 这封慰问信是国家汉办志愿者中心在中秋佳节和国庆即将来临之际,写给全体汉语教师志愿者的慰问信。信中高度赞扬了他们爱岗敬业、辛勤耕耘、默默奉献的精神,肯定了他们的贡献,并表达了对全体汉语教师志愿者的慰问之情。慰问之词简洁恰当,真挚质朴,具有较强的感召力。

学习情境二 求职类信函

一、求职类信函概述

求职类信函是求职者或他人为帮助求职者谋求职业而使用的一种社交礼仪书信。在市场经济的环境下,人们得到了众多的择业机会,面对如此广阔的就业市场,为了谋求一份满意的工作,求职者不仅要学会写,而且要写好求职类信函。求职类信函主要有求职信和推荐信两种。

(一)求职信

求职信与一般书信不同,它虽然也是一种社交工具,但它是在双方不相识的情况下,由个人向用人单位推介自己,表达自己任职意愿,提出任职请求的信函。

(二)推荐信

推荐信是作为中间人向用人单位推介人选的一种介绍信。推荐信与求职信不同,求职信是毛遂自荐,求职方与用人方不一定相识,而写推荐信的人既要熟悉了解求职方,又要熟悉了解用人方,在求职方和用人方之间起一个介绍的作用。

二、求职类信函的结构和内容

(一)求职信

求职信的基本格式与一般书信相同,由称呼、问候语、正文、结语、落款和个人简历表六部分组成。

1. 称呼

称呼写在信纸的第一行,顶格写。称呼要写用人单位或用人单位人事部门的全称或规范通行的简称,如不是个体企业,一般不写给个人。

2. 问候语

问候语在称呼的下一行空两格写,求职信的问候语是对受信方表示尊敬和敬意,问候语要简明得体,不卑不亢,一般写"你们好"即可。

3. 正文

正文是求职信的主体,是能否求职成功的关键,正文要写明的主要内容是:
(1)招聘信息的资料来源(报纸广告登载的、人才市场公布的、听他人讲的、网上看到的);
(2)介绍自己的主要情况,如姓名、性别、年龄、身高、身体状况、政治面貌、目前就读的学校或就职的工作单位、专业、能力、特长、学习经历、工作经历、科研成果、论文著作、获奖证书、户口所在地、家庭住址、邮编、联系方式(电话号码、E-mail)等;
(3)提出就职的具体要求,如希望得到的工作岗位、工资报酬、住房条件、科研经费等。

4. 结语

结语一般写"此致""敬礼"即可。

5. 落款

落款写在结语下边隔一行的右下方,要写发信人的姓名和年月日。

6. 个人简历表

个人简历表是求职信的附件,虽是附件,但却是不可缺少的部分,因为它向用人单位提供了求职者的个人资料,便于用人单位对求职者情况的掌握,所以求职者要认真填写。个人简历表有相对固定的格式,只需按要求填写内容即可(表7-1、表7-2)。

(二)推荐信

推荐信的基本格式与一般书信相同,由称呼、问候语、正文、结语、落款五部分组成。

1. 称呼

称呼写在信纸的第一行,顶格写。称呼要写用人单位或用人单位负责人的姓名职务,或规范通行的简称。

2. 问候语

问候语在称呼的下一行空两格写,因为有求于人,推荐信的问候语更要注意礼貌谦恭,让对方感到亲切自然。

3. 正文

正文是推荐信的主体,是能否推荐成功的关键,正文要写明的主要问题是:

(1)被推荐人的自然情况:姓名、性别、年龄、身高、身体状况、政治面貌、目前就读的学校或就职的工作单位、户口所在地等;

(2)被推荐人的人品与才干:专业、能力、特长、学习经历、工作经历、科研成果、论文著作、获奖证书、思想品德、工作态度等;

(3)要着重说明被推荐人的哪些条件与用人单位相符;

(4)要说明被推荐人对用人单位有何要求,如希望得到的工作岗位、工资报酬、住房条件、科研经费等。

4. 结语

结语一般写因给对方添麻烦而表示歉意和感谢的话。

5. 落款

落款写在结语下边隔一行的右下方,要写发信人的姓名和年月日。

表 7-1　　　　　　　　　　　　**个人简历表**

姓名	李××	性别	女	照片
出生年月	1999.6	健康状况	良好	
政治面貌	共青团员	民族	汉	
毕业院校	××职业学院	专业	行政管理	
联系电话	136××××××××	电子邮件	236×××@qq.com	
求职意向	企事业单位、民营、私企行政管理、文秘等相关工作			
教育经历	2014.9—2017.7　就读于沈阳市××高中; 2017.9—2020.6　就读于××职业学院			
主修课程	政治学概论、行政管理学、社会研究方法、市政学、法学概论、人力资源管理、公共关系学、管理心理学、现代管理学、公文写作与处理等			
学生工作	2017.9—2020.6　担任班长; 2018.2—2019.10　担任系学生会主席; 2019.11—2020.6　担任院学生会宣传部部长			
社会实践	2018.1—2018.2　寒假期间,在社区做志愿者,服务孤寡老人,深受老人们的欢迎,并被评为"服务之星"; 2018.4—2019.3　利用双休日在××公司实训,熟练掌握办公设备的操作,锻炼了实际工作的能力; 2019.7—2019.10　在××公司实习期间,协助处理办公室日常事务,编排、打印档案等			

(续表)

荣誉成就	2017—2018学年 荣获院"三好学生"称号； 2018年 获××市大中专学生英语比赛二等奖； 2019年 所带领的团队获学院创业大赛一等奖； 2020年6月 被评为学院优秀毕业生
证书获得情况	大学英语四级证书、全国计算机等级考试二级证书、全国普通话水平测试二级甲等证书
自我评价	性格开朗,稳重大方,乐于助人,有责任心。工作踏实勤奋,积极进取,富有创造力。善于思考,有较强的工作能力及协调沟通能力

表7-2 **通用式标准简历**

姓　　名：张××

性　　别：女

出生年月：1994.9.2

通信地址：北京市××区××路××号

邮　　编：100028

联系电话：138×××××××

E-MAIL： ×yz@263.net

求职意向：

人力资源部行政专员或其他相关工作

教育背景：

2012.9—2016.7　××大学经济与工商管理学院

主修课程：

会计学、统计学、金融学、证券投资学、财务管理、管理学、人力资源管理、运筹学、市场营销等

工作经历：

2016.10—2018.4：××通讯公司 人力资源部 招聘专员

　　负责为公司招聘各种所需人才/负责新员工的入职培训和上岗培训

2018.5—至今：××电脑公司 人力资源部 经理助理

　　负责公司内部员工的调动、提升、离职等审批工作/协助经理进行员工业绩考核工作/制订公司人力资源招聘及管理程序/制定公司年度培训计划,并监督执行/建立公司的企业文化/负责员工的再教育和再培训

技能特长：

1.通过国家CET六级考试,英汉互译表达流畅 。

2.熟悉计算机软件使用和硬件安装,熟练使用Microsoft Windows 2010,Microsoft Office 2016,Adobe PhotoShop ,PageMaker ,Macromedia Dream Weaver,并正在学习HTML,JavaScript,ASP等。

个人能力：

六年的工作经验使我较为熟悉人力资源管理理论,具有招聘和内训的实际操作经验。本人具有高度的敬业精神与团队协作精神,踏实肯干,与同事相处融洽,服从命令,尊重领导,工作中擅长创意。

三、求职类信函的写作要求

(一)求职信

由于一般用人单位并不了解求职者的情况,求职信是单向行为,写求职信的目的是让用人单位了解自己的具体情况,特别是自己的专长,以达到受聘的目的,所以,写求职信应做到:

1. 认真研究用人单位的招聘条件和用人要求,看个人的条件是否符合要求,以确定求职信的侧重点。
2. 求职信的内容要真实可靠,对自己的推介要实事求是,不能弄虚作假。
3. 语句礼貌得体,内容重点突出。
4. 突出自己的特长,有吸引力。

(二)推荐信

1. 认真了解用人方与求职方的详细情况,看双方条件是否相符。
2. 介绍情况一定要认真负责,客观如实,不虚夸,不隐瞒。
3. 语气诚恳有度,既不要敷衍了事,也不要强人所难。

四、例文评改

【原文】

给某研究所的推荐信

××研究所人事处××处长:

半年不见,身体安康①。我有一件事相求②,我朋友的孩子想去你所③工作,现推荐如下:

姓名,×××,2020年6月毕业于××大学建筑系,本想考取本校研究生院攻读研究生,因工作难找,先就业再说。该生能歌善舞,体育好,在校期间,政治上要求进步,大三时入党④。听说还在省以上报刊发表文章几篇⑤,在校期间多次获奖⑥。我看条件很好⑦,适合在你那工作。如果能录用,真是太感谢了⑧。

我的联系电话:×××××××

此致

敬礼

自来水公司行政科
×××
2021年1月8日

【评改】

① 句的问候语很必要,可以密切与朋友的感情。

② 应事先了解清楚对方单位是否要增人,否则让对方为难。

③ 用"你所"不够尊重,应改为"贵所"。

④ 这段是求职信的主体,本应具体介绍求职人的详细情况,可原文介绍笼统,如求职人的性别、年龄、具体专业、学习成绩、有无专业特长、家庭住址、户口所在地等重要情况都没有做介绍,而像"找工作难,先就业再说"这些与主题关系不大的话却写上了。

⑤ "发表文章几篇"太笼统,发表了什么内容的文章,在哪发表的,确切篇数,要具体写明。因为这些能证明被推荐人的能力。

⑥ 获什么奖,发奖单位是哪,都要写明,这对录用很重要。

⑦ 推荐要持客观态度,这样讲,有些强加于人。

⑧ 结尾的感谢话很必要,写得很简洁。

五、例文评析

例文 1

应届毕业生的求职信

尊敬的领导：

　　您好！

　　首先感谢您能在百忙之中阅读我的自荐信，我是一名××电力大学电气工程及其自动化专业的2021届本科毕业生，希望您能予以审查，并录用为盼！

　　宝剑锋从磨砺出，梅花香自苦寒来。在大学四年间，我以勤勉进取的积极态度，全方位地充实锻炼自己，系统地学习和掌握了较为扎实的专业基础知识，以及本专业所需的制图、运算、试验、测试和计算机技能，有较强的自学能力和解决实际工程问题的能力，能从事电力系统和电气技术等方面的工程设计、科技开发、应用研究、运行、管理等工作。此外，我还阅读了大量与电力系统有关的书籍，使我对电力系统有了更深刻的认识。为了扩大自己的知识面，我学习了企业战略、电力市场概论、国际经济法等课程。

　　我的英语水平达到国家四级，具有一定的交际能力和较强的阅读翻译能力。

　　我的计算机水平达到国家三级（网络技术），初步掌握了局域网的组网技术，也通过了国家二级、北京市计算机应用水平考试。掌握C、PASCAL等语言并能熟练编程，熟悉单片机原理并能熟练编程。熟悉网页制作，能使用Photoshop、Dreamweaver、Flash等网页制作工具，以及熟练使用Word、Excel、PowerPoint等办公软件。

　　在思想方面，我积极追求进步，早在高中时，我就光荣地加入了中国共产党。大学四年中，我积极参加社会活动，是太阳雨文学社成员，这些活动培养了我的组织能力，磨砺了我的意志品质，丰富了我的学习生活。假期的多种社会实践也使我积累了很多经验。

　　稳重、勤奋、认真以及力求上进是我的个人特点。天行健，君子以自强不息。事业上的成功需要知识、毅力、汗水、机会的完美结合。同样，一个单位的荣誉需要承载她的载体——人的无私奉献。我恳请贵单位给我一个机会，让我成为你们中的一员，我将以无比的热情和勤奋的工作回报您的知遇之恩，并非常乐意与未来的同事合作，为我们共同的事业奉献全部的真诚和才智！

　　期盼能得到您的回音！

　　此致

敬礼！

××电力大学学生：江××
2021年2月19日

　　附件：获奖证书复印件

　　【评析】　这封求职信是应届毕业生所写，应届毕业生经历单纯，求职目的明确，信的内容突出表达了个人的专业、学习情况、获奖情况，目的是引起用人单位的重视，以达到录用的目的。将获奖证书的复印件一并附上，增强了可信度。

例文 2

给合资企业的推荐信

张总经理：

久违可好？今日朋友来访，得知贵公司扩大规模需补充职员，我一朋友是注册会计师，女性，已婚，30岁，正规大学本科毕业，在天津一家合资企业工作六年，业务熟练，人品可靠。因老母患病，需她照顾，想调回本市工作，如合尊意，恳请告之。即候

顺安

蒋朝阳
2021年2月11日

【评析】 这封推荐信，礼貌客气，言简意赅，婉言指出"贵公司"需补充职员，然后介绍了被推荐人的职称、年龄、学历、资历、能力、人品、求职缘由，给用人单位提供了有用的资料。

学习情境三 礼仪致辞

一、礼仪致辞概述

（一）礼仪致辞的概念
礼仪致辞是人们在社交礼仪庆会或仪式上发表的演讲词。

（二）礼仪致辞的特点
礼仪致辞为了实现其作用，与其他演讲词相比较，其突出特点是：

1. 煽情
礼仪致辞的目的是要制造渲染喜庆气氛，激起听众的热情，使听众与讲话人形成感情共鸣，所以礼仪致辞要体现出热情、激昂、真诚、鼓动性的特点。

2. 应变
礼仪致辞是在特定场合发表的演讲，临场性很强，致辞人要密切关注听众的情绪，充分考虑地点场合，听众的阶层、心理等客观因素，根据需要随机应变，调整、增删致辞内容。

3. 简短
礼仪致辞的目的是渲染气氛，鼓动情绪，集中人们的注意力，所以致辞的内容要少而精，最好在精彩之处，戛然而止，让听众的情绪处在兴奋状态。

（三）礼仪致辞的种类
礼仪致辞的应用范围比较广泛，种类繁多，大致可分为庆贺类，如婚庆寿庆、校庆厂庆、开工竣工、开幕闭幕等；迎送答谢类，如欢迎仪式、欢送仪式、答谢仪式等；聚会类，如同学聚会、同志聚会、战友聚会、亲朋聚会等。

二、礼仪致辞的结构和内容

礼仪致辞一般由标题、称呼、正文和日期四部分组成。

(一)标题

礼仪致辞的标题大致有两种情况,比较正式的标题要写明致辞单位或致辞人和致辞对象的名称,如"习近平致清华大学建校105周年贺信";一般致辞只写是什么致辞,如"婚礼贺词""欢迎词""典礼献词"等。

(二)称呼

称呼写在致辞的第一行,顶格写。称呼要指出致辞对象,要注意礼貌用语,如"尊敬的各位来宾""女士们、先生们、同志们"等。

(三)正文

正文包括开头、主体和结语。

1. 开头

礼仪致辞的开头要着重说明两点:一是致辞的缘由以及致辞者的身份(是个人还是代表单位、集体);二是写出表示欢迎、敬意、祝贺或感谢的语句。

2. 主体

致辞的主体要写礼仪庆会或仪式的意义,祝贺性的致辞要简明扼要,充满敬意地指出致辞对象所取得的功绩成就、精神品德、成功原因及意义,并加以歌颂。

3. 结语

致辞的结语要再次表达祝贺祝愿、欢迎感谢、希望鼓励、以对方为榜样等,用语谦恭真诚。

(四)日期

日期可写在标题下,也可写在结语后,要写清楚致辞的时间。

三、礼仪致辞的写作要求

(一)对象明确,主题突出

在动笔前,要了解清楚为什么事致辞,致辞的对象是谁,对方的具体情况怎样,应该讲哪些内容,做到心中有数,主题突出。

(二)通俗生动,热情亲切

礼仪致辞要吸引听众,有鼓动性和感染力,语言要生动有趣,通俗易懂,口语化,让听者感到情真意切,温馨愉快,备受鼓舞,切忌做作卖弄,敷衍了事。

(三)把握分寸,用词得体

礼仪致辞是为了创造和谐的气氛,沟通感情,增进了解,加强合作,互相支持。致辞者在遣词造句时要用词恰当,把握分寸,哪些话该说,哪些话不该说,该说的话说到什么程度,是直白还是婉言,一定要谨慎措辞,切忌失礼扫兴。

(四)谦恭诚恳,礼貌庄重

礼仪致辞特别要求致辞者的态度要谦恭诚恳,这既能表现出致辞人的修养风度,又能向对方表达出致辞者的真情敬意,拉近与对方的感情距离。礼仪致辞还要求致辞者讲究礼貌用语,称呼要用尊称,态度庄重,用语风趣而不失典雅,切忌轻佻随便。

四、例文评析

例文 1

毕业致辞

亲爱的同学们,尊敬的各位领导、老师:

大家下午好!

六月的酷热总是在孕育着别离,又一个毕业季到了。

毕业季,吹过校园的微风都会感受到空气中的别情感伤以及收获后的喜悦,那是一种复杂的、难以言说的气氛。因为同学们在这里度过的是人生最为重要的四年。

这是人的一生中书生意气、挥斥方遒的神采飞扬的四年,是如棉吸水、海纳百川的学富五车的四年,是志同道合、同心合意的义结金兰的四年,是情窦初开、茶饭不思的初涉爱河的四年。这是人生事业、爱情的重要转折期。

回首四年,方知流年似水,不舍昼夜,大一时蜗行牛步的感慨不在,心中唯剩风驰云卷、白驹过隙,确是时不我待。借此,与同学们共勉,"事机一失应难再"。

同学们,就在你们即将启程远航之际,祖国正在经历伟大的经济转型和深刻的社会变革,新的机遇和挑战摆在了你们面前,希望你们能够把握"工匠精神"的精髓,专注于岗位,专心于事业,以恒久之心谋不休之业。以工匠之心对待工作,工作不是谋财工具,而是成事修行所在,要精雕细琢、精益求精;以工匠之心对待生活,生活不是渐失的日子,而是幸福与快乐的所在,要精心呵护、关怀备至。

大难至易、大繁至简,生活中最深奥的道理往往是最朴素的。请同学们记住:热爱工作、学会生活、关爱家人、关心他人,这将会让你受益终生。

同学们,当你手捧鲜红的毕业证书,请记住:毕业不意味着修业期满;毕业是人生新的起点,是社会学习的开始。记住,毕业是"毕尽终生之力,成就人生事业"。而这事业中,包括工作,还包括家庭。

亲爱的同学们,请你们始终记住,千里之行,始于足下。管理学院,永远是你们的精神家园和坚强后盾。学院永远关注你们、祝福你们、欢迎你们!

谢谢大家!

【评析】 这是一篇朴实亲切,感情真挚的告别演讲。短短几句开场白,就以其自然、温馨而感动了每一位听众,然后演讲者一腔热诚,推心置腹地希望同学们在以后的人生路上"毕尽终生之力,成就人生事业",这对每一个有理想有抱负的人都是一种极大的鞭策。最后,演讲者饱含深情,一片真心,深情依依,动人心魄。

例文 2

辽宁轻工职业学院 2022 年新年贺词

老师们、同学们、校友们、朋友们:

律回春渐,一元复始。当日历翻开了最新一页,我们将郑重与砥砺奋进的 2021 作别,欣然迈入华章初展的 2022。值此辞旧迎新之际,辽宁轻工职业学院党政领导班子向全体师生员工、离退休老同志,向全国各地的校友们和长期关心支持辽轻工事业发展的社会各界人士,致以节日的问候和新年的祝福!

2021年是中国共产党成立100周年,是"十四五"开局之年,也是全面建设社会主义现代化国家新征程开启之年,更是学院聚焦立德树人,持续深化改革,推进高质量发展的关键之年。一年来,学院坚持以习近平新时代中国特色社会主义思想为指导,以第一次党员大会确立的发展战略与发展目标为导向,凝聚全体辽轻人激情与热血,蹄疾步稳,勇毅笃行,书写了令你、令我、令我们满意而骄傲的答卷。

过去的一年,我们"走"得很坚定。

过去的一年,我们"走"得很坚定。深入贯彻党的教育方针,全面加强党的领导,坚持社会主义办学方向,全力发挥党建工作在旗帜引领与政治保障上的核心作用,为学院高质量发展筑牢基石。认真学习贯彻落实党的历次全会精神,扎实开展党史学习教育和庆祝建党100周年系列活动,厚植师生爱国主义情怀;坚持立德树人根本任务,"三全育人"工作体系不断优化;牢牢掌握意识形态工作领导权,持续推进党风廉政建设,完成巡察阶段性任务,学院政治生态环境持续向好。

过去的一年,我们"过"得很充实。

过去的一年,我们"过"得很充实。全国职业教育大会在京召开,职业教育发展迎来春天。借此东风,辽轻人发扬斗争精神,不忘初心,勇担使命。坚持改革创新,教育教学质量稳步提升——申报人工智能等6个新专业,获批省级学徒示范专业2个,省级数字化示范专业2个,省级专业协作体1个。坚持科研引领,科技成果转化迈出第一步——完成省级横向课题、纵向课题各8项,市级教科研课题17项。获辽宁省教学成果一等奖3项,二等奖2项。授予实用新型专利证书61项,软件著作权2项,6项实用新型专利成功转化。坚持以赛促教,师生竞赛能力大幅提升——全年学院创新创业项目共获省级奖项17项。在第七届中国国际"互联网+"大学生创新创业大赛中,获辽宁省职教赛道、产业命题赛道金奖并同时进入国赛。坚持服务社会,学院美誉度、社会影响力愈发凸显。推进"1+X"证书制度、职业技能鉴定工作。完成辽宁省校际协作项目13项、建立国家示范仿真实训基地1个、省级产业学院2个。与德国客尼职业技术教育集团合作建设中德智能制造与工业4.0示范基地。成功申报教育部中德先进职业教育项目。

过去的一年,我们"答"得很漂亮。

过去的一年,我们"答"得很漂亮。当疫情、口罩、绿码成为高频词,统筹推进疫情防控和学院各项事业协调发展自然成为当前工作的重中之重。刚刚过去的大连"11·03"新冠肺炎疫情再一次打乱了我们正常的教学工作秩序,危急关头,学院各级党组织、广大党员干部、青年学生突击队积极投身疫情防控一线,以"不破楼兰终不还"的拼劲和"咬定青山不放松"的韧劲守住了校园安全防线,保证了师生生命安全。自2020年以来,大连遭遇多轮疫情,全院师生无一退缩,用大爱与大义生动诠释了"以学生为中心"的初心与使命。"艰难困苦,玉汝于成",即使疫情在与我们"叫板",但辽轻人拒绝"躺平",学院办学能力和综合实力显著提升——以"双A"成绩成功入围兴辽卓越院校,现代纺织服装等5个专业群全部入围兴辽卓越专业群。完成省双高专业群验收并荣获优秀等次,成功获批市双高校和双高专业群建设单位,提质培优项目建设全面推进。"学习强国"平台"日活率"位列全省高校第一。

走过2021年,走过中国共产党成立100年来的辉煌历程。一个启示分外鲜明:在危机中育先机,于变局中开新局。时代前行的迅猛步伐,让我们等不得;日趋激烈的竞争态势,让我们慢不得;不容忽视的现实问题,更让我们拖不得。

任凭乱云飞渡,哪怕惊涛骇浪,关键是要办好自己的事。新征程上,我们更需增强危中有机、化危为机的机遇意识,增强守住底线、安全发展的风险意识,以准确识变之智、科学应变之道、主动求变之能,坚定不移办好自己的事,将奋斗进行到底。

一夕之间,看似平常,确有年度交替和时代跨越。2021终将带着微笑和泪水与我们告别。2022将如喷薄朝阳,温暖你的心,照亮你的眼。胸中若有凌云志,不待扬鞭自奋蹄。新的一年,让我们彼此如一撇一捺、相互支撑;让学校与我们如海与浪花,紧紧相系;让温暖与力量似大江大河,奔流不息。新的一年,我们辽轻人将继续坚持以习近平新时代中国特色社会主义思想为指导,坚持立德树人根本任务,众志成城,攻坚克难,抢抓机遇,砥砺奋进,为学院各项事业的全面提升添砖加瓦!为国家、社会培养更多高素质能工巧匠、大国工匠贡献力量!

【评析】 这是一篇新年贺词,由开头、主体和结尾构成。开头部分简要介绍了发布者的身份、祝福的对象。主体部分是对过去一年的总结。从"走"得很坚定、"过"得很充实、"答"得很漂亮"三个方面对学校一年来的进步收获做了简洁而全面的评价,有点有面。结尾部分再次表明决心和目标。展望未来,再接再厉。全文立意明确,主旨突出。结构严谨,层次清楚。感情真挚,充满激情,催人奋进,令人鼓舞。

能力训练

一、阅读题

简析下面这篇致辞的优点及不足之处。

献给您最美的一束桃花
——在薛××执教40年庆祝会上的祝词

湖南　×××

各位师哥、师姐、师友们,来自八方的宾朋们:

星移斗转,岁月飘逝。40年,在这不动声色向前流淌的日子里,不论我们怎样历经风雨,怎样挺立潮头,我们都不曾忘怀过××三中这一片故园热土,更不曾有一夕忘怀这一片热土上的一位培桃育李、播撒知识芬芳、传递科学火炬的杏坛老将——薛××老师。

古希腊有这样一则神话,国王要将阿尔卑斯山上春天最美的一束桃花,奖给贡献最大的人。伟大的诗人来了,杰出的画家来了,卓越的医生来了,一片霞光中,一位满头银发的老师也来了……这时,国王庄重地将那束桃花奖给了那位银丝满头的老人,国王深情地说:"没有您,也就没有伟大的诗人、杰出的画家和卓越的医生!"

朋友们,来宾们,值此同贺薛老寿诞之时,每一个动情不已的人都会由衷地说:"薛老师就如同神话中那样一位可钦可佩、可敬可爱的老人。"

三生有幸,我是薛老师的学生。教我们时,薛老师年过知命,德隆望尊,他身体力行,对每个学生亲切随和,备极爱护,有蔼然长者之风,为人师者之范。他在我们心灵扉页上锲刻了许多人生真谛。

第一是薛老师的笑。2004年,我班同学第一次见到薛老师时,许多人悄悄地说:"这老头虽严厉,但笑起来很和蔼。"后来,见他上课下课总是微微含笑,温柔的女学生呼之为"薛妈妈""薛婆婆",顽皮的男同学背地里干脆戏称其为"弥勒佛""薛菩萨",他听见了,不怒也不恼,只是说:"菩萨也念紧箍咒,大家学习要认真。"话里虽透着严肃,但脸上仍是笑意浅露。毕业多年后,我身为人师,才感觉出薛老师那种笑的魅力,笑的深情。那笑,润物无声,能使枯树逢春,朽木发芽,浪子回头。

第二是薛老师的手。6年前,我第一次握着薛老师的手,觉得那是一双不平凡的手。手上硬茧有一种"岁老根弥壮"的风韵,积淀着岁月的沧桑;手掌上的纹路雕刻出奉献的赤诚。薛老师正是用自己的双手换来了无数学子美丽的春天。

第三便是薛老师的心。"比海洋更广阔的是天空,比天空更广阔的是心灵"。薛老师的心比天广,比海深。一位师友忆及往昔时,曾在信中这样写道:薛老师的心使人感悟到一种真——真切、真实、真诚。他的心是犁,引导我们翻耕知识的沃土;他的心是火把,引导我们在黑夜中迷途知返;他的心如暖阳如清泉,温暖心灵,滋润心田。

朋友们,来宾们,40年来,薛老师用他那春风化雨般的微笑,用他那双勤劳的手,用他那颗爱意无限的心,给我们知识和真理,教我们生活和做人。微笑、勤奋、仁爱,薛老师就这样执着地走了40年。

40年,薛老师兀兀穷年,鞠躬尽瘁。40年啊,不长,只是历史一瞬,如白驹过隙;可也不短,那是近半个世纪的悠悠岁月啊!薛老师,无愧于那一束比阿尔卑斯山春天最美的桃花!

最后,让我们为薛老师身体健康、生活幸福而共同举杯,齐声祝福!

谢谢!

二、技能题

(一)指出下面这份聘书的不当之处。

聘 书

为了提高教学质量,本校成立督导教研室。特聘请×老师为督导员,请遵照执行。

此聘。

××学校
2021年9月30日

(二)参考学习情境二,评改下面的邀请书。

邀 请 书

×××先生:

听闻您对经济体制改革问题研究颇深,我公司拟于2021年9月25日上午举办公及下属各单位全体干部群众参加的专题报告会,特邀请您到会做报告,恳请您务必准时。

此致

敬礼

×× 市 ×× 局(公章)

2021 年 9 月 2 日

(三)从语言和结构上评析下面这篇求职信。

求 职 信

×× 艺术团团长：

您喜欢绿色的歌喉吗？您喜欢纯情的表演吗？您喜欢甜美的形象吗？您喜欢当伯乐吗？如果您喜欢,就请接收我——一个素质好,功夫深,很有发展前途的声乐系的应届毕业生。

本人姓名：洪××,性别：女,2000 年 5 月 18 日出生,2018 年考入 ×× 音乐学院声乐系,师从著名演唱家 ××× 教授。本人学习刻苦,成绩优秀,在校期间,多次参加市级以上的演唱比赛并获奖,在毕业汇报演出中获一等奖。

近日从报上获悉贵艺术团招聘歌唱演员,本人愿意加盟贵艺术团,愿在贵团的指教下,以自己辛勤的努力,成为歌坛上的一颗新星。请给我一个用武之地,敬盼佳音。

此致

敬礼

×× 音乐学院声乐系应届毕业生

洪 ××

2021 年 2 月 10 日

附：个人简历表,获奖证书,学习成绩表

三、写作题

(一)根据下面材料写份请柬。

× 班将于 2021 年 3 月 9 日晚上 8 点整利用本班教室举行毕业座谈会,请以班委会的名义拟写一份发给老师的请柬,邀请老师参加座谈。

(二)在教师节到来之际,请给老师写一封慰问信,向全体教师致以节日的慰问。

(三)以下面这篇招聘广告为参考材料,请你为有关求职者写一封求职信。

×× 市 ×× 家具有限公司高薪诚聘

(1)家具设计工程师：本科以上,35 岁以下。

(2)会计主管：本科以上,会计师职称,10 年工作经验。

(3)车工：男,中专以上,5 年工作经验。

联系地址,联系电话:(略)

联系人:李××

(四)结合自己所学专业及自身实际状况,写一封求职信,并填写个人简历表。

(五)情景模拟:2021年年初,苏宁易购将花一周的时间在××职业学院招聘客服人员。客服员工在苏宁易购主要通过电话和电子邮件开展工作。招聘方当天在学校的诚信讲学堂做招聘宣传和工作答疑,并在校园里张贴招聘海报。之后几天将开始接收个人求职信。

现在假定你是一名应聘学生,请根据给定材料,结合自身的学习专业和个人情况,向招聘部经理写一封求职信。

模块八 文稿演示

学习任务

1. 了解文稿演示的概念及作用。
2. 学习文稿演示的筹划与提炼。
3. 学会文稿演示的演讲。

思政任务

1. 通过本模块的学习,将社会主义核心价值观作为根本引领,赋予演示文稿新的时代内涵。
2. 在学习过程感受经典作品的魅力,建立文化自信。

情境导入

新生入学指南的PPT火爆网络

"在王者荣耀打到传奇王者所花的时间,你可以跑12趟马拉松,每天多睡3小时,给妈妈写500封信……"高校即将开学之际,一个PPT幻灯片在辅导员及新生间疯传,各网站累计下载量已突破1万人次,800多人致信作者要求索取,人们纷纷赞其为"最受'00后'大学生欢迎的新生入学指南"。

一般的新生第一堂课,教师都爱用'应该''要'这样的字眼,说教味太浓,学生接受度有限。而与传统的说教式入学教育截然不同,它将新生如何在大学学习、生活及就业等指导,用"00后"自己的语言浓缩在43页文稿中。开篇便揭示了当下高中毕业生生活状态:男生是"爱游戏、买球鞋、刷抖音",女生则是"看小红书、看综艺、拍抖音"……接着配以招聘会上的"人海"照片警告,如果你"通宵都在网吧""上课补觉""生活爱恶搞",很可能就被"大学上了4年"。

然后介绍大学成功"四拼图"——母校文凭、成功技能、独立人格、同学友情,并具体给出建议,如"多读点杂书比《成功学》更有用""别因寂寞去恋爱,学会享受孤独"等。直至全篇亮点出现,用曲线图展示成为人才、庸才和废才的三条路径。

该 PPT 运用大量图片和年轻人"易感"的素材,用实例鼓励大学生在大学时多学些"有用但学校并未强调"的技能。

(资料来源:长江日报,有删改,题目自拟)

从上面的案例可看出成功的 PPT 所带来的轰动效应。在电子产品日新月异发展的今天,PPT 已运用到各个领域,并成为人们必备的职业技能之一。如何制作一份直观、高效、科学的 PPT,就是我们在本模块中所要学习的主要内容。

基础知识

学习情境一　文稿演示的概述

文稿演示是指为完成公务、商务、学术报告及课堂教学等具体工作,在准备对听众进行公开演讲时,为使所演讲的内容重点突出,形象直观,而对演讲整体内容进行提炼浓缩,并将提炼浓缩的内容制成胶片幻灯片或电子幻灯片,然后通过幻灯机或计算机进行演示的全部过程。

文稿演示的内容可以是文字、数据或图表,还可以是直观形象的画面、声音,甚至是活动的图像。对文稿进行演示,有利于突出演讲的重点内容,增强演讲的直观性和形象性,使听众更好地把握演讲的内容,达到说服听众的目的。

文稿演示是演讲的重要辅助手段之一。运用文稿演示的场合很多,可以是公务活动中的新闻发布会、经验介绍等,也可以是商务活动中的商品(产品)促销、开发项目的可行性论证、业务培训等,还可以是研究和教学领域的项目申报答辩、学术报告、成果展示和课堂教学等。总之,在社会生活中运用文稿演示的场合越来越多,是否能够自如地运用文稿演示,已成为衡量人才的标准之一。因此,我们高职学生应掌握文稿演示的制作和演示技能,以适应未来职业岗位的需要。

本章所介绍的文稿演示主要侧重于对欲演讲文稿的文字提炼处理,即文字提炼处理与演讲内容的关系、文字提炼处理的基本原则及基本做法等。文稿演示的制作目前一般是通过 PowerPoint 软件来进行的,本章不做全面介绍,只是对在文字提炼处理过程中所涉及的内容做提要性的介绍,希望同学们能够通过计算机课程的学习或自学来掌握文稿演示制作软件。

学习情境二　文稿演示的筹划

文稿演示的筹划就是对将要在公开场合进行的文稿演示活动从文稿内容、目的、听众和演示时间等角度进行分析研究,以使该活动具有较强的针对性,收到理想的效果。这一环节是文稿演示整体过程中的起步阶段、设计阶段，要求充分理解演讲文稿的核心内容，准确概括出演讲的目的，弄清听众的基本情况，掌握演讲的时间。只有对前述的几个条件完全把握、胸有成竹的时候，文稿演示的筹划才能够开始。

一、理解演讲文稿的核心内容

理解演讲文稿的核心内容，即梳理出在文稿中要说服听众的观点，找出支持自己观点的理由、论据，尤其是那些有说服力的数据、图表。因为这些既是听众所必须了解的内容，听众有权利清楚听到的是什么内容、观点、理由和事实，也是演示时的主要内容，文稿文字提炼要以此为标准。不可能也不应该将演讲的文稿全文展示在屏幕上，那样就会失去文稿演示的意义，只要将手中的文稿复印给听众就可以了。

二、明确演讲目的

清晰的目的可以帮助演讲者确定是否需要进行这样的演讲来说服听众，帮助演讲者得出沟通的策略，这对于说服听众很重要。具体地说，清晰的目的可以帮助听众集中精神和注意力；能够帮助演讲者把关注点从考虑听众听什么和看什么转移到更关心听众需要听什么和看什么；此外，最关键的是，能否达到演讲的目的是衡量演讲成功与否的唯一标准。

三、了解听众

向一群成年人与向一群儿童介绍保护牙齿的目的、方法是不能使用同样的讲解方法的。所以，演讲者应该了解听众中谁是演讲者演讲内容的决策人，这将帮助演讲者选择怎样去说服这些重点听众；听众是否熟悉演讲内容并对之抱有兴趣，这将帮助演讲者选择演讲的重点内容及其表述的方式。

四、掌握演讲的时间

掌握演讲的时间有两层含义，一是演讲文稿需要多少演讲时间，演示要按此来进行筹划；二是听众给的演讲时间是多少，而这比前者更重要。请相信，演讲的时间越短越好，如果一个小时你还没有让听众了解信息，那么，再耗费两个小时仍然无济于事。一个电视广告一般只用30秒或更短的时间，就能够演示清楚一个商业促销目的，这就是演讲者应该努力做到的。

学习情境三　演示文稿的提炼

演示文稿的提炼就是对将要在公开场合演讲的文稿按照文稿演示的要求进行文字的提炼加工，即概括出在文稿中要表达的核心内容和主要观点，以及支持观点的理由和事实，而这些正是在文稿演示过程中应表现的主要内容——应该让听众了解知晓的主要内容，或者说是说服听众时需要的主要材料和依据。这一环节是决定文稿演示质量的基础。

一、演示文稿提炼的一般步骤

（一）明确文稿演示的应用范围，从而确定演示文稿的核心内容

不同应用范围的文稿演示有着不同的演示目的，从而决定了演示文稿的核心内容不同。如公务活动中的新闻发布会、经验介绍等，目的是传播信息，其核心内容就是所要传递的信息或介绍的经验；商务活动中的商品（产品）促销、开发项目的可行性论证等，目的或是促销商品，或是说服听众认可某一项目的开发，其核心内容应是某一商品的特性、使用操作方法，或是开发项目可观的经济收益等；研究和教学领域的项目申报答辩、学术报告、成果展示和课堂教学等，目的是说服评审专家或传播知识，其核心内容是完成项目所具有的实力、学术创新所在和传授知识的要点。

不同应用范围的文稿演示还决定着不同听众群体，从而决定展示演示文稿核心内容的侧重不同，表现技巧不同，影响到演示文稿的制作原则和指导思想。

（二）确定围绕核心内容所要陈述的要点

确定演示文稿的核心内容以后，就要从文稿中归纳出支持核心内容的主要观点、理由和事实，这些是演示时围绕核心内容所要陈述的要点，这些要点应该是能够打动听众、说服听众的主要材料，要将其逐项逐条地罗列出来，并进行相互比较，以便在有限的演示时间里选择使用那些最具有说服力的。对于文稿中的数据和图表要格外关注，因为它们的说服力一般来说是最直接、简单和有效的。如果要推销演示一款沙滩折叠桌，显然其核心内容应该是携带方便，那么从其演示文稿中归纳出的陈述要点应该是折叠后体积小、重量轻。

陈述要点信息的语言表述形式应该是简短、精练，就好像报纸上的新闻标题那样简洁，一般不要超过30个字。如"天津房价猛涨，看房的比买菜的还多""要赚就赚买车人的钱"等。

（三）为需要着重说明的要点加入有说服力的数据、图表

同样是要点，在演示中因为目的、核心内容和听众不同，其表达作用就会有所不同。对于那些重要的要点，要多动脑筋加以陈述，需要着重说明的要点应加入有说服力的数据、图表，这是因为在前一点我们已经说明的数据和图表的说服力一般来说是最直接、简单和有效的。

再如在推销某新款手机时，根据潜在销售群体，我们确定了其核心内容是具有较低的电能消耗，那么具有说服力的陈述要点就是较长的通话时间和待机时间，这可以通过与同品牌旧款机型做对比图表来说明，也可以用通话时间和待机时间具体准确的数据来说明。实际的促销中往往采用后者，不仅是因为它的简单有效，还因为这种做法不会影响同品牌其他机型的销售。这对于商品促销演示非常重要，考虑要全面，不能顾此失彼，对其他演示工作产生负面影响。

（四）提供解决问题的方法或计划

无论在什么样应用范围和场合，文稿演示要想说服听众，基本上都要自我提出问题，或遇到听众提出问题，对此，演讲者应积极地解答。因此，在文稿演示中，对于需要解决的问题，或听众可能提出的问题，事先要有充分的考虑和准备，提供解决的方法和计划，这样

才能争取主动,为说服听众打下基础。如为顺利通过评审专家提问,在课题项目申报答辩演示前,就应对完成课题可能遇到的困难有所研究,并找出解决的基本方法,对课题项目参与人应有明确分工,研究进程有明确的计划安排,这些考虑得越全面详尽,越容易求得评审专家信任,保证答辩的顺利通过。其中解决方法可以分条列项的方式表述,分工、计划可以做成图表表现。

(五)给出一个简单明了的概括性总结

演示结束时给出一个简单明了的概括性总结是十分必要的,甚至有专家认为,演示的90%的内容都要把建议、结论作为重点内容。总结可以是概括演示的要点,重申建议,也可以是演示你的行动方案,要求听众同意并为实施建议承担责任。这要视演示的应用范围和具体场合而定。

二、演示文稿提炼的原则和做法

在介绍演示文稿提炼的原则和做法之前,我们先来看看下面这个例文,你就可以有一个基本的认识和了解了。处理某一问题,我们的核心内容、观点和理由,通常在文稿中的文字表述是下例这样的:

文字教育好像不算什么。文字原不过白纸上画黑道,一种形迹而已。但文化却寄托在这形迹上。我们常夸说神州立国几千年,华夏封疆数万里,这种时空的超卓不必出于天赋,实半出于人为,皆先民积久辛勤努力所致。方块字的完整、艰深、固定,虽似妨碍文化知识的普及,亦正于无形之中维护国家的统一与永久。从时间说,我们读古书如论孟,觉得孔子、孟子似乎不太远,而杜工部、苏东坡的诗文呢,他们两位活像我们的老前辈,这是方块字不易变动之力。假如当初完全用音标文字,那不必提周秦两汉,就是唐宋,也就很遥远而隔膜,我们通解先民的情思比较困难,而华夏国本亦因而动摇不安。再从空间说,北自东北,南迄岭海,虽分南北中三部,细分还有更多的区域,然而中国始终只有一个,譬如说广东话与北京话完全两样,而纸上文字完全一致。我国屡经外夷侵略,或暂被征服,而于风雨飘摇中始终屹立不失者,上面已表过是先民血汗的成绩,而在民族团结上,文字确也帮忙不少。

(选自《读书的意义》俞平伯)

最初阅读这段文字时,你并不知道要表达的究竟是什么意思,文章标题明明为"读书的意义",但却在此段花费大量笔墨谈文字教育,作者为何要这样写?只有通过仔细琢磨,你才明了作者的目的。但是,如果我们在演示文稿里这样去表述的话,听众就会感到如坠云雾里,不知道你要表达的目的和观点是什么,注意力就会放到对每一段文字所要表达含义的猜测上,影响到对你所讲述内容的倾听,演示效果会大打折扣。演示文稿所选择的表述方式是:

文字寄托着文化

文字在无形中维护国家和民族的团结统一 { 从时间上能使中华文化源远流长,一脉相承; 从空间上维护着国家的统一,民族的团结。

论述了文字和文字教育的重要性,也就充分说明了读书的重要意义。

这样你就会明白文稿演示提炼的最基本原则和做法,即表达简练、清晰的原则;观点在前,理由、事实放后的做法。这样做的效果是简单、一目了然且有说服力。

学习情境四 文稿演示的制作

文稿演示的制作就是根据演示需要而对文稿提炼的内容进行演示技术、技巧的处理过程,即将欲要演示给听众的文稿提炼内容制作成可供放映的幻灯片。制作过程的重点就是按照演讲文稿的内容编排演示情节,即播映内容的先后次序及播放表现技巧。制作的具体方法、技术处理可通过学习 PowerPoint 软件,掌握利用计算机制作演示文稿的技术、技巧,制作出美观而又别具风格,默契配合演讲的演示文稿,增强对听众的说服力。这里我们简单介绍演示文稿制作理念上的一些基本要求。

一、编排演示情节

根据听众的基本情况,决定播映内容的先后次序。通常是把演示文稿分成介绍、主体和结束三个部分,然后将演示的要点进行编排,如图 8-1 所示。

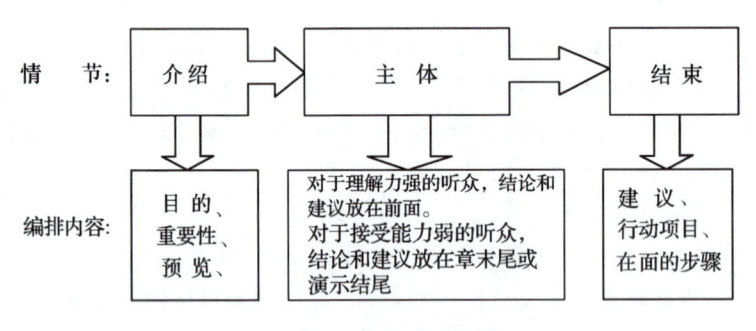

图 8-1 编排演示情节

二、设计直观图板

直观图板可用来形象化地表现所要表述的要点,使要点看起来更容易理解。例如,一件事物的改进进程包括创造想象力、激发洞察力、建立优先次序和成功执行四个方面,这是我们通常的表述方式,用直观图板表现更简洁、有力,如图 8-2 所示。

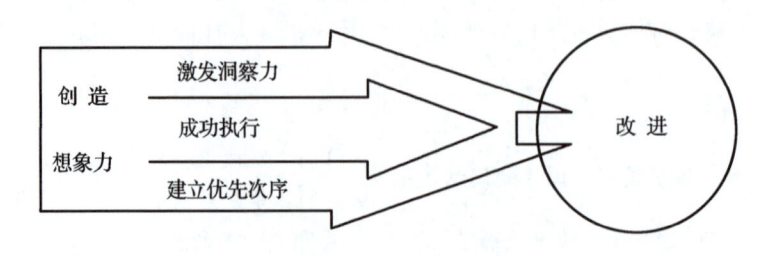

图 8-2 设计直观图板

三、其他注意事项

图像设计尽量简单化,省略脚注和图表资料出处说明,把文本的内容限定在 30 字以内。

保证坐在最后面的人也能清晰地看到屏幕上的内容。

有目的地使用颜色,而不仅仅是为了装饰。用颜色来强调、定义一个重复出现的主题,以示区别或做记号。

尽量减少使用特殊效果(如动画片),如果使用,要使其发挥作用。

控制合理的演示时间。过多的声音、图像或活动画面等,会使演示时间增长,制作费用增加。

学习情境五　文稿演示的演讲

文稿演示的演讲就是利用演示,运用表述技巧对听众讲解自己的观点。文稿演示演讲的要求与一般场合的演讲基本相同,但也有些需要特别注意的地方。演讲过程中要注意表述的语言与演示融会贯通,相互映衬。另外在演讲时要同听众建立目光的交流,讲话自然放松,语调丰富。演讲者最好站在屏幕旁边,需要提醒听众注意的内容可以用激光手电的光束加以指示。在更换演示画面之前,准备好过渡词语。耐心地倾听听众的提问,在回答前稍作停顿,恰到好处地回答问题,然后用过渡词语回到演示内容。

关于演示还应该注意以下一些问题。

(一)在演示前反复练习

如果演讲者对演示的内容已完全熟悉,并且在演示前已经预料到一些可能出现的问题,那么,演示时会倍感轻松。

(二)提前来到演示现场,与技术专家共同进行周密的工作

确定设备的视频和音频功能与演讲者使用的软件兼容;注意室内光线,屏幕周围要暗些,室内其他地方要足够明亮;要明确如果出现技术故障,应有一位技术专家留在现场。

(三)准备备用的图像材料

文稿在演示过程中很可能出现异常情况,如果有备用的图像材料,会应付自如,否则,将很难应付意料之外的事情。

(四)在过渡时间较长、回答观众问题、进入讨论时,必须保持屏幕空白

空白屏幕可以保证观众把注意力集中在你身上而不受图像干扰。

【演示文稿提炼示例】

《鸿门宴》是我们大家熟悉的一篇古文,这里通过列举对其所做的作品分析的文稿提炼,来巩固认识。

文稿提炼

学习重点

1. 了解作者司马迁及《史记》。
2. 分析故事情节，掌握纪传体文学的写作手法。
3. 分析文章塑造人物性格的方法，归纳人物性格特征。

《史记》是二十四史中的第一部，是中国第一部纪传体通史。

《史记》作者司马迁，字子长，西汉夏阳人，伟大的史学家、文学家和思想家。

刚直不阿，留得正气冲霄汉；

幽愁发愤，著成信史照尘寰。

《鸿门宴》背景介绍

鸿门宴是项羽在新丰鸿门举行的一个暗藏杀机的宴会。这个宴会是刘、项两个政治集团之间的矛盾由潜滋暗长到公开明朗的生动表现，是漫长的"楚汉相争"的序幕。这个宴会上，充分展示了刘、项矛盾的不可调和性，以及刘、项迥异的性格特点，也预示了斗争双方的必然结局。

全文共有七段，可按照"鸿门宴"的前后过程，分为宴前、宴中与宴后三个部分。

宴会前幕后活动 { 亚父定计 / 无伤告密 / 项伯夜访 / 刘邦定策 / 项王许诺

宴会中明争暗斗 { 刘邦谢罪——项羽留饮 / 范增示意——项羽不应 / 项庄舞剑——项伯翼蔽 / （内部矛盾，项由主动变被动）/ 张良召唤——樊哙闯帐 / 义责项羽——项无以应 / （团结一致，刘由被动变主动）

宴会后脱身除患 { 沛公脱险 / 张良留谢 / 项王受璧 / 范增愤骂 / 刘邦锄奸

点评

开宗明义，点明学习目的，以使听众掌握学习重点，引发倾听的注意力。

说明出处。

作者介绍。

评价作者，加深听众对作者的认识。

背景介绍，帮助听众理解作品，分析人物。

结构分析，条分缕析，脉络清晰。

分析人物的典型性格

刘邦:圆滑机警,能言善辩,多谋善断。

张良:老练多谋。

樊哙:忠勇豪爽。

项羽:光明磊落,坦率粗豪,自大轻敌,寡谋轻信,优柔寡断,有勇少谋。

范增:老谋深算。

主要人物关系

阵营	主帅	谋士	部将	内奸
刘营	刘邦	张良	樊哙	曹无伤
项营	项羽	范增	项庄	项伯

主要艺术手法

作者善于运用对比手法,使人物的性格特点更为鲜明、突出。文中四组人物的对比:

主帅项羽与刘邦

谋士范增与张良

部将项庄与樊哙

内奸项伯与曹无伤

作者的观点

司马迁是把项羽当作悲剧英雄来描写的,他有英雄的气魄和行为,但更重要的是,他的"自矜功伐"导致了他的悲剧。

后人对项羽的评价

题乌江亭

杜牧

胜败兵家事不期,包羞忍耻是男儿。

江东子弟多才俊,卷土重来未可知。

杜牧认为:男儿应当能屈能伸卷土重来。从"包羞忍耻""卷土重来"分析入手。

乌江亭

王安石

百战疲劳壮士哀,中原一败势难回。

江东子弟今虽在,肯与君王卷土来?

王安石认为:军民离心,败势难回。根据"壮士哀""势难回""肯与君王卷土来"等可分析出作者的意图。

人物分析,言简意赅,精辟透彻。

图表表示,人物关系清楚明白。

突出主要艺术手法:对比,在人物关系基础上给听众以深刻印象。

突出项羽的性格悲剧,加深听众对作品和人物的理解。

意犹未尽,拓宽听众的视野。

咏项羽

李清照

生当作人杰,死亦为鬼雄。

至今思项羽,不肯过江东。

李清照认为:项羽气势豪壮,令人敬仰。全诗从开始至结束都洋溢着对英雄的赞美和敬仰。

【文稿演示示例】

图 8-3～图 8-6 是某书稿中的部分文稿演示:

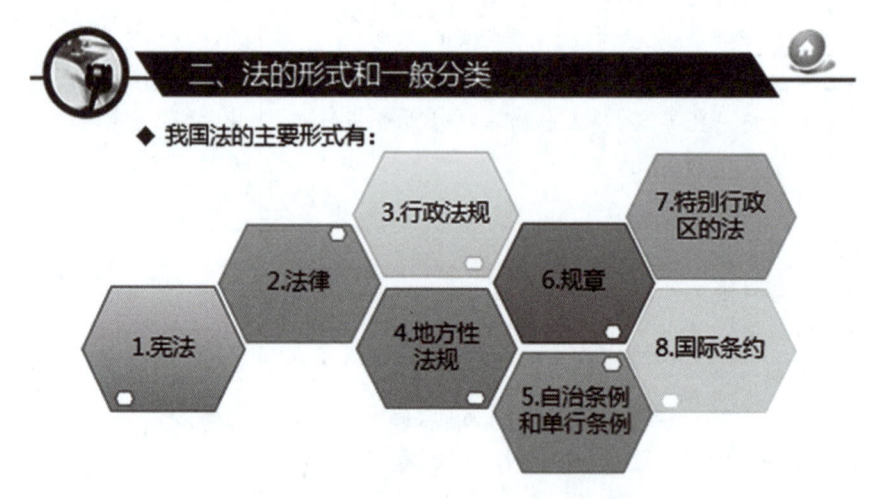

图 8-3　文稿演示 1

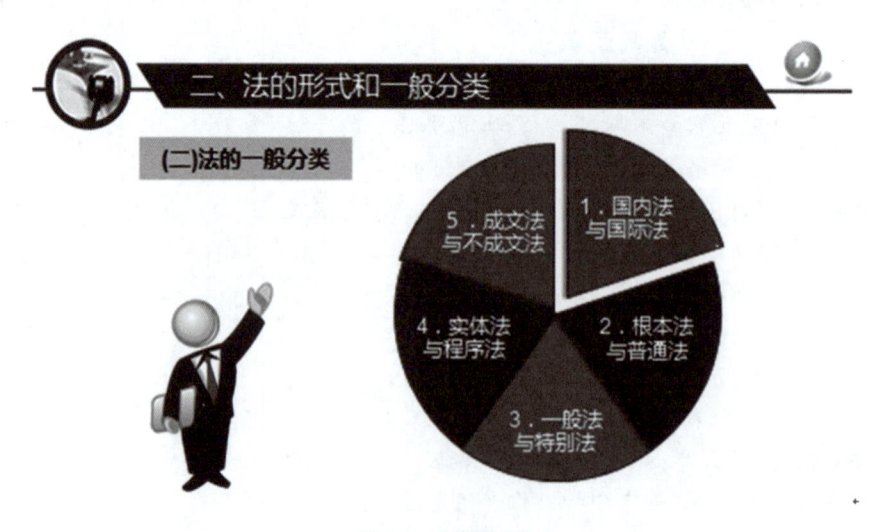

图 8-4　文稿演示 2

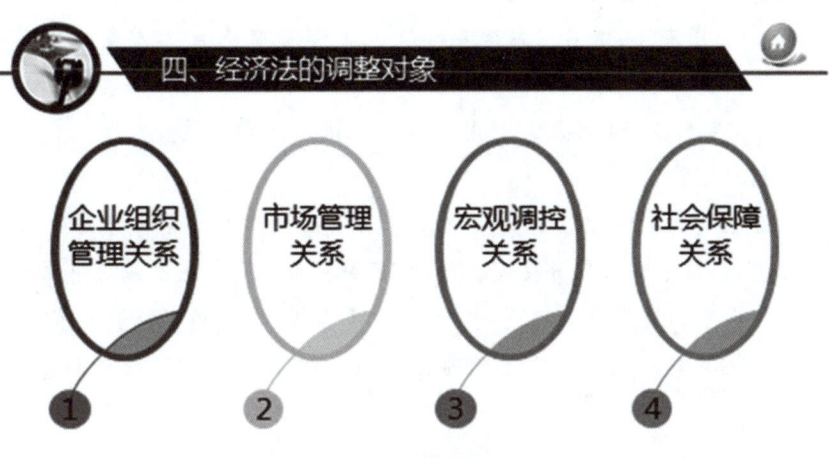

图 8-5　文稿演示 3

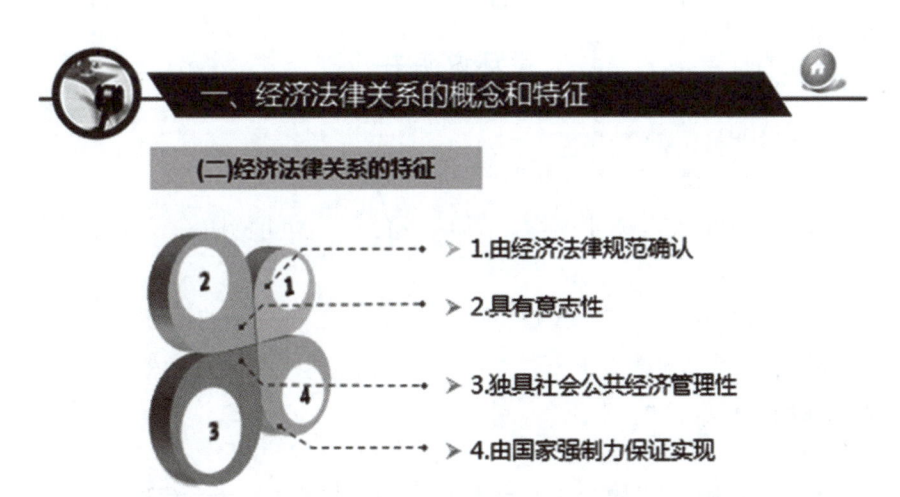

图 8-6　文稿演示 4

能力训练

一、阅读题

阅读下面这段文字,谈谈对你有什么启示。

美国有些产品标签很"智障",信不信由你。以下是一些产品上的标签:

Sears 吹风机:睡眠时请勿使用。(都睡着了怎么用!)

Dial 香皂:如一般香皂使用。(那到底是怎么用呢?)

Swanson 冷冻食品:食用时建议先解冻。(不解冻,怎么吃呢?)

某酒店提供的浴帽外盒写着:适用于一颗头。(难道一次能塞进去两颗头吗?)

Sainsbury's 罐装花生:警告!内含花生。(哇!里面有花生,还要警告我们一下喔!)

Marks&Spencer 面包布丁:本产品加热后会变热。(喔!会变冷吗?)

Boots 儿童咳嗽药(2~4 岁儿童专用):服用后请勿开车或操作机械。(2~4 岁儿童能开车或操作机械吗?)

Nytol 安眠药:服用后可能会引起嗜睡。(难道吃了安眠药会精神好吗?)

某圣诞节灯泡:限室内或室外使用。(那到底是在室内还是在室外使用呢?)

美国某航空公司的坚果点心包装:打开包装,吃坚果。(不然连袋子一起吃吗?)

某儿童穿的玩具超人服:警告——此服装无法让你飞起来。(这还算不太白痴啦!)

二、技能题

根据下面的产品说明书,提炼演示文稿。

手环说明书

一、绑定手环

1. 下载安装 App

请在手机软件商店搜索"埃微助手"并安装。

⚠ "埃微助手"App 要求使用 iOS8.0 及以上系统或 Andriod4.4 及以上系统。

2. 绑定

进入"埃微助手"App,选择"连接设备"进入设备列表,点击对应手环型号进行连接。

⚠ 成功绑定后,时间和数据将会同步,消息推送、来电提醒等功能将开启。

二、使用说明

1. 正确佩戴

请将手环戴在手腕上,将手环平放于腕骨下方一指宽处(图 8-7)。

2. 充电

按压手环腕带内侧"OPEN"字样处的主机头,使其从腕带中脱离,然后再将整个主机头从腕带中取出。手环屏幕朝下,插入 USB 接口充电,如图 8-8 所示。约 45 分钟后,充电完成。

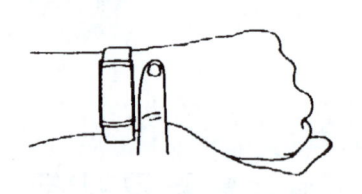

图 8-7 正确佩戴手环

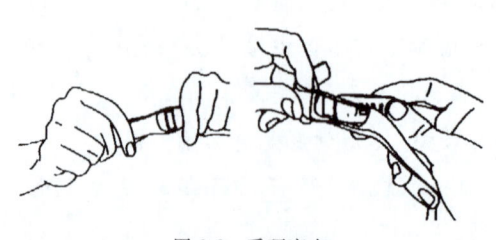

图 8-8 手环充电

3.点亮屏幕(图 8-9 至图 8-11)

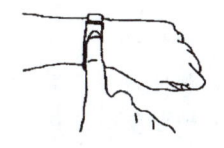

图 8-9　触摸屏幕 　　　图 8-10　抬腕 　　　图 8-11　翻腕

三、符号说明(图 8-12)

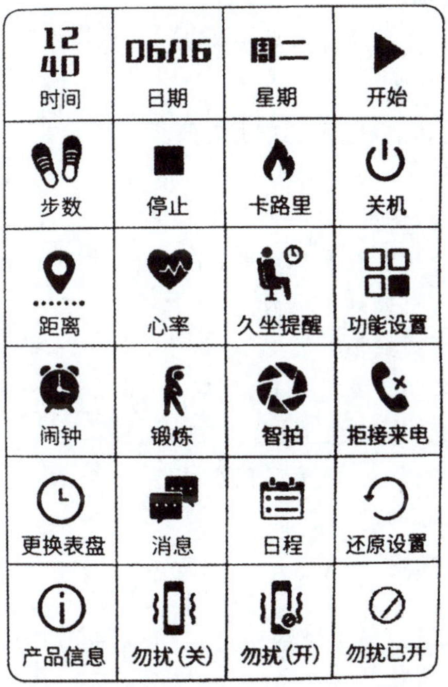

图 8-12　符号说明

⚠ 为提供更好的服务,固件将持续升级,请以实际显示为准。

四、规格参数

- 产品尺寸:主机尺寸 49×19×10 mm,腕带长 252 mm
- 显示方式:OLED 显示屏
- 屏幕尺寸:0.96 英寸
- 电源:内置充电锂电池
- 电池容量:75 mAh
- 同步方式:蓝牙 4.0
- 防水等级:IP67
- 设备要求:iOS8.0 及以上,Andriod4.4 及以上,蓝牙 4.0
- 工作温度:-20 ℃~60 ℃(空气温度)

五、注意事项

- 此产品所含电子元件,如未操作妥当可能造成伤害。
- 本产品非医疗设备,不作疾病的诊断、治疗或预防之用。
- 在驾驶或其他可能因分心造成危险的情况下,请勿查看来电通知或其他数据。
- 本产品非玩具。请勿使儿童或宠物接触您的产品。本产品含小部件,可能造成窒息危险。
- 长期佩戴可能导致有些用户皮肤不适或过敏。如果发现皮肤出现任何发红、肿胀、发痒或其他过敏症状,请中断使用或咨询医生。

六、护理与佩戴注意事项

- 请勿让产品接触热水或酸碱性明显的液体。
- 运动时,请紧贴皮肤佩戴。
- 时常取下产品,以便清洁,也可让皮肤透气。
- 请勿打开外壳或拆卸。
- 如果显示屏破裂,请勿使用。
- 产品及其电池所含物质可能有害环境,还可能因操作或处理不当造成伤害。
- 请勿将产品置于洗衣机或烘干机内。
- 请勿将产品暴露于极高或极低温度下。
- 请勿在桑拿房或汗蒸房内使用产品。
- 请勿使产品长时间受到太阳直射。
- 请勿将产品投入火中处理。电池可能爆炸。
- 请勿使用擦洗剂清洁产品。
- 如产品被打湿,请勿充电。

七、保修条例

为了维护您的权益,请仔细阅读本保修条例,您将享受到我司提供的售后服务。

1.退换货及免费修理:

(1)自购买之日7日内,若产品出现质量问题,您可选择退货或者换货。

(2)自购买之日15日内,若产品出现质量问题,您可选择换货。

(3)自购买之日一年内,若产品出现质量问题,我公司将提供免费修理。

退换货时,请联系销售商,并保持产品及配件、随机资料的完整。

2.在保修期内,有下列情况之一,我公司将不提供免费保修服务。

(1)人为引起的故障,包括因使用、维护、保管不当或不按说明书操作而引起的故障。自行拆装产品或因非我公司生产基地的修理而引起的故障。

(2)因不可抗力(如火灾、水灾、地震、雷击等)引起的故障。

(3)无法提供保修凭证或擅自修改保修凭证等。

三、写作题

根据下面的产品说明书,制作产品演示。

特效退漆剂 CW-1

(一)产品说明

本产品由表面活性剂、有机溶剂、稳定剂配制加工而成,其功能使交联的高分子材料发生溶胀而产生皱纹与金属表面完全剥离。本产品适用于脱除各类电泳漆、烤漆、喷塑等涂层,省时省力,效果卓著,经济快捷。

(二)主要性能

1.呈液体状,属溶剂型;

2.不腐蚀基体,可脱除各类漆层;

3.视漆层种类、厚度及喷涂时间,其剥漆时间为 10 秒至 10 分钟。

(三)使用方法

使用时将工件浸泡于溶液之中,或将溶液涂刷于工件表面,见工件表面的涂层起泡或起皱后,将工件放入清水中冲洗或漂洗,涂层便会立刻干净彻底地脱离工件。

(四)注意事项

1.本产品不可与皮肤接触,以免伤及身体;

2.本产品具有一定挥发性,使用及存放时应严禁烟火。

模块九 网络文体

学习任务

1. 了解网络文体的种类。
2. 学习网络文体的结构和内容。
3. 学会撰写网络文体。

思政任务

1. 通过本模块的学习,使学生具备坚定的爱国主义思想和政治立场,在大是大非面前毫不动摇地坚持国家利益高于一切。
2. 发挥社会主义核心价值观对国民教育、精神文明创建、精神文化产品创作生产传播的引领作用。

情境导入

沪苏浙皖纪委监委加强协作配合 助推长三角一体化高质量发展

为助力长三角一体化发展国家战略顺利推进,苏浙皖沪三省一市纪委监委聚焦"一体化"和"高质量"两个关键,立足职能职责,靠前监督,同向发力,协作配合,做实做细一体化高质量发展任务落实监督工作。

前不久,第四届长三角科技成果交易博览会在上海市嘉定区开幕,长三角地区35个城市参与、500多家企业通过线上线下参展。嘉定区纪委监委第三派驻纪检监察组深入现场,了解相关职能部门履责情况,督促紧盯"疫情防控""组织服务""技术支撑"等多个环节,做好纪律保障工作。

(资料来源:安徽纪检监察微博)

从上面的案例可看出,微博在当今生活中发挥着越来越重要的作用。随着网络技术工具的不断进步,网络沟通和交流的方式也在不断拓展和改进。这就要求我们要与时俱进,掌握现代化的网络写作方式。

基础知识

学习情境一　电子邮件

一、电子邮件的概念

电子邮件(electronic mail,简称 E-mail,标志:@)也被大家昵称为"伊妹儿",它是一种用电子手段提供信息交换的通信方式,是 Internet 应用最广的服务,通过网络的电子邮件系统,用户可以用非常低廉的价格,以非常快速的方式与世界上任何一个角落的网络用户联系,这些电子邮件可以是文字、图像、声音等各种方式。同时,用户可以得到大量免费的新闻、专题邮件,并实现轻松的信息搜索。

虽然电子邮件是在 20 世纪 70 年代发明的,它却是在 20 世纪 80 年代才得以兴起的。20 世纪 80 年代中期,由于个人电脑兴起,电子邮件开始在电脑迷以及大学生中广泛传播开来;到 20 世纪 90 年代中期,互联网浏览器诞生,全球网民人数激增,电子邮件被广为使用。

二、电子邮件的特点

(一)传播速度快

发送电子邮件后,只需几秒钟的时间就可以通过网络将邮件传送到接收人的电子邮箱中,不管对方身处世界何地,他都可以利用网络实时接收邮件。

(二)非常便捷

书写、收发电子邮件都通过电脑完成,只要能够连接互联网,双方收发邮件都无时间和地点的限制。

(三)成本低廉

E-mail 最大的优点还在于其低廉的通信价格,用户花费极少的市内电话费用即可将重要的信息发送到远在地球另一端的用户手中。

(四)有广泛的交流对象

同一个信件可以通过网络极快地发送给网上指定的一个或多个成员,甚至召开网上会议进行互相讨论,这些成员可以分布在世界各地,且发送速度则与地域和距离无关。与任何一种其他的 Internet 服务相比,使用电子邮件可以与更多的人进行通信。

(五)信息多样化

电子邮件发送的信件内容除了普通文字内容外,还可以是软件、数据,甚至是录音、动画或各类多媒体信息。

三、电子邮件的结构

（一）主题

主题要提纲挈领，添加邮件主题是电子邮件和信笺的主要不同之处，在主题栏里用短短的几个字概括出整个邮件的内容，便于收件人权衡邮件的轻重缓急，分别处理。

1. 一定不要没有标题，这是最失礼的。
2. 标题要简短，不宜冗长。
3. 标题要能反映文章的内容和重要性，切忌使用含义不清的标题，如"王先生收"。也不要用无实际内容的主题，如"嘿"或是"收着"。
4. 一封信尽可能只针对一个主题，不在一封信内谈及多件事情，以便于日后整理。
5. 可适当使用大写字母或特殊字符（如"＊""！"等）来突出标题，引起收件人注意，但应适度，特别是不要随便就用"紧急"之类的字眼。

（二）称呼与问候

1. 恰当地称呼收件者，拿捏尺度

邮件的开头要称呼收件人。这既显得礼貌，也明确提醒某收件人，此邮件是面向他的，要求其给出必要的回应；在多个收件人的情况下可以称呼大家。

2. E-mail 开头、结尾最好要有问候语

最简单的开头写一个"Hi"，中文写个"你好"或者"您好"，开头问候语是称呼的，需要换行空两格。

结尾常见的写"祝您顺利"之类的就可以了，若是尊长应使用"此致敬礼"。注意，在非正式的场合应完全使用信件标准格式，"祝"和"此致"为紧接上一行结尾或换行开头空两格，而"顺利"和"敬礼"为再换行顶格写。

（三）正文

1. E-mail 正文要简明扼要，行文通顺

E-mail 正文应简明扼要地说清楚事情；如果具体内容确实很多，正文应只作摘要介绍，然后单独写个文件作为附件进行详细描述。正文行文应通顺，多用简单词汇和短句，准确清晰地表达，不要出现晦涩难懂的语句。

2. 注意 E-mail 的论述语气

根据收件人与自己的熟络程度、等级关系，邮件是对内还是对外性质的不同，选择恰当的语气进行论述，以免引起对方不适。

3. E-mail 正文可多用小标题高度概括

如果事情复杂，最好分 1、2、3、4 列几个段落进行清晰明确的说明。保证每个段落简短不冗长，没人有时间细看长篇大论。

4. 一次邮件交代完整信息

最好在一次邮件中把相关信息全部说清楚。不要过两三分钟之后再发一封"补充"或者"更正"之类的邮件，这会让人很反感。

5. 尽可能避免错别字

这是对别人的尊重，也是自己态度的体现。在邮件发送之前，务必自己仔细阅读一遍,检查行文是否通顺,拼写是否有误。

6. 合理提示重要信息

不要动不动就用大写字母、粗体、斜体、颜色字体、加大字号等手段对一些信息进行提示。合理的提示是必要的,但过多的提示则会让人抓不住重点,影响阅读。

7. 合理利用图片、表格等形式来辅助阐述

对于很多带有技术介绍或讨论性质的邮件,单纯以文字形式很难描述清楚。如果配合图表加以阐述,会更易于理解。

(四)附件

1. 如果邮件带有附件,应在正文里面提示收件人查看附件。
2. 附件文件应用有意义的名字命名,最好能够概括附件的内容,方便收件人下载后管理。
3. 正文中应对附件内容做简要说明,特别是带有多个附件时。
4. 附件数目不宜超过 4 个,数目较多时应打包压缩成一个文件。
5. 如果附件是特殊格式文件,应在正文中说明打开方式,以免影响使用。

(五)语言的选择和汉字编码

1. 只在必要的时候才使用英文邮件

如果收件人是中国人,尽量使用中文邮件。英文邮件只是交流的工具,而不是用来炫耀和锻炼英文水平的。如果收件人中有外籍人士,应该使用英文邮件交流;如果收件人是其他国家或地区的华人,也应采用英文交流,由于存在中文编码的问题,中文邮件在其他国家或地区可能显示成乱码。对于一些信息量丰富或重要的邮件,建议使用中文。你很难保证你的英文表达水平或收件人中某人的英文理解水平,以免影响邮件所涉及问题的解决。

2. 选择便于阅度的字体和字号

中文用宋体或新宋体,英文就用 Verdana 或 Arial,字号用五号或 10 磅字即可。这是经研究证明最适合在线阅度的字体和字号。不要用稀奇古怪的字体或斜体,最好不用背景信纸,特别是公务邮件。

(六)结尾签名

每封邮件在结尾时都应签名,这样对方可以清楚地知道发件人信息。

1. 签名信息不宜过多

电子邮件内容末尾加上签名档是必要的。签名档可包括姓名、职务、公司、电话、传真、地址等信息,但信息不宜行数过多,一般不超过四行。你只需将一些必要信息放在上面,对方如果需要更详细的信息,自然会与你联系。引用一个短语作为你的签名的一部分是可行的,比如你的座右铭或公司的宣传口号。但是要分清收件人的对象与场合,切记一定要得体。

2. 不要只用一个签名档

对内、对私、对熟悉的客户等群体的邮件往来,签名档应该进行简化。过于正式的签名档会让与对方觉得疏远。你可以在 Outlook 中设置多个签名档,灵活调用。

3. 签名档文字应与正文文字匹配

签名档文字应与正文文字匹配,简体、繁体或英文,以免出现乱码。字号一般应选择比正文字号小一些。

(七)回复

1. 及时回复 E-mail

收到他人的重要电子邮件后,即刻回复对方一下,往往还是必不可少的,这是对他人的尊重,理想的回复时间是 2 小时内,特别是对一些紧急重要的邮件。

如果事情复杂,你无法及时确切回复,那至少应该及时的回复说"收到了,我们正在处理,一旦有结果就会及时回复"等。不要让对方苦苦等待,记住:及时做出响应,哪怕只是确认一下收到了。

2. 进行针对性回复

当回件答复问题的时候,最好把相关的问题抄到回件中,然后附上答案。不要用简单的回复,那样太生硬了,应该进行必要的阐述,让对方一次性理解,避免再反复交流,浪费资源。

3. 回复不得少于 10 个字

对方给你发来一大段邮件,你却只回复"是的""对""谢谢""已知道"等字眼,这是非常不礼貌的。怎么着也要凑够 10 个字,显示出你的尊重。

4. 不要就同一问题多次回复讨论

如果收发双方就同一问题的交流回复超过 3 次,这只能说明交流不畅,说不清楚。此时应采用电话沟通等其他方式进行交流后再做判断。

四、电子邮件的写作要求

(一)主题要明确

一个电子邮件,大都只有一个主题,并且往往需要在前注明。若是将其归纳得当,收件人见到它便对整个电子邮件一目了然了。

(二)语言要流畅

电子邮件要便于阅读,就要以语言流畅为要。尽量别写生僻字、异体字。引用数据、资料时,则最好标明出处,以便收件人核对。

(三)内容要简洁

网上的时间极为宝贵,所以电子邮件的内容应当简明扼要,愈短愈好。

五、使用电子邮件要注意的问题

电子邮件是一种公共媒介。每次寄出或接收电子邮件时,信件的副本都会复制到服务器上,这样,收信人以外的其他人也有可能会看到你的邮件。所以,邮件内容要格外谨慎。一般不要通过电子邮件传送以下信息:

(一)公司或个人的秘密信息

电子邮件中没有所谓的隐私权。在你将公司的机密或他人的隐私放入邮件中前,要想想万一有人将其刊登在报纸上会怎么样。

(二)敏感的话题

电子邮件不是面对面的交流。由于没有面部表情、肢体语言和语调的暗示作用,你无法意识到信件的内容对对方而言是伤害还是冒犯。而且有时电子邮件中的内容是在电话或面对面交谈中不会说的。所以,如果发送前不考虑收件人的感受,会很容易使人产生负面情绪。

(三)复杂的信息

信件的主体最好不要传递复杂信息,比如详细报告。因为在屏幕上读这样的信息很费劲、很耗时,所以最好将其作为附件发送,而邮件主体主要描述或概述附件的主要内容。此外,发现需要回复的问题不止一个时,最好能够根据情况采用面对面会谈或即时通信工具,如 MSN、QQ 或电话等比电子邮件更适当、更有效率的方式。

学习情境二 微 博

一、微博的概念

微博,即微型博客(MicroBlog)的简称,是一个基于用户关系信息分享、传播以及获取的平台,用户可以通过 WEB、WAP 等各种客户端组建个人社区,以 140 字以内的文字更新信息,并实现即时分享。微博是一种通过关注机制分享简短实时信息的广播式的社交网络平台。

微博是传统博客的一种变体,是一种新型的网络日志。

二、微博的特点

1. 短小

最多能容纳 140 个汉字(包括标点符号)。相对于博客的层次分明、观点鲜明、文笔流畅等特点,微博就是一条短信,而且是一条群发的短信息。

2. 即时性强

微博作者随手记下自己的所思所感,"粉丝"们会在第一时间内看到,并且微博的更新速度极快。

3. 发布信息的方式更便捷

可以通过电脑更新,也可以随时随地通过手机网络更新。

4. 传播速度快,受众面宽

博客通过网站推荐带来流量,而微博通过粉丝转发实现裂变式传播。这种传播方式既不是传统媒体的线性传播,也不完全等同于网络媒体的网络传播,它是一种裂变式传播。

三、微博的结构

微博虽短,但赋予人们表达的空间却相当大。

1. 开头:足够吸引人

在需要的场合,甚至可以有点儿劲爆、有点儿煽情。正如每篇新闻都要有凝练、醒目、吸引人追的引导语一样。

2. 中间:要清晰、有条理

一是内容上不但可以有纯粹的文字,需要时可以加上网址链接,链接到其他网站。

二是标点符号的使用。不要使用英文半角符号,它占的空间很小,两边的汉字就像紧贴在一起似的,既不美观,也影响阅读,全用中文全角标点符号,显示出来就非常清晰、易读。

三是语言要简短,言简意赅,清晰准确。不要每次都强求把 140 个汉字用完,最好是一条微博表达一个完整的信息,不要把无关的内容都塞进来。如果需要,可以用完 140 个字,但转发自己或别人的微博,转发时增加的评论内容不要太长,尽量少于 100 字,否则,当这个转发被其他人连环转发时,所有新增内容是共享 140 个字空间,别人可增加内容的空间就太少了。

3. 结尾:要突出重点

可以用一些醒目的字眼再次点题,也可以写一些互动性的话,抛出问题让大家思考,或者诱导大家转发、评论。

四、微博的写作要求

1. 用幽默吸引人

冷笑话精选、微博搞笑排行榜、我们爱讲冷笑话、段子之类的微博博主,其粉丝数量都是数以十万、百万计。

2. 用真情打动人

除了幽默的图文外,在微博中,充满温情的故事和话语,也能引起人们的共鸣。

3. 用智慧征服人

有智慧的格言警句也是网友们最喜欢看的内容之一。这一类的内容切忌老生常谈,不要写或转发大家都熟悉的内容,最好是那些能够触动心灵的东西,可以引起某一类人甚至是大多数人的共鸣。语句上尽量平易、浅显,能加一点幽默的元素更好。每天引用和转发别人的格言警句不要太多,最好一天不超过两个,否则你的微博就成名人语录了。

学习情境三　微　信

一、微信的概念

微信,是腾讯公司于 2011 年 1 月 21 日推出的一款通信产品,可以通过网络快速发送免费语音短信、视频、图片和文字,支持单人、多人参与。微信提供公众平台、朋友圈、消息推送等功能,用户可以通过"摇一摇"、"搜索号码"、"附近的人"、扫二维码方式添加好友和关注公众平台,同时微信将内容分享给好友以及将用户看到的精彩内容分享到微信朋友圈。截至 2021 第三季度末,微信及 WeChat 的月活跃合并账户为 12.6 亿,是亚洲地区最大用户群体的移动即时通信软件。

我国移动社交网民数量不断增长,从根本上带动了微信的快速发展,改变了我国线上线下沟通与互动的传播方式。

二、微信的特点

1. 信息发布便捷。随时发布新闻,具有很强的实时性。
2. 病毒式传播,传播速度快,影响面广。不受地域限制,不论在国内还是国外。
3. 互动性强,即时沟通。支持 iPhone、Android、S60 平台的手机之间相互收发消息,可以跨平台沟通。

4.成本极其低廉。微信是一种更快速的即时通信工具,具有零资费、显示实时输入状态等功能,与传统的短信沟通方式相比,更灵活、智能,且节省资费。

三、微信文案的写作方法

1. 标题

一个好的微信,标题非常重要。由于受到手机屏幕的限制,有别于传统纸媒标题的特征,它采用的是题文分离的方式,阅读微信首先看到的是标题,只有点击标题才能进入正文的阅读。标题就像是这条微信的广告,如果标题都不吸引人,那么你里面提供的价值再好,大家也不知道,因为他根本不会打开你的微信。

2. 内容

微信文案的内容一般是短小精悍,字数不要太多,一般800字左右,不要超过1000字。应选择读者感兴趣的话题,独一无二的内容、具有稀缺价值的内容、具有争议性的内容远比思考如何获取粉丝重要。稀缺价值的内容能引发用户分享收藏,争议性的内容会引发用户激烈参与,独一无二的内容会引发用户持续关注。

3. 图片

用户总会通过标题和封面配图选择自己想要打开的文章。微信内容要有一个符合网民习惯的浏览排版方式,排版最好采用图文结合的形式,把握好阅读的节奏,当读者有兴趣读下去时,自然的衔接或者插入关键的名称和链接,既可以让读者看完又能达到你的最初目的。

4. 热点

应利用热点事件进行微信营销。热点事件如娱乐事件、体育事件等,应及时抓住热点事件,再结合要宣传的内容,在传播达到一定高度后再展开一系列相关活动。

5. 段子

前两年,微信段子一片红火,段子手就成了气候。而围绕品牌、企业等创作的品牌段子,也因为软性植入、趣味性、去广告化等因素,没了广告的生硬,使得传播细无声。例如:"为了自己的奥迪、老婆的迪奥、儿子的奥利奥一定要努力学习。"下面出现个神回复,"为了你的奥拓、你老婆的奥妙、你儿子的奥数,好好学习吧,奥特曼!"

四、微信标题的写作要求

1. 表达通俗

微信阅读是通过手机屏幕来进行的,与传统的阅读习惯有很大区别,首先是手机屏幕有限;其次是用户采用快餐式阅读方式;第三是使用微信的人群广泛,文化水平不一。通俗易懂、平易近人的口语表达方式,更容易拉近媒体与用户之间的距离,让人在亲切轻松随意的气氛中点击标题,从而进一步关注正文内容。

2. 适用热词

网络时代,催生了不少的网络语言,某些活跃程度高的词语,更是成为网络热词,这些网络热词都有它的出处,由于经常出现,普遍使用,有的虽然是别字或谐音,但其表意是众所周知的,也是易于理解的。

例如:2016 年 12 月 7 日,广西电视台推出的《蓝瘦,香菇,我国水污染最严重的城市居然是它》,字面意义上,"蓝瘦""香菇",虽然另有所指,但它产生于广西地方浓重的壮语口音,最初源于某男子因感情问题在深夜直播视频上说"难受""想哭",因部分地方的壮语发音时 n、l 不分,k、g 不分,使人听起来像是说"蓝瘦""香菇",由此该词迅速风行大江南北,成为网络流行热词,每当有人在生活中遇到窘境或不顺心的事,爱用"蓝瘦""香菇"来表现当时的心情和感受。

3. 善用符号

传统媒体的新闻标题,无论是普通的标点符号还是其他特殊符号,都极少出现,而微信新闻通过手机传播,由于屏幕空间限制,若在标题中运用一些标点符号或特殊符号,不仅能压缩标题文字字数,而且能充分表达微信内容,实现语义传递的最大化。在众多的符号中,微信新闻标题用得较多的是感叹号、问号、省略号,以及一些特殊符号。

4. 巧设悬念

悬念是小说、戏曲、影视等文学艺术创作中常用表现技法,目的是吸引受众兴趣,密切关注作品中人物的命运,并对未知情节的发展变化持有一种急切期待的心情。现在已进入自媒体时代,微信新闻要在海量的资讯中脱颖而出,引起受众的关注,可以吸收悬念手法,在具体的拟制标题过程中,"以奇句夺目",巧设悬念,诱发读者的好奇心,激发用户的阅读兴趣,使用户不得不点击标题进入正文阅读具体内容。

能力训练

一、阅读题

指出下面微信写作中运用了什么修辞手法。

1. 我点击整个秋天,看到了你的笑颜;我复制你的笑脸,粘贴在我的心间;我下载我的思念,把他另存为永远;我打开我的手机,给你最美好的祝愿:快乐整个秋天!

2. 友情就像一坛老酒,封存愈久愈香醇,一句短短祝福,就能开启坛盖,品尝浓醇酒香;友情就如一轮红日,默默付出而无求,一声轻轻问候,就是一束温暖阳光。

3. 黄河滚滚,川流不息,长江滔滔,源远流长。走过千山万水,经历一段坎坷历程,铸就一份辉煌,是一股气息。感动!为之动容,到如今,举国齐欢,普天同庆,共享幸福。

4. 流星划过天际,我错过了许愿;浪花拍上岩石,我错过了祝福;故事讲了一遍,我错过了聆听;人生只有一回,我庆幸没有错过你这个好友!今晚邀你共同赏月!

二、技能题

简要分析下面的微博文案使用了什么方法。

武汉万科红郡:"抱歉光谷,拉低你房屋均价 1000 元。——小红(指红郡)"。武汉加州·香山美树的跟风,立即推出了:"抱歉,小红,拉低你房价 2000 元。——小香。"红郡迅速回应:"抱歉小香,我知道你在羡慕嫉妒恨。"香山美树则还以:"抱歉,小红,别鸡动,要蛋定。"

三、写作题

(一)情景模拟。

1.请就下面几个角度拟一条微信。

母亲节　中秋节　教师节　国庆节

2.发送微信已成为人们喜爱的一种交流方式。手机微信的特点是简明、清晰、得体,好的微信还要富有文采。请以"风、帆、船"三物为喻体,给你的朋友发一条生日快乐的微信。(70字以内)

3.春节快到了,请你用手机发一条微博,给你远方的朋友或亲人送去你的问候。请你写出这条微博的内容。要求至少运用两种修辞手法,感情真挚,内容健康,有一定文采,不超过140字。

(二)活动策划。

1.写一篇介绍自己家乡的邮件,除文字外,还要插入家乡景物的图片以及具有地方特色的音乐,然后发送给班级同学。

2.以班级为单位,组织一次"微博竞赛"活动,要求每个学生都注册一个微博,然后相互观摩,留言评价,投票评选"优秀微博"。

(三)根据下列短文,写一篇微博,向更多的人介绍"95后"语文老师李柏霖的事迹。题目自拟。内容短小精悍,字数400字左右。

这位95后女孩,陪山里娃写下1000多首诗

列夫·托尔斯泰说,"诗歌是一团火,在人的灵魂里燃烧。"在一座偏远大山里,这团火温暖和照亮了许多孩子的童年。

湖南省怀化市会同县地处山区,这里有一所粟裕希望小学。学校留守儿童占学生人数的一半,学校很小,也很偏远,却孕育出充满诗意的童年。孩子们诗意的童年里,有一位"引路人"——"95后"语文老师李柏霖。

"棉花吐出了丰收",3年前一个孩子写下这句话。纯净童真的语言,让李柏霖感到惊喜。她决定在大山里播撒诗歌的"种子"。

起初许多人不理解,"教山里娃写诗,有什么用?""学写诗,能学成诗人吗?"……李柏霖只是笑一笑,默默坚持。在这位年轻老师心里,留守儿童写诗,就是敞开内心世界的门。这扇门曾紧紧关闭,又随着稚嫩诗句一点点打开。

校园课堂,放学路上,只要灵感迸发,碎片纸、作业本都是书写与抒发的天地。李柏霖和许多家长一起看见了孩子们不为人知的孤单,天马行空的想象,简单纯净的快乐,说不出口的思念与悲伤。

诗歌不是解决所有童年问题的答案,诗歌却可以成为打开孩子心门的钥匙。读懂这些诗,你会看见TA有多爱你,也会明白你如何更好地去爱TA。

三年间,李柏霖带着孩子们创作了1000多首诗。其中部分诗作经她推荐,在公益平台发表。她还自掏腰包为孩子们做了两本诗集。

少年心中有了诗,童年就更有了光。

(资料来源:新华网)

参 考 文 献

1. 董小玉,刘俐. 现代应用写作训练教程. 重庆;西南大学出版社,1999.
2. 朱悦雄. 新应用写作. 广州:广东高等教育出版社,2000.
3. 王永宏,赵华,王冬青. 现代应用写作教程. 沈阳:东北大学出版社,2001.
4. 张家恕. 现代应用写作教程. 重庆:重庆出版社,2006.
5. 陈小军. 现代应用写作教程. 合肥:安徽人民出版社,2005.
6. 陈少夫,丘国新. 应用写作教程.5 版. 广州:中山大学出版社,2005.
7. 何小海. 应用写作教程. 北京:北京大学出版社,2007.
8. 高晓梅. 商务应用文. 大连:东北财经大学出版社,2008.
9. 黄高才. 新编写作应用教程. 北京:高等教育出版社,2008.